辽宁省优秀自然科学著作

中国粮食供应安全与对策研究

主　编　董国义

副主编　王殿武　王彦东

辽宁科学技术出版社

沈阳

主　编　董国义

副主编　王殿武　王彦东

参加编写人员　董文津　李守权　张成哲　王广艳
　　　　　　　林兰兰

© 2010　董国义

图书在版编目（CIP）数据

中国粮食供应安全与对策研究 / 董国义主编. —沈阳:辽
宁科学技术出版社,2011.12
（辽宁省优秀自然科学著作）
ISBN 978-7-5381-7266-9

Ⅰ.①中… Ⅱ.①董… Ⅲ.①粮食—问题—研究—中
国 Ⅳ.①F326.1

中国版本图书馆CIP数据核字(2011)第256522号

出版发行：辽宁科学技术出版社
　　　　　（地址：沈阳市和平区十一纬路29号　邮编：110003）
印 刷 者：沈阳新华印刷厂
经 销 者：各地新华书店
幅面尺寸：185mm×260mm
印　　张：10.25
字　　数：220千字
印　　数：1～2000
出版时间：2011年12月第1版
印刷时间：2011年12月第1次印刷
责任编辑：李伟民
特邀编辑：王奉安
封面设计：嵘　嵘
责任校对：王春茹

书　　号：ISBN 978-7-5381-7266-9
定　　价：30.00元

联系电话：024-23284360
邮购热线：024-23284502
http://www.lnkj.com.cn

序

　　中共中央总书记胡锦涛在2011年元旦致辞中，把粮食安全问题列入全球性突出问题。

　　在极端多变的气候影响下，全球粮荒问题日益严重。联合国粮农组织（FAO）2010年9月发布的《世界农作物前景及粮食形势》报告强调，歉收、涨价与限制出口等正威胁全球粮食安全。全球食品价格创20年新高，已经超过2008年引起世界骚乱的粮食危机的水平。突如其来的粮食危机，正在使整个世界面临饥荒,并在一些国家再次引发了多起骚乱。可以说，这是一场比能源危机和金融危机更为严重的世界性的危机,粮食安全问题已经成为全世界亟待解决的问题。

　　什么是粮食安全？1996年11月，世界粮食首脑会议对这一问题定义为："只有当所有人在任何时候都能够在物质和经济上获得足够、安全和富有营养的粮食，来满足其积极和健康生活的膳食需求及食物喜好时，才实现了粮食安全。"衡量一个国家粮食安全与否，主要考虑粮食库存安全系数、粮食产量波动系数、粮食外贸依存系数、贫困人口的温饱状况等项指标。概括地说，一个国家要想实现粮食安全，要有不低于95%的粮食自给率、不低于18%的粮食储备率以及年人均占有粮食量不低于400千克等，远不是仅仅满足粮食供给需求那么简单。

　　粮食安全问题涉及农业生产、生态环境保护、人口控制、社会分配、国际贸易等诸多方面。当前，世界粮食安全形势除受人口增长、土地匮乏、水资源紧缺等传统因素制约外，全球气候变化、金融危机、自我保护主义倾向等也给世界粮食安全带来长期和深远的影响，因而，实现粮食安全，具有相当的复杂性、艰巨性和长期性。

　　我国是有13多亿人口的大国，耕地减少、水资源短缺、气候变化对粮食生产的制约日益增长，而随着城镇化、工业化的发展及人口增长和人民生活的改善，粮食需求呈刚性增长，粮食供给长期处于紧平衡状态。因此，我国粮食安全问题，也是一个值得关注的重大问题，它关系到我国国民经济发展、社会和谐稳定、国家安全自立，是国家安全的重要基础，是个全局性重大战略问题。

　　中国历朝历代都把粮食安全问题放在首位，一直把唐代诗人白居易《忆昔》中描写的"稻米流脂粟米白，公私仓廪俱丰实"视为盛世景象。新中国成立以来，特别是改革开放以来，我国靠政策、靠科技，靠投入，成功地解决了13多亿人口吃饭问题，实现了农产品供求基本平衡、丰年有余的历史性跨越，取得了用不足世界9%的耕地养活了世界上近21%的人口的辉煌成就。目前，我国粮食总量基本实现自给，自给率保持在85%以上，粮食安全基本得到保障。粮食安全水平仅次于加拿大、法国、美国、澳大利亚4个国家，处于发展中国家的前列，某些指标甚至达到了发达国家的水平。这是党的"三农"政策取得的成果，也是我们高度重视粮食安全问题取得的举世瞩目的成果。

从长远看，粮食安全问题在我国的形势是严峻的。随着工业化和城镇化的推进，农业结构调整、农业劳动力在无序转移过程中暴露出来的众多不安全的因素日益显现，正成为严重影响我国粮食安全的深层问题。尤其是面对波谲云诡的国际形势，油价和粮价的走势变幻莫测，中国作为参与经济全球化的后来者，尚不掌握农产品的定价权和农产品国际贸易的话语权。一个13多亿人口的大国如果粮食出现问题，其后果和影响可想而知。谁都不能忘记1994年美国学者莱斯特·布朗的《谁来养活中国》一书，当时这本书震动了中国和世界。诚然，布朗的预言至今也没有出现，但是他从反面提示了我们：粮食作为一种必需品，也是一种不可或缺的战略物资。粮食安全问题关涉到国计民生、国家的稳定、民族的独立。因此，我们不可能依靠国际市场来填补中国的粮食缺口，国际市场也不可能解决13多亿中国人的粮食问题。我们必须立足于粮食的基本自给自足，这样才能使中国的经济社会发展和国家安定有一个基本的保障。

综上所述，可见粮食安全是关系到我国长治久安、全面建设小康社会和现代化建设长期的战略性问题，我们必须予以高度重视，并带着深刻的忧患意识，把粮食安全问题提升为国家战略产业，从战略高度作出前瞻性决策，以使真正掌握中国粮食安全的主动权。

我就学于沈阳农业大学（原沈阳农学院），毕业后多年从事农业工作。以后走上省、市领导岗位，也曾多年分管农业工作，亲历了我国从三年困难时期到粉碎"四人帮"、实行农村改革、全面解决温饱问题，进而实现小康的全过程。在同农业、农村、农民打交道的过程中，切身感到一个最为朴素的道理："手中有粮，心中不慌。"只有在认真保护农民种粮积极性、全面提高粮食生产能力、健全国家和粮食储备体系、加强耕地保护和严格限制粮食的工业化等方面下大力气,我们才能完全能够独立自主地解决13多亿人口的吃饭问题，切实保证粮食安全。

董国义主编的《中国粮食供应安全与对策研究》一书，介绍了世界农业生产形势、谷物贸易状况，详细叙述了我国的农业资源、农业生态环境、农业生产及食物供应情况，分析了我国中长期经济发展与城市化进程的形势，论述了我国中长期耕地、水资源等农业资源状况及谷物、蔬菜、水果、肉类、蛋、奶类、水产品等主要食物类别产量趋势及需求状况，并根据我国中长期食物供应的严峻形势，提出科学消费、构建节约型农业社会、提高农业单位面积产量、增加耕地面积、扩大水浇地、扩大灌溉草场、增加可有效利用的农业资源等一系列有效措施以及对保障我国粮食安全问题的重要举措，具有一定的前瞻性、战略性的考虑。相信这本书的出版，会对我们全面了解和掌握世界和我国的粮食安全的形势，实现和保障我国的粮食安全，大有裨益。

徐文才

2011 年 1 月 24 日

（徐文才系辽宁省人民政府原副省长、沈阳市委原书记）

前　言

一

　　"民以食为天"。食物是经济发展的基础，是国家稳定的基础，更是社会进步的基础。纵观中华民族几千年的发展史，饥荒多次成为兵荒马乱、社会动荡和朝代更替的重要原因。保障食物供应安全是国家经济安全、社会和谐、稳定的基本条件。胡锦涛总书记指出：农业是中国"安天下，稳民心"的战略产业。

　　世界著名政治家美国前国务卿亨利·基辛格先生早在20世纪70年代便已指出："控制了石油，你就控制了所有的国家。而控制了粮食，你就控制了人类。"石油、粮食是世界最重要的两大战略资源。保障食物供应安全不仅是中国政府关注的问题，也是全球普遍关注的问题。

　　人类几千年的传统饮食习惯，粮食是主食，肉、蛋、奶、豆制品、蔬菜等为副食，瓜果为零食。随着社会的进步、经济的发展，人类的饮食结构发生了很大的变化，现代人居家饮食中，第一大现金支出的是肉类，依次为蔬菜、水果、食用粮食、蛋类、水产品、奶类、豆制品、油类、酒糖茶类等十大类。直接食用的粮食只占食物支出的1/6~1/8。主副食概念已不存在了。从种植面积上（据2006年统计），直接食用的成品粮食种植面积占31.6%，其中稻谷、小麦、谷子占25.3%（扣除8.5%的外皮作饲料），薯类占6.32%。其余68.4%中，饲料玉米、高粱占21.1%，蔬菜占13.06%，油料占8.75%，水果占8%，豆类占7.92%，糖类占1.13%，谷物外皮占8.44%。从现金支出和耕种面积看，直接食用的粮食已不占主导地位了，仅是食物中重要组成部分及其他食物的基础原料。本书仍按传统的"粮食安全"一说，但确切定义应称为"食物安全"。

二

　　我国拥有960万千米²的国土面积，是自然资源总量丰富的大国。但面积虽大，除去高山、高原、戈壁、沙漠，平原仅占国土面积的12%，耕地仅占12.7%。我国农业资源总量虽大，人均量却很少，人均耕地仅相当于世界平均值的2/5，人均森林面积是世界人均值的1/4，人均草场面积不到世界人均值的1/2，人均淡水资源仅是世界人均值的1/3。更为甚者，生态环境的恶化没有得到有效的控制。我国水土流失面积已达365万千米²，风蚀面积已达188万千米²。水土流失面积还在以每年1万千米²的速度增加。土地荒漠化越来越严重，面积已达267万千米²，还在以每年3 436 千米²/年的速度增加，每年相当于损失一个中等县的面积。沙尘天气频频发生，危及西北、华北及东北的18省（市、区），5亿多人口、320万千米²的土地、7亿多亩的耕地、9 000万亩的园地、18亿亩的草地受到影响，农业每年直接损失达540多亿元。南方土地石漠化日趋严重，石漠化面积已达729.5万公顷²，还在以700~1 160千米²/年的速度增加，使土地永久失去农业利用价值。农业生产因单一使用化肥，造成土壤有机质含量逐年下降，土壤肥力越来越低，久负盛名的东北黑土地厚度已由七八十厘米下降到二三十厘米。20世纪90年代，我们曾以牺牲生态环境为代价，换取过粮食总产连年上升，人均占有量略超过世界平均水平。但在"以占世界7%的土地，养活了占世界22%的人口"而自豪的同时，我们必须冷静地看到另一面，就是我们是在用60%的人为40%的人提供食品。到2000年，因旱灾造成全国粮食总产量大幅下降，降幅达9.1%，总产量下降到4.62亿吨。2001，2002，2003年连续3年粮食总产在4.30~4.57亿吨之间徘徊。粮食求大于供，不得不吃库存。为满足消费，国家从国际市场上大量购买粮食，2004年净进口创纪录达到2 492万吨。国际粮食市场粮价上升。有关部门统计，2003年秋季国内粮价反季节上升达30%以上，肉类、禽类上升了25%~30%，其他食品连锁涨价。2004年4月，居民消费价格总水平同比上涨3.8%，食品上涨10.2%，粮食上涨33.9%，油脂上涨26.7%，鲜蛋上涨23.4%，棉花上升60%，芝麻、大豆上升30%以上。食物价格大幅上升，成为热点问题，引起中央高度重视，国家采取动用库存、加大进口等调控措施，稳定了市场。2004年，中央为农业生产下达了1号文件，2005年，为"三农问题"下达了1号文件，加大了对农业投资，2004—2006年连续3年粮食获得了大丰收。但2000年开始,全球谷物产量一直徘徊，库存一直下降。2006年全球谷物产量19.85亿吨，减产3 300万吨，减产1.6%。2007年，国际市场小麦价格涨幅为112%，玉米涨幅为47.3%，大豆涨幅为75.1%。食品类价格上涨带动全球CPI（消费者物价指数）大幅上升，2007年10月，印度CPI上涨6.7%，韩国CPI上涨3%，欧盟上涨2.6%。受国际市场的影响，我国CPI上涨与国际食品价格上涨趋势相一致。2008年1季度由于食品短缺和高价粮在世界上导致了紧张的局势，有20多个国家因食品供应问题爆发了抗议活动和暴乱。联合国粮农组织在罗马举行的世界粮食安全问题首脑会议上提出："目前，全世界遭受饥饿和贫困折磨的人数已超过10亿。"世界经合组织与联合国粮农组织共同发布报告判断：未来10年西方国家的消费者将为每天在吃饭问题上大量开支而苦恼，与此同时，贫穷国家将为高昂的粮食价格爆发饥荒和冲突。为引起世界各国对粮食、食物供应问题的重视，联合国秘书长潘基文和联合国粮农组织总干事迪乌夫于2009年11月15日，为"贫困与饥饿问题"绝食一天。

从2007年3月以后，国内CPI连续上升，8月和10月CPI涨幅两度达6.5%。食品类价格上涨 17.6%，猪肉价格上涨 54.9%，油脂价格上涨 34.0%，肉禽及其制品价格上涨 38.3%，鲜菜价格上涨 29.9%。11 月食品类价格上涨 18.2%，拉动 CPI 上涨 5.94 个百分点。物价上涨主要表现为食品价格上涨，其中猪肉价格同比上涨 56%。2010 年 9 月，CPI 再度大幅上升，11 月 CPI 上涨 5.1%，其中食品上涨 11.7%，拉动 CPI 上涨 3.8%，涉农产品棉花价格上升 53.9%，食糖价格上升 60%，橡胶价格上升 59%。食物价格大幅上升引起居民的紧张，再度成为全国居民的议论中心。

粮食一价带百价，如果食物价格上升过快，可引领社会物价全面迅速上升，引发通货膨胀，造成人心不稳，使国家经济发展速度放慢、破坏国家经济建设秩序。对此，中央领导非常重视，温家宝总理多次深入基层，深入市场，调查研究，了解情况，国务院于 2011 年 11 月 14 日专门研究部署稳定市场供应，保障困难群众生活工作，强调落实"米袋子"省长负责制和"菜篮子"市长负责制。

在第十届五次人大会议上，温家宝总理在河南组讨论时说："农业是国民经济的基础，关系国计民生和社会稳定。我国人口众多，无论什么时候都必须首先解决吃饭问题，而解决吃饭问题必须靠我们自己，农业的基础地位在相当长的时期都不会改变。众所周知，世界粮食市场仅每年供应 2 亿吨粮食，而中国每年的需求就接近 5 亿吨，把世界粮食市场的全部粮食卖给中国，也解决不了中国粮食需求的一半。因此，尽管我国经济生活中还存在很多问题，但是中国经济要出大问题，很可能从农业特别是粮食生产开始。"

综上所述，食物安全是关系我国长治久安、全面建设小康社会和现代化建设长期的战略性问题，我们必须予以高度重视，需从战略高度做出前瞻性决策。为此，本书进行一些探讨，并提出一些相应的意见。

目 录

1　全球粮食安全形势分析

1.1　世界人口及耕地

1.1.1　世界人口

全世界人口 30 多年来一直呈快速增长状态，1975 年全世界人口达到 40.6 亿，到 1988 年全世界人口达到 50.9 亿，13 a 增长 10 亿；到 2000 年全世界人口达到 60.7 亿，12 a 增长 10 亿；到 2007 年全世界人口达到 66.1 亿，较 1980 年增长 49.1%，平均年增长 1.5%。1980—1990，1990—2000，2000—2007 年，年均增长率分别为 1.73%，1.43%，1.18%，呈现逐步下降趋势，但由于人口基数大，年际增长绝对数量仍然很大，为 7 000 万~8 000 万 t，相当于增加一个英国和荷兰的人口。每增加 10 亿人口的周期在缩短，已由 13 a 降为 12 a。

1.1.2　世界人口中长期预测

随着经济的发达、文化水平的提高，未来几十年世界人口平均增长率将呈下降趋势，预测 2007—2020 年世界人口平均增长率约为 1.13%，2020—2035 年约为 0.74%，2035—2050 年约为 0.6%。2020 年世界人口将达到 76.5 亿，2035 年世界人口将达到 85.4 亿，2050 年世界人口将达到 93.4 亿。世界人口自然增长率虽然不断下降，但年际人口增长绝对数量仍然很大，每年保持在 6 500 千万人左右，这样的人口数量增加对世界食物供给是很大的压力。

1.1.3　世界耕地

耕地是人类最珍贵的稀缺资源之一，是人类在地球上赖以生存和繁衍生活的基础。耕地资源是有限的，只占地球土地面积的 10% 左右。条件好的耕地已被开垦，后备宜农耕地条件差，而且数量少。随着经济的发展，耕地的数量会逐年增加，但增加的幅度很小，而且单位面积开发成本越来越高。随着世界人口的增加，全世界需要越来越多的耕地。从有关数据得知，1990 年全世界有耕地面积 13.4 亿 hm²，到 2005 年全世界耕地面积达到 14.2 亿 hm²，占土地面积的 11%。15 a 仅增长 2.2%，年均增长率仅为 0.14%，远低于人口增长速度。由于人口的大量增加，世界人均耕地面积越来越少。1990 年世界人均耕地面积为 3.96 亩，到 2005 年，已下降到 3.3 亩，下降了 10.6%。年均下降速度为

0.65%，是耕地增长速度的4.5倍。人均耕地的减少，势必造成对食物供给的压力越来越大。

1.1.4 耕地质量下降，后备耕地资源少

随着工业化、城市化进程的加快和经济快速发展，大量的耕地资源被占用，而且这些被占用的耕地绝大部分都是在城市周边，且土质肥沃。联合国的一份研究表明，过去的几十年中，由于砍伐森林、过度放牧、过度垦荒等造成中度和高度退化的土地已达12亿 hm²，约占全球尚有植被地表面积的11%，受沙漠化影响的旱地面积有20多亿 hm²，全世界每年有600万 hm²土地变成荒漠，沙漠面积逐年扩大，沙漠化严重威胁着110多个国家和8亿多人口。世界上大部分地区都存在土壤侵蚀问题，全世界每年由于水土流失损失土地600万~700万 hm²。由于水质和重金属污染使大量耕地质量下降。

耕地的后备资源有限，可供开垦的土地资源数量少，世界多数国家可垦耕地数量要少于工业化程度占地数量，只有少数国家后备耕地资源丰富一些。宜农耕地数量最大的是巴西。巴西自然条件好，人口密度小，国土面积广阔，亚马孙平原面积大，而且多为原始森林，巴西1990年耕地为5 068万 hm²，2003年增长到5 900万 hm²，年增长1.2%，按此速度到2035年巴西耕地面积将增加0.274 3亿 hm²，即使如此对世界耕地影响仍很微小，对世界人均耕地贡献仅0.05亩。按1990—2005年世界耕地增长速度预测，2035年世界耕地面积将增长4.3%，达到14.82亿 hm²，世界人口将达到85.4亿，由于世界人口增加的快，虽然耕地总面积有所增加，但人均耕地却下降到2.6亩，较2005年的人均3.3亩下降21.2%。

1.2 世界农业结构及粮食作物播种面积

1.2.1 农业结构现状

随着农业与农村经济的发展，受价格因素、人口、消费习惯、市场需求等影响，近年来，世界农业结构发生了一些变化。但变化幅度不大，农业结构总体比较稳定。粮食作物种植面积比重呈下降趋势，经济作物、水果和蔬菜面积比重逐年上升，世界谷物面积1980年为7.1亿 hm²，1990年为7.08亿 hm²，以后逐年下降。2007年下降到7亿公顷，但变化极小，27a变幅仅1.4%。大豆作物播种面积1980年为0.51亿 hm²，2000年为0.74亿 hm²，2007年为0.95亿 hm²，比1980年增长了86.3%。水果面积1980年为0.33亿 hm²，1990年为0.41亿 hm²，2007年为0.47亿 hm²。27a增长了15%。蔬菜类面积1980年为0.26亿 hm²，1990年为0.31亿 hm²，2005年为0.52亿 hm²，比1980年增长了1倍。

谷物播种面积比重虽然有所下降，但谷物播种面积却比较稳定，一直稳定在6.6亿 hm²到7.2亿 hm²之间。在谷物内部三大主要作物中，小麦小幅下降，1980—2007年在2亿 hm²左右徘徊，下降8.4%左右。稻谷播种面积有所上升，由1980年的1.4亿 hm²上升

到1.57亿hm²，玉米播种面积由1980年的1.26亿hm²上升到1.58亿hm²。纤维类、块根与块茎类作物播种面积已趋于稳定，如纤维类作物播种面积1980年为0.4亿hm²，到2005年为0.38亿hm²，子棉播种面积1980年为0.34亿hm²，2007年仍为0.34亿hm²。27a一直是小幅震荡徘徊，几乎没有什么大的变化。

1.2.2　中长期预测

到2035年，世界谷物面积比重将有小幅下降，但谷物播种总面积会有小幅度的增长；纤维类、块根与块茎类作物播种面积比重有小幅下降，但总面积基本保持现状。未来几十年，食物类如大豆、水果、蔬菜播种面积比重有较大增长，播种面积增加数量也比较大，增加的播种面积由新增耕地数来补充。这是未来世界各种作物类播种面积构成的总格局。

1.3　世界农作物单位面积产量

1.3.1　作物单产现状

世界谷物播种面积从1980年到2005年变化很小，25a下降2.5%，年均下降0.1%。谷物总产量的增长主要靠单产，世界谷物单产1980—1990年年均增长率为2.4%；1990年以后增长速度逐渐放慢，1990—2000年年均增长率为1%；2000—2005年年均增长率为1.3%。作物单产从20世纪80年代开始逐年上升，平均增长率为3%；1990年以后，单产年均增长率开始降低，单产平均增长率为2%；2000年以后增长率幅度缓慢，年均为1.5%。纤维类作物、水果类、蔬菜类、块根与块茎类四大类作物单产的共同特征是，1980—1990年单产平均年增长率呈上升趋势，1990年以后单产平均增长速度开始放缓，2000年以后单产平均增长率明显下降。棉花作物2000年以后单产上升较快，主要是转基因品种的大量应用。这说明各类作物单产较低时，随着人力、物力的投入呈快速增长势头。但单产达到某一界定后，受光合作用的制约，再提高就比较难了。进入21世纪后，全世界各类农作物单产普遍由快速增长期转变为缓慢增长期（表1-1）。

表1-1　世界主要农作物单位面积产量

Kg/km²

年份	谷物	平均增长率/(%)	油料类	平均增长率/(%)	纤维类	平均增长率/(%)	糖类	平均增长率/(%)	水果类	平均增长率/(%)	块根与块茎类	平均增长率/(%)	蔬菜类	平均增长率/(%)
1980	2 161	—	304	—	478	—	44 408	—	9 226	—	11 380		12 667	—
1990	2 755	2.40	409	3.00	636	2.90	52 669	1.70	8 567	-0.70	12 469	0.90	14 847	1.60
2000	3 055	1.00	497	2.00	662	0.40	58 379	1.00	9 658	1.10	13 315	0.60	16 626	1.10
2001	3 116	—	509		679	—	58 350		9 556	—	13 068	—	16 677	—
2002	3 062		520		688		60 613		9 576		13 244		16 971	

续表

年份	谷物	平均增长率/(%)	油料类	平均增长率/(%)	纤维类	平均增长率/(%)	糖类	平均增长率/(%)	水果类	平均增长率/(%)	块根与块茎类	平均增长率/(%)	蔬菜类	平均增长率/(%)
2003	3 091	—	521	—	692	—	59 713	—	9 541	—	13 136	—	16 897	—
2004	3 306	—	527	1.50	735	—	59 747	—	9 553	—	13 352	—	16 665	—
2005	3 266	1.30	—	—	744	2.40	61 045	0.90	9 792	0.25	13 381	0.10	16 952	0.40

1.3.2 中长期谷物单产预测

根据1990—2005年世界谷物单产增长规律及谷物生育特征推测，未来全球谷物单产2005—2020年年均单产增长率为1.2%，2020—2035年年均增长率为1%，2035—2050年年均单产增长率0.8%（图1-1）。

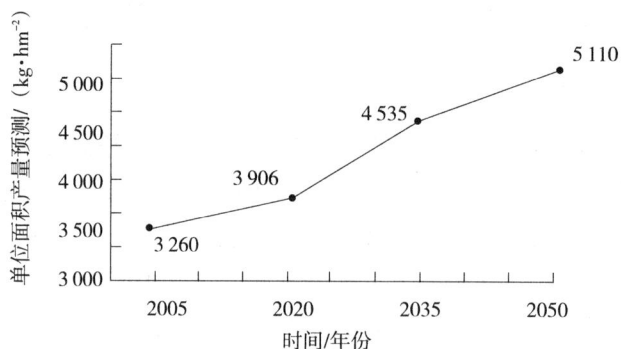

图1-1 谷物单位面积产量预测

1.4 世界主要农作物产量

1.4.1 谷物

30 a来，世界各类农作物总产量都呈上升趋势，谷物总产量由1980年的15.5亿t上升到2007年的23.4亿t，27a增长51%，年均增长率为1.53%。人均谷物占有量1980年为349.5 kg，2007年为354.4 kg。其中玉米总产量1980年为3.97亿t，2005年为7.02亿t，增长76.8%，玉米在谷物中增长最快。稻谷总产量1980年为3.97亿t，2007年为6.5亿t，增长43.1%，年均增长1.84%。小麦总产量1980年为4.4亿t，2005年为6.30亿t，年均增长1.33%。世界谷物总产量增长率在1980—1990年最快，年均增长率达到2.3%。1990—2007年增长率为1.1%，增长速度明显放慢，低于同期人口增长率1.18%，虽然总产逐年增加，但从1990年以后，人均占用量却未增加。

1.4.2　糖类

世界糖类产量1980年为10亿t，2007年达到18亿t，27a增长了80%，年均增长率为2.2%，1980—1990年年均增长3.1%，1990—2000年年均增长0.9%，2000—2007年年均增长2.6%。糖类总产量年均增长率基本同谷物一样，1980—1990年为快速增长期，1990—2000年增长率为0.9%，处于稳定增长期。2000—2007年为快速增长期。糖类总产量和谷物总产量增长率相同，说明糖类消费同谷物消费保持相同比例，人均消费趋于稳定，20世纪90年代以来，人均消费呈微降趋势，而且单位面积经济效益也同谷物保持相同比例。

1.4.3　棉花

棉花1980年产量为0.41亿t，2007年为0.72亿t，27a增长75.6%，年均增长2.1%，增长幅度较快。2000—2007年。年均增长率为4.5%，处于快速增长期。2000年以后增长快的主要原因是世界需求增加，种植面积扩大，同时由生物技术发展，转基因棉花品种增多，单产提高。

1.4.4　水果

水果1980年产量为3.03亿t，2007年达到5亿t，增长65%，年均增长率1.5%，2000—2007年近7a一直保持0.9%的速度稳定增长。

1.4.5　蔬菜

蔬菜产量27a一直保持较高速度增长，1990年以后增长速度更快些。1980年产量为3.24亿t，2005年为8.88亿t，增长174%，年均增长率为3.8%。1990—2005年年均增长率为4.4%，一直保持快速增长。蔬菜总产量高速增长，而且一直高于人口增长速度。蔬菜人均消费一直保持较强的增长趋势，蔬菜单位面积的经济效益明显高于谷物的经济效益。这类作物将在今后一个很长时期仍保持增长趋势。

1.5　世界畜牧业生产

近40a来，随着世界经济的发展，人类生活水平的提高，对畜产品需求不断增长，促使世界畜牧业快速发展，世界畜产品产量一直保持逐年较快增长的势头。

1.5.1　肉类总产量长期保持快速增长

世界经济发展，居民生活水平逐年提高，居民饮食消费结构有了很大的改变，对肉类消费逐年增加，促使世界肉类总产量从1980年的13 668万t增加到2007年的28 572万t，27a增长了1.09倍，年均增长率为2.8%。1980—1990年年均增长率达2.8%，以后增长速度逐年放慢。2000—2007年又达到2.8%。在肉类结构中，猪肉稳定增长，猪肉产量1980年为5 268万t，到2007年达到11 545万t，增长1.19倍，年均增长3%。禽肉增长很快，1980年产量为2 596万t，到2007年已达到8 677万t，增长2.34倍，年均增长4.5%。牛肉总产量增长缓慢，1980年产量为4 717万t，到2007年达到6 508万t，增长38%，年均增长率为1.2%。羊肉总产量增长也较快，1980年产量为733万t，2007年产量为1 404万t，增长91.5%，年均增长2.4%。猪、禽、牛、羊肉结构比例变化较大，1980年比例为39.5∶19.5∶35.4∶5.5，到2007年比例变化为41∶31∶23∶5。随着消费需求和资源的制约，猪、禽、牛、羊肉的比重还会发生变化，从人均消费量上看，猪肉2000—2007年人均消费还在以3.7%速度增加，所以说猪肉在肉类结构比重中还会有增加。增加的主要原因是中国肉类消费增长快，中国肉类消费中，猪肉占比例大，近几年猪肉比重有所下降，但2007年仍占62.4%。中国猪肉产量已占世界猪肉产量的50%。牛肉人均消费量几十年来变化很小，20世纪70年代到90年代有所上升，但90年代后一直缓慢下降，今后牛肉在肉类结构比重中会下降。禽肉人均消费量一直在较快的增长，今后禽肉在肉类结构比重中会上升。羊肉人均消费量27a基本没有变化，增长率很小，今后羊肉在肉类结构中比重会下降。

猪、鸡是食粮性动物，世界猪肉、鸡肉在肉类中比重增加，将增加饲料粮食消费；牛、羊为食草性动物，牛、羊肉在肉类中比重减少，不能降低粮食饲料的消耗。

1.5.2　蛋与奶类

全世界蛋类的总产量27 a来一直快速增长。1980年全世界蛋产量为2 741万t，2007年达到6 458万t，27 a增长1.36倍，年均增长3.3%，而且一直呈稳定增长趋势，变幅较小。人均蛋类占有量1980年为6.2 kg，2007年人均占有量为10.2 kg，增长64.5%，人均占有量平均年增长为1.9%，呈增加趋势。

全世界奶类总产量1980年为46 557万t，2007年达到67 131万t，增长44.2%。虽然总产量增加，由于人口增长较快，人均占有量呈微下降趋势。1980年全世界人均奶占有量为105 kg，2007年为101 kg，下降3.8%。但2000—2007年人均占有量又呈上升趋势，年增长率为0.9%。世界发达国家人均奶占有量大幅下降，由300多kg降到200多kg，但其人口较少，而占人数较多的发展中国家，人均奶占有量仍很低，呈明显上升趋势。所以，未来全世界人均奶占有量仍将呈上升趋势。

1.5.3　未来肉、蛋、奶类消费预测

全世界发达国家人均消费肉、蛋、奶量很高，人均肉类年消费量在80 kg以上，超过2007年世界平均数43.2 kg的1倍以上；发达国家人均奶类消费都超过200 kg，超过2007年世界平均值101 kg1倍以上；发达国家人均蛋类消费15 kg左右，超过2007年世界平均值10 kg的50%。发达国家人均消费肉、蛋、奶已处于稳定期，但是发展中国家人均肉类消费多数在10～20 kg之间，世界人口较多的几个国家印度、孟加拉国、印度

尼西亚、巴基斯坦、伊朗、越南人均肉类消费分别为5.2，3.1，9.7，13.3，23.3，30，这几个国家总人口18亿多，肉类消费增长潜力巨大。发展中国家奶类消费多数在6～60 kg之间。如世界上人数较多的几个大国中国、孟加拉国、印度尼西亚、越南人均牛奶分别为26.7，14.6，9.5，6.8 kg，这几个国家总人口17.5亿，奶类消费增长潜力非常大。发展中国家蛋类的消费潜力也很大，世界人数较多的国家印度、印度尼西亚、伊朗、巴基斯坦、孟加拉国、越南人均蛋类仅1.9，3.8，7.5，2.2，1，2.6 kg。世界人口较多的发展中国家现在经济发展较快，居民收入大幅增长，今后随着生活水平的提高，人均肉、蛋、奶的消费将大幅提高。发展中国家人均肉、蛋、奶消费增长，是世界未来肉、蛋、奶产量增长的主要因素。按2000—2007年的人均增长速度，到2020年，人均肉、蛋、奶消费量将分别提高24.5%，21.4%，12.4%，达到53.7，12.4，113.5，到2035年人均肉、蛋、奶消费量较2007年分别提高60.3%、51.7%、28.5%，达到69，15.5，130 kg。到2050年人均肉、蛋、奶消费量较2007年分别提高85.2%，61.7%，38.6%，达到80，16.5，140 kg。人均畜产品消费量的增加，促使家畜及家禽饲养量增加，进而要求粮食饲料同步增长，加大了对粮食需求的压力。

1.6　世界粮食贸易

1.6.1　粮食贸易情况

世界粮食贸易量随着粮食产量的增加而增加。1980年世界谷物出口量为22 319万t，谷物总产量为155 017万t，出口量占总产量的14.4%；2005年世界谷物出口量为28 579万t，谷物总产量为223 940万t，出口量占总产量的12.8%，比例下降。25a时间，谷物总产量增长了44.5%，出口量增长了28%，出口量增长速度低于同期谷物总产量增长速度。1980年世界大豆出口量为2 688万t，大豆总产量为8 104万t，出口量占总产量的33%；2005年大豆出口量为6 479万t，大豆总产量为21 435万t，出口量占总产量的30.2%，25a时间，大豆产量增长164.5%，出口量增长141%。大豆出口量增长速度略低于同期总产量的增长，说明消费增加快。世界谷物出口量总量不大，与产量比显得很少，而且出口高度集中在几个少数国家中，主要出口国为美国、法国、阿根廷、澳大利亚、加拿大。小麦出口占谷物出口的40%左右，世界小麦主要出口国为美国、法国、加拿大、澳大利亚、阿根廷。世界玉米主要出口国为美国、中国、阿根廷和法国，但以后中国将由玉米出口国逐渐转变为进口国。世界大米出口量占谷物出口量的10%左右，大米出口主要集中在泰国、越南、印度和美国。世界大豆出口主要集中在美国、巴西和阿根廷。世界谷物和大豆最大出口国是美国，美国谷物出口量约占世界谷物出口量的30%，美国大豆出口量约占世界大豆出口量的45%。世界谷物最大进口国是日本、韩国、墨西哥；大豆最大进口国是中国，中国每年大豆进口量约占世界大豆出口量的40%。世界粮食出口不仅主要集中在少数几个国家，而且又高度集中在几大跨国公司手中，美国 ADM、美国邦吉、美国嘉吉、法国路易达孚号称"ABCD"四大粮商，四大粮商控制着世界 80% 的谷物市场。

1.6.2 世界粮食贸易预测

未来世界粮食贸易量仍将随着总产量的增加而增加。按 2000—2005 年世界谷物贸易出口量增长率 0.9% 计算，到 2035 年，世界谷物出口量将增长 30.8%，由现在的 28 579 万 t 增长到 37 380 万 t，谷物贸易出口量约占谷物总产量的 10.9%，较 2005 年谷物贸易出口量占谷物总产量的 12.6%，略有下降。到 2050 年谷物出口将达到 42 760 万 t，较 2005 年增长 91.6%。世界大豆贸易量增长较谷物贸易增长量快，2035 年贸易量将达到 11 800 万 t，较 2005 年增长 82.1%，到 2050 年贸易量将达到 13 400 万 t，较 2005 年增长 114.5%。由于食用油和饲料蛋白的需求增加，导致大豆贸易的快速增长。谷物主要出口国家中，美国由于将大量玉米用于生物燃料，出口量将下降。中国由于内需增长超过生产量，将由一个玉米出口大国转变为玉米进口大国，中国、印度和日本将成为主要大豆进口国（图 1-2）。

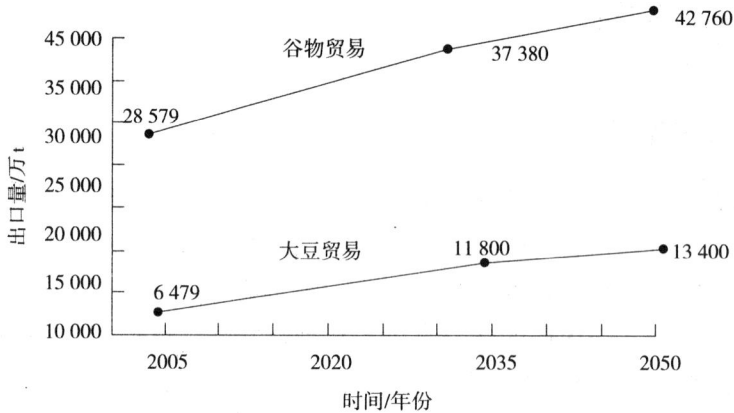

图 1-2　世界谷物、大豆贸易预测

1.6.3 世界贸易形势

世界粮食贸易市场贸易总量由于不丰富，造成价格波动较大。2006—2007 年，由于美国和欧盟大量使用大豆、玉米做生物柴油、乙醇，导致世界粮食库存下降，贸易量减少，2007—2008 年粮食价格一直上升。2008 年 7 月，中国财经报道栏目追踪了高涨的粮价，其中提及：根据世界银行的报告显示，过去 3a 中，全球食品价格整体上涨 83%，小麦价格上涨 181%，仅 2008 年 3 月和 4 月，国际大米价格就猛涨 75%。2007 年全球 CPI 大幅上升，食品上升占主要成分。2008 年一季度由于各类食品的短缺和高价粮已在世界各地导致了紧张的局势，甚至暴力事件。自 1 月起，巴基斯坦部署了数以千计的军人来保卫运输小麦和面粉的卡车。几内亚、毛里塔尼亚、墨西哥、摩洛哥、塞内加尔、乌兹别克斯坦和也门等20多个国家因食品供应问题而爆发了抗议活动和骚乱，有的国家因食物供应问题导致领导人更迭。

食品越上涨，出口越是减少，粮食出口国越控制出口。2007年夏季欧盟停止小麦出口，大米主要出口国越南2008年3月28日宣布，当年将减少大米出口1/4。同一天，印度也宣布禁止一切普通大米的出口。埃及3月27日宣布从4月1日起将对大米出口实行为期6个月的禁令。3月26日，柬埔寨宣布除政府机构外一律禁止出口大米。由于世界食物贸易供应量有限，一旦减产，库存减少，贸易出口急剧下降，必将加剧世界食物市场混乱。世界粮食贸易市场是脆弱的，完全依赖进口将带来很多弊端。

1.7　世界谷物产量预测

世界谷物总产量一直呈上升趋势。今后一个很长时期仍将以单产上升为主要因素的增长形式。随着经济发展的需要、人类消费习惯的改变，作物呈多样化形式，由于市场的需求旺盛，油料、水果、块根和块茎类、蔬菜类等作物产量仍将快速增长，同时各类作物播种面积也将同比例增长。谷物播种面积会有小幅增加，按2000—2007年面积增长速度，到2020年比2007年应增加6.7%，达到74 670万 hm²，到2035年增长11.6%，达到78 102万 hm²，到2050年增长15%，达到80 478万 hm²。2020年谷物总产量达到291 661万 t。较2007年增长24.5%。2035年谷物总产量达到354 193万 t，较2007年增长51.2%（表1-2）。

表1-2　世界谷物产量预测

年份	2007	2020	2035	2050
谷物播种面积增长率 / （%）	0.5	0.5	0.3	0.2
谷物播种面积 / 万 hm²	69 981	74 670	781 028	80 478
单产增长率 / （%）	1.3	1.2	1.1	0.8
单产 / （kg·hm⁻²）	3 266	3 906	4 535	5 110
总产量 / 万 t	234 243	291 661	354 193	411 243

到2035年，谷物总产量虽然增加51.2%，但由于人口大量增加，人均占有量只能有小幅增加。2007年人均占有量为354.3 kg，到2035年人均占有量达到414.7 kg。到2050年谷物总产量将达到411 243万 t，较2007年增长75.6%，人均谷物占有量为440 kg。

粮食作物中，另一个作物大豆需求总量近30a来一直呈快速增长趋势。今后，由于人类对食用油需求的增长以及畜牧业对蛋白饲料需求的增长，加之大豆纤维在工业上的广泛应用使得大豆总量在很长的历史时期仍呈较快的增长趋势。由于大豆生物特征因素决定，大豆单产提高缓慢，重点是扩大面积（表1-3）。

表1-3　大豆产量中长期预测

年份	2007	2020	2035	2050
大豆播种面积增长率/（%）	3.5	2.0	1.3	0.6
大豆播种面积/万hm²	9 489.9	12 276	14 900	16 300
单产增长率/（%）	0.7	0.7	0.6	0.5
单产/（kg/hm⁻²）	2 278	2 494	2 728	2 940
总产量/万t	21 614	30 616	40 647	47 922

1.8　世界未来食物消费分析

从世界主要国家人均食物消费量表（表1-4）中可以看出，世界食物消费总趋势是增长趋势：一是人口增长，增加了食物的消费需求；二是人均肉、蛋、奶消费在一直快速增长。世界上发达国家食物消费处于稳定状况，发展中国家处于食物低消费状况。但发展中国家人口众多，占世界人口的4/5，发展中国家的消费决定了世界未来食物消费趋势。由于历史上发展中国家居民生活水平偏低，肉、蛋、奶等动物性食品的消费少，与发达国家相比差距很大。现在发展中国家经济普遍开始全面增长，居民收入提高，人均消费动物性食物也同时呈快速增长趋势。到2020—2050年，世界大多数国家经济进入中等发达国家行列，这一时期是经济发展的高速时期，是居民经济水平提高的高速期，也是世界动物性食物消费的高速增长期。2050年以后，世界经济发展速度放慢，居民食物消费趋于稳定，增长进度放缓。按2000—2007年世界人均消费肉、蛋、奶的增长速度计算，预计到2035年世界人均消费肉、蛋、奶分别为69，15.5和130 kg。到21世纪30年代中期，世界人均生活水平达到较高水平，消费增长进入缓慢增长期，预计到2050年，人均肉、蛋、奶消费约为80，16.5和140 kg。同2007年相比，人均消费肉、蛋、奶分别增加25.8，5.3和29 kg。到2050年，全世界人均消费肉、蛋、奶分别为80，16.5和140 Kg，同2007年相比，分别增加36.8，6.3和39 kg。

据资料显示，生产1 kg肉、蛋、奶分别需要饲料3.5，2和0.5 kg。据此计算，2035年世界人均肉、蛋、奶消费增加量需要饲料粮115.4 kg。到2050年，世界人均肉、蛋、奶消费增加量需要饲料粮160.9 kg。肉、蛋、奶消费量增加的同时，势必减少一部分居民直接消费粮食。按肉、蛋与粮食减少比例为1∶0.4计算，奶与粮食减少比为1∶0.2计算，则到2035年人均消费肉、蛋31.1 kg减少直接粮食消费12.4 kg，人均消费29 kg奶减少粮食消费5.8 kg，总计人均减少直接粮食消费为18.2 kg，到2050年，人均消费肉、蛋、奶增加量使人均直接消费粮食减少25 kg。

2007年，世界人均综合粮食消费为387 kg，2035年人均粮食综合消费比2007年增加97.2 kg。2050年，人均粮食综合消费增加135.9 kg。按此计算，2035年世界人均综合消费粮食约为484 kg，预测2035年世界人口将达到85.4亿，世界粮食消费总量为41.3亿t。前面已预测2035年世界粮食总产量为39.5亿t，届时世界粮食缺口1.8亿t。到2050

表 1-4 世界主要国家人均食物消费量

作物	谷物 2002年	谷物 2004年	薯类 2002年	薯类 2004年	蔬菜 2002年	蔬菜 2004年	水果 2002年	水果 2004年	肉类 2002年	肉类 2004年	奶类 2002年	奶类 2004年	禽类 2002年	禽类 2004年	鱼类 2002年	鱼类 2004年
日本	113.8	145.8	34.1	30.4	126.4	149.2	56.3	52.6	43.9	31.3	67.1	72.5	19.1	19.1	66.3	41.7
加拿大	118.6	137.0	85.9	91.9	55.2	125.2	124.1	121.4	100.5	83.2	208.1	201.7	11.8	12.31	25.8	15.0
美国	112.5	157.2	63.7	62.9	66.8	130.4	110.3	124.1	124.1	93.3	261.8	241.4	14.6	17.0	21.3	12.7
法国	117.3	113.9	66.3	67.1	147.5	153.2	100.0	175.0	102.3	75.7	275.5	283.8	15.3	17.0	31.3	19.3
德国	106.9	124.9	72.4	75.4	92.5	166.7	115.5	152.3	82.3	68.5	264.3	270.7	12.7	12.5	14.9	11.8
意大利	161.9	142.8	39.8	37.8	42.0	206.0	131.2	220.0	92.1	71.5	255.9	219.6	11.8	11.6	26.2	16.1
荷兰	80.7	107.7	88.8	92.9	147.7	75.8	146.0	197.2	86.8	67.1	345.7	270.8	15.6	19.2	24.5	22.1
英国	106.4	127.8	112.4	106.3	127.7	118.9	100.3	97.7	80.7	85.5	230.9	203.0	11.6	8.1	23.2	14.9
澳大利亚	83.8	95.8	54.9	79.2	48.5	116.8	93.3	165.5	108.8	88.1	263.9	—	5.6	11.3	22.3	18.7
中国	166.6	169.9	80.7	75.0	70.0	281.0	47.3	56.5	52.5	56.7	13.3	15.4	17.4	17.6	25.6	15.3
孟加拉国	187.1	245.8	19.5	21.6	92.3	15.2	9.8	11.2	3.1	3.0	14.2	15.0	0.9	1.0	11.3	10.5
印度	157.8	178.3	24.1	18.0	12.2	67.8	37.7	36.6	5.2	5.2	62.9	68.3	1.6	2.0	4.8	4.3
印度尼西亚	203.1	232.9	66.7	11.9	104.9	32.3	36.0	56.7	8.2	11.2	7.8	8.0	3.5	4.0	20.8	18.5
伊朗	210.3	210.8	45.8	49.2	41.2	164.4	158.6	152.5	23.1	23.5	57.3	74.2	6.9	8.0	4.6	4.2
韩国	154.7	188.2	17.2	21.0	66.9	273.4	66.8	63.7	49.2	33.7	29.4	41.8	10.5	10.9	58.7	46.1
巴基斯坦	154.1	130.7	12.5	10.4	69.5	29.5	34.0	31.3	12.2	14.4	153.3	145.9	2.1	2.2	2.2	2.1
泰国	122.3	138.6	18.0	4.1	227.8	33.4	87.8	66.9	26.4	24.2	18.8	21.9	9.6	9.6	30.9	15.0
越南	186.7	263.6	15.0	8.0	106.5	80.8	52.0	59.8	28.6	31.9	5.0	8.6	2.6	2.5	17.7	12.7
埃及	235.2	226.7	22.6	25.3	105.9	182.2	92.4	96.1	22.4	19.8	50.2	61.3	2.3	3.1	15.0	14.1
尼日利亚	147.0	142.8	224.7	17.5	209.2	61.4	67.9	60.4	8.6	8.0	7.7	9.2	3.3	3.4	7.3	6.8
俄罗斯	155.0	143.5	122.0	131.0	224.3	128.0	45.2	71.2	49.8	42.7	151.9	182.5	13.7	14.1	18.6	18.1
乌克兰	166.1	153	130.2	135.4	89.2	125.5	28.9	42.7	32.0	34.7	169.8	189.2	11.6	12.7	15.4	15.4

年世界人口将达到93亿，人均综合粮食消费523 kg，世界粮食总消费量为48.6亿t，届时世界粮食总产量为45.9亿t，缺口2.7亿t。如果粮食生产满足消费需求，到2035年总产量较2007年需增长61.7%，年均增长率稳定保持1.8%，到2050年，世界粮食生产满足需求总产量应该增长89%，能够达到并稳定保持这一增长速度显然是十分艰难的，届时世界粮食安全问题将突显出来。

世界上由于石油资源短缺，一部分国家开始用玉米生产生物燃料——乙醇，目前，仅美国2007年就已经应用7000万t玉米生产乙醇。这对于未来世界，对于供需很紧张的粮食、食物安全无疑更是雪上加霜。

1.9　全球粮食安全形势

1.9.1　世界人口长期快速增长

20世纪中期以后，世界人口增长速度明显加快，1975年世界人口40.6亿，到1988年达到50.9亿，13a增长了10亿。2000年世界人口达到60.7亿，12a增长了10亿。2007年世界人口已达66.1亿，较1975年增长0.63倍，平均年增长率1.5%。进入21世纪，人口增长率有所降低，但由于人口基数大，总量增加还是很大。根据联合国粮农组织的预测数字推算，2015年世界人口将达到72亿，2030年世界人口将达到82.9亿，2035年将达到85.4亿，较2007年增加19亿。联合国基金组织警告说：如果出生率一直居高不下，2050年世界人口将从目前67亿增加到93亿。人口的大量增加必将给世界食物供应造成巨大的压力。

1.9.2　食物消费水平不断提高

世界发达国家与发展中国家人均食物消费量差距很大。发达国家人均年消费肉类在80 kg以上，美国等国家人均年消费肉类120 kg以上，而发展中国家仅几千克至二三十千克。发达国家人均年消费蛋在十几千克以上，人均消费奶类在200 kg以上，很多发展中国家人均消费肉、蛋、奶仅几千克，消费量差距很大，发展中国家具有很大的消费需求空间。联合国《2008年粮食安全报告》提出：受高价粮和石油危机的影响，全球饥饿和营养不良的人口达到9.23亿。牛津大学的专家创造性地使用"多维贫困指数"测算显示，撒哈拉以南非洲64.5%的人生活在贫困之中，而在南亚，这一比例为55%，除此之外，研究报告还分析了世界104个国家的52亿人（占全球总人口的98%）的生活状况。全世界尚有十几亿人口生活贫困，根据世界银行贫困人员标准，人均日消费低于2美元为贫困人口，世界贫困人口尚有十几亿，这是一个巨大的潜在的食物消费需求增长群体。

1.9.3 资源短缺

1.9.3.1 后备耕地有限，世界人均耕地逐年减少

世界耕地资源是有限的，全世界耕地只占地球表面的10%左右，且大部分耕地已被开垦，尚未开垦的宜农耕地不仅数量少，而且质量也很差。随着经济的发展和工业化进程的加快，大量的耕地正在被占用，后备耕地资源十分有限，人与耕地资源的矛盾日益突出。1990年世界耕地面积为13.9亿hm²，到2005年世界耕地面积为14.2亿hm²，增加幅度很小，仅增加0.3亿hm²，但同期人口却增加11.979 9亿。今后随着工业化进程，工业占地和住宅用地的增加，农业耕地增加难度越来越大。世界耕地资源增加缓慢，人口急剧增加，必然带来人均耕地减少的问题。1990年全世界人均耕地为3.95亩，到2005年全世界人均耕地已降到3.3亩，预测到2035年世界人均耕地将降到2.6亩，人均耕地资源的减少，对食物供应压力越来越大。

1.9.3.2 耕地退化严重

联合国环境规划署的资料指出，过去几十年中，由于农业活动、砍伐森林、过度放牧而造成中度和极度退化的土地达12亿hm²，约占地球上植被面积的11%。受荒漠化影响的就有20亿hm²，占61%。全世界每年有600万hm²的土地沙漠化，荒漠化严重威胁着世界110多个国家和地区，10亿多人口。全世界每年由于水土流失损失土地600万~700万hm²。

1.9.3.3 水资源短缺制约世界农业增产

世界淡水资源总量是比较稳定的，而且随着全球气候变暖而逐年缓慢减少，人均水资源量随着人口的增加而逐年减少。随着工业、农业生产的发展，用水量逐年增加，随着城市化的进程，生活用水也在大量增加。水资源空间分布又不均衡，一些国家和地区的水资源严重不足，水的供求矛盾变得日益突出，水的危机正在向人类逼近。据世界水理事会报告，随着人口的增加和经济的发展，人类对淡水的需求增加，面临缺水的人数大幅度上升。1950年世界仅有10多个国家缺水，缺水人口仅2 000多万，而1990年全世界已有26个国家3亿多人口受到水资源短缺的困扰。目前，全世界已有40多个国家占世界30%的人口受到水资源短缺的影响。水资源短缺限制了各方面发展，农业是用水大户，受影响最大的是农业生产。

随着工业的发展，工业用水量增加，大量的淡水水质受到工业污水的污染。大量污水未经处理而直接排入河流湖泊，造成水域的严重污染和水质的恶化，导致农业生产灌溉不能应用。目前全世界每年排放污水达4 000多亿t，从而造成5万多亿t水体受污染。美国《国际先驱论坛报》2002年8月11日报道说：如果按照目前的水消费模式继续下去，20 a后，污染将使33亿人无法获得洁净水。目前，一些国家和地区水资源过度利用，水资源开采量已超过水资源可供应量。水资源基本上不能进行国际市场调配，水资源短缺问题将是世界性难题。未来水资源危机而导致农业生产特别是粮食生产受到严重影响。

1.9.4 农业政策制约

1.9.4.1 农业资金投入受到限制

世界发达国家农业从业人员收入明显低于第二产业和第三产业人员，农业从业人员主要靠国家农业补贴维持生计。农业从业人员没有能力再进一步大量对农业进入投入，用以提高单产，而且从比较利益看对农业投入没有效益，农业投资不能收回成本。多数国家对农业补贴负担已很沉重，经济增长缓慢，养老保险等社会问题负重很大，财政赤字越来越高，对农业难以进行较大投入。发展中国家贫困人口多，财政能力有限，对农业虽有一定投入，但数量有限，尤其是一些水资源总量不足或水资源区域分布不均的国家提高单产最有效的方法是增加灌溉面积，而增加农业灌溉属于基础水利建设，投资大。对此投入难以为继。目前世界灌溉面积只有3亿hm²，仅占耕地面积的20%左右。农业投资的制约又很难使农业有较大的发展。

1.9.4.2 粮食出口高度集中

世界粮食总产量有大量剩余的国家数量很少，主要是人均耕地多的几个国家。世界粮食主要出口国是美国、法国、加拿大、澳大利亚、阿根廷5个国家，这5个国家出口谷物占世界谷物出口总量的60%，美国是世界农业产品主要出口国，在世界粮食市场上起决定性作用，大豆占41.7%，玉米占34.4%，棉花占21.2%，小麦占11.6%。世界4个大粮商，美国占据3个。不仅世界谷物出口国高度集中，而美国ADM、美国邦吉、美国嘉吉、法国路易达孚，号称"ABCD"四大粮商，又控制着世界75%的谷物市场份额，粮食价格往往操纵在芝加哥商品期货交易所期货商手里，这是十分危险的体制。2010年俄罗斯夏粮小麦减产2 200～2 700万t，仅占世界粮食总产量的1%，俄罗斯宣布小麦禁止出口，芝加哥小麦交易所乘机炒作，将小麦价格较上年提高100%。世界银行行长佐利克说：这是一场人为的危险，这是一场利益分配与再分配导致的危险。一旦粮食出口国家受到严重自然灾害，农业大幅度减产，粮食减少出口，那么世界粮食贸易市场将是一片混乱，将处于瘫痪状态。全世界将处于恐怖之中，后果不堪设想。

1.9.4.3 能源与粮食市场的争夺战

在石油价格暴涨的背景下，世界开始大量使用生物燃料作汽油、柴油的替代品。美国等国家大量用玉米为原料生产乙醇，用大豆做原料生产生物柴油。乙醇生产激增将导致世界玉米主要出口国美国玉米出口能力大幅下降，世界谷物市场玉米供应紧张。美国又开始扩大大豆为原料的生物柴油生产，必然导致今后世界大豆供应状况逐步紧张。

1.9.5 气候变化对农业的负面影响

世界工业化进程加快，工业化导致大气中CO_2增加，大气中CO_2增加使全球气温上升，降雨量减少。大气中CO_2增加1倍，全球平均气温将上升3～4℃，如果全球气温上升2℃，将使海平面上升6 m，气温变化使很多物种灭绝。

据中国水资源与可持续发展报道，随着全球气候变暖，冰川消融加快，过去100a

里海平面上升了 0.25 m。格陵兰岛是世界上第一大岛，面积 220 万 km²，目前冰雪融化面积正以每年 16% 的速度增加，每年融化 510 亿 m³，其周围的海平面每年上升 0.13 m，如果格陵兰岛全部融化，全世界海平面将上升 7 m。如果海平面上升 1 m，美国将有 3.6 万 km² 的土地被海水淹没，孟加拉国将损失 50% 的稻田，中国沿海地区受影响的人口将达到 7 000 万人。

气候变暖是全世界关注的问题。2009 年 9 月，胡锦涛主席在"联合国气候变化峰会"上指出："全球气候变化，深刻影响着人类的生存和发展，是各国共同面临的重大挑战。"联合国粮农组织警告说："如果全球平均气温提高 2℃，非洲、亚洲和拉美地区潜在的农业产出将下滑 20%～40%，而撒哈拉沙漠以南非洲地区的农业生产将会受到最沉重的打击"。气候变暖将对农业生产产生巨大的负面影响，沿海国家大面积农田将被淹没，全球降雨减少，旱地农业受干旱影响，农作物将减产，严重威胁世界农业生产可持续发展，影响食物安全。

世界食物供应的形势不容乐观，中国人民大学农业与农村发展学院教授周立在接受《环球时报》记者采访时表示："这么多年来，人类解决粮食问题的成效并不显著，数据显示全球饥饿人口在增加。""对粮食价格变化最敏感的主要是一些丧失粮食自主权的发展中国家。2007—2008 年，有 37 个发展中国家人为粮食上涨给他们带来粮食危机，引发社会动乱。"

世界农产品市场并没有能力解决中国食物供应问题，中国只能依靠自己解决问题。

2　我国农业资源及粮食生产

2.1　农业生产环境

农业生态环境同耕地资源、水资源并列为农业可持续发展的三大基础因素。

2.1.1　生态特征

2.1.1.1　森林生态

2008年我国森林总面积19 500万 hm^2，覆盖率为20.3%，较世界森林覆盖率29.6%低9.3个百分点。世界人均森林面积为0.61 hm^2，人均林木蓄积量64.6 m^3，我国人均分别为0.147hm^2和10.33 m^3，分别为世界均值的1/4和1/6。

按历年森林消耗数据，国内目前最大可能提供木材2.3亿 m^3/a（在森林超采1.2亿 m^3的情况下），而国内木材年需求量已达3.7亿 m^3以上，木材供应缺口至少1.5亿 m^3。2015年年需求将达到4.6亿 m^3，缺口近2亿 m^3。由于森林覆盖率低，森林生态功能弱，涵养水源能力不足，对农业生态环境不能起根本性保障，形成我国农业受干旱影响严重。

2.1.1.2　草原生态

草地是我国陆地上面积最大的生态系统，草地总面积3.9亿 hm^2，占我国国土面积的41%，其中，可利用草场面积3.1亿 hm^2。我国84.4%的草地分布在西部，面积约3.31亿 hm^2。草地不但具有重要的经济价值，还具有极其重要的生态调节与保护功能。草原生态系统对我国干旱地区和其他生态环境严酷地区具有重要的生态意义。干旱区天然草原在其漫长的生物演化工程中，已成为蒸腾量和耗水量较少、适于在干旱区生长的植被类型。因此，对于自然条件相对恶劣的西北地区以及青藏高原，草地生态系统的保护和可持续利用，是维持区域生态系统格局、功能和农牧业可持续发展的关键。

2.1.1.3　荒漠生态

我国荒漠总面积已达267万 km^2，占国土面积的27.3%。

荒漠生态系统是发育在降水稀少、强度蒸发、极端干旱环境下，植物群落稀疏的生态系统类型。荒漠生态分3种生态系统类型组，共15种荒漠生态系统类型。荒漠生态系统非常脆弱，可利用资源有限，目前仍被人们用来放牧和樵采，利用度强。

2.1.1.4　湿地生态系统

根据国家林业局公布的首次全国湿地资源调查结果，全国现有湿地面积3 848万 hm^2，在自然湿地中，沼泽湿地有1 370万 hm^2，海岸湿地594万 hm^2，河流湿地821万 hm^2，湖泊湿地835万hm²。

2.1.1.5 农田生态

我国耕地面积18.26亿亩（2008年），占国土面积的12.68%，旱地占56.8%，6°以上的坡耕地占28.3%，其中15°以上的坡耕地占13.6%，25°以上的坡耕地占4.5%。由于对粮食和经济作物的需求扩大，农垦面积的加大，耕作和灌溉方法的不合理造成区域水土流失、沙化、盐渍化的不断扩展，高强度的耕地利用使耕地不同程度的退化。农业生产中化肥、农药、农膜等的大量使用，对农田的生产力和周围自然生态系统造成一定的负面影响。

2.1.2 主要生态环境问题

当前我国生态环境存在的主要问题是生态结构趋于单一，生态服务功能下降，生态系统更加不稳定，生态环境脆弱，生态多样化锐减，自然灾害加剧，主要体现在：生态系统退化加快、资源压力严峻、环境污染严重、生态灾害加重。

2.1.2.1 生态系统退化加快

（1）森林生态结构趋向于简单化，服务功能下降。我国森林生态系统趋于简单化。幼龄和中龄林面积大，分别占森林总面积的36.83%和34.3%，近熟林和成熟林比例小，分别占林地总面积的11.22%和10.99%，过熟林占6.68。林龄结构不合理，生态功能下降。林地单位面积蓄积量，林木单位面积活立木蓄积量下降。经济林面积大幅增长，天然林下降，人工林增加，树种单一，导致森林生态系统结构简单化，功能下降。抗干扰能力降低，森林生态系统调节能力减弱，病虫害加剧。

（2）草地退化、承载力下降。草地是西部居民生存的基本自然资源，是生态调节与保护功能的关键生态系统。超载放牧和过度开垦使草地迅速退化，过牧、樵采、开垦、滥挖，鼠害控制不力，植被严重破坏，90%的草地面积不同程度的退化，每年中等退化面积达50%，正在以200万hm²/a的速度退化。天然草地每年减少65万~70万hm²。草地产草量降低，生产能力大幅下降，歌谣"风吹草低见牛羊"已成为历史。畜牧承载量显著下降，草地生态结构、功能受到严重破坏，草地的生态屏障作用日渐降低，已成为沙尘源主要区域。

（3）湿地面积萎缩。不合理的土地资源开发造成大量湿地减少。如黄河源区20世纪80年代初有湿地面积38.95万hm²，10a后减少了6.48万hm²。西部地区湿地面积不同程度的盐渍化、甚至沙化，西北地区湿地退化后旱化、盐碱化现象非常普遍。湿地面积萎缩，水量减少，自然调节能力下降，功能衰退。

（4）水土流失严重。根据1999—2000年第1次全国水土流失遥感调查结果，全国水土流失面积365万km²，占国土面积的38%，西部地区水土流失面积达219.26 km²，占全国水土流失面积的61.67%。全国每年流失土壤50亿t，黄河流域每年流失土壤16亿t，长江流域每年流失土壤24亿t，昔日清澈透明的长江水已变得浑浊了。全国每年因表层土壤流失而损失的氮、磷、钾等营养物质约4 000多万t。1949—2000年，全国因水土流失累计损失耕地 4 000 多万亩，平均每年近 100 万亩。因水土流失造成沙化、退化、碱化的草原面积累计已达 100 万 km²，水土流失使湖泊、水库淤积，面积、容积不断缩小。2000 年全国水土流失的直接损失为 568 亿元。水土流失导致土地沙化、草原退化、耕地肥力下降、洪涝灾害加剧，生态环境恶化。

（5）土地荒漠化形势严峻。荒漠化是由于人、地不协调所造成的，以风沙活动为主标志的土地退化。荒漠化速度发展很快，20 世纪 50 年代我国荒漠扩展速度每年为 1 000km²，90 年代后 5a 我国土地荒漠化扩展速度达到 3 436 km²。西北部地区荒漠化土地扩展速度快、治理难度大。荒漠化破坏生态平衡，使环境恶化和土地生产能力衰退，导致大面积可利用土地资源丧失，危及区域人民的生存发展。我国因荒漠化的扩展，导致每年损失一个中等县的土地面积。我国沙漠化危害和风沙灾害每年造成的直接经济损失约 642 亿元，据估算，每年因沙尘暴造成的经济损失超过了 13 亿元。荒漠化及其衍生物危害造成的间接经济损失每年约合 2 889 亿元。中国科学院寒区旱区环境与工程研究所提供的一项研究结果称：2040 年后，由于气候变暖将导致潜在蒸发量显著增加，流动、半流动沙丘、戈壁、干草原等地貌景观将覆盖绝大多数中国北方干旱、半干旱区，居民生存将受到沙漠化的严重威胁。

（6）石漠化危害加重。10a 来，全国已治理石漠化土地 5 000 km²，但却新增加石漠化土地 2.5 万 km²，新增面积与治理面积比为 5∶1。根据《中国生态建设与可持续发展》期刊报道，到 1999 年，西南地区四川、重庆、云南、贵州和广西 5 省（区、市）石漠化总面积已达 729.5 万 hm²，占 5 省（区、市）总面积的 5.3%，每年以 3% 的速度增长，即以 2 000 多 km² 的速度扩展，相当于损失一个中等县的土地面积。石漠化使土地永远失去农业利用价值。土壤是一种难以再生的宝贵资源，一旦流失，极难恢复，石漠化地区丧失了支持人类生存的基本条件。

2.1.2.2 环境污染加剧

（1）水环境污染。全国废水和主要污染物排放量呈增加趋势。根据第 1 次全国污染源普查公报，2007 年，全国废水排放总量为 2 092.81 亿 t，化学需氧量排放量为 3 028.96 万 t，氨氮排放量为 172.91 万 t，氮氧化物排放量为 1 797.7 万 t，畜牧饲养业粪便产生量为 2.45 亿 t，尿液为 1.63 亿 t，比以前公布数字明显增加。

污水的大量排放导致河流湖泊等地表水体水质变差。2005 年，国家环境监测长江、黄河、珠江、松花江、淮河、海河、辽河七大水系的 411 个地表水监测断面中，Ⅰ～Ⅲ类水质仅占 41%，Ⅳ类、Ⅴ类和劣Ⅴ类水质占 59%。劣Ⅴ类水质占 27%，劣Ⅴ类水质农业灌溉后，影响农作物产品质量，农产品含有害物质超标，对人体健康有影响，劣质水灌溉后，由于重金属和碱性物质超标，严重影响农作物产量，严重者大片农作物发黄、枯死。

在全国平原地下水总资源量中，Ⅰ类水质水资源量仅占 9%，Ⅱ类水质水资源量仅占 7.1%，Ⅲ类水质水资源量占 38%，Ⅳ类和Ⅴ类水质水资源量分别占 24% 和 30%，合计有 54% 的地下水资源量不符合生活用水水质标准。

水污染导致水质恶化，使一些地区出现水质性缺水，许多农村地区的居民因为饮用受污染的水影响身体健康，各种地方病发病率不断提高。

（2）空气污染与酸雨。根据第一次全国污染源普查公报，2007年全国废气排放量637 203.6亿m³，废气中SO₂排放总量2 320万t，烟尘排放总量1 166.62万t，工业粉尘排放量总量764.68万t。大气中大量的SO₂，SO₃与水结合生成亚硫酸，从而使雨水呈酸性。酸雨污染水源，污染农田，破坏耕地的酸碱平衡，导致农作物减产甚至绝收，酸雨危害森林、草地。同时还对农业建筑物、设备产生腐蚀。2005年全国开展酸雨监测的696个市（县）中，出现酸雨的城市357个。全国年降水pH小于5.6的酸雨区面积已占国土面积的30%。有关部门1995年估算全国因酸雨危害造成的直接经济损失达1 165亿元。

烟尘与工业粉尘的大量排放，进入大气中，增加空气粉尘的浓度，影响太阳光线对农作物的辐射，弱化了植物的光合作用，紫外线减弱，作物病害增加，农作物产量受到影响。

华北平原有小麦2.5多亿亩，大量的、不适当的方法使用化学除草剂，空气中含量极度超标，威胁居民健康。空气中飘移的除草剂细小微粒每年6月份使40%的蔬菜（约1 600万亩），受药害影响，叶片萎蔫、嫩尖枯死，严重减产，总损失约80亿元以上，产量损失相当于500万亩耕地。

（3）农业污染。农药、化肥、除草剂、农田塑料薄膜的使用量不断增加，致使农田污染面积迅速扩大，造成土壤及农产品污染严重，品质不断下降。2008年化肥施用量达到5 239万t，化肥平均施用量达到430.4 kg/hm²，超过发达国家为防止化肥对水体造成污染而设置的225 kg/hm²的安全上限。化学除草剂大量应用，残留在农田里，对一些科目的植物生长有严重的抑制作用。农用塑料薄膜大量使用，但回收不足，使农田土壤团粒结构破坏。我国北方污灌面积大，根据污染比较严重的22个省47个点污灌的20.67万hm²耕地的调查结果，大约90%的重点污染区为金属污染，其次为化工、造纸、酒精厂、制糖厂等废水，几乎所有农田上生长的农作物都受到一定程度的危害。农业污染的加剧，影响农业产量的同时，农产品质量也下降。

2.1.2.3　生态灾害频繁

（1）沙尘暴。随着土地沙化的不断扩大，尤其是我国西北地区已成为我国沙尘暴的主要发生地，如甘肃河西走廊及内蒙古阿拉善盟、新疆塔克拉玛干大沙漠、内蒙古浑善达克沙地、腾格里沙漠、巴丹吉林沙漠、毛乌素沙漠等地。受新、蒙沙漠气候的影响，在新、蒙两区及青、甘、宁、陕、晋、冀、京、辽、吉9省、市、区的北部形成一道长4 500多km的沙漠带，威胁着我国北方农业生产。20世纪50—60年代，沙尘暴发生5～8次，70—80年代，沙尘暴发生13～14次。进入90年代，发生沙尘暴则达23次。每次沙尘天气在有效资源的土地上，每亩至少带走了1 m³的水分。每次损失水分达26亿m³。1993年5月5日发生的大范围沙尘暴，造成兰新铁路中断31 h，死亡和失踪116人。2000年，北方地区共发生沙尘暴15次。2001年，我国沙尘日数达60次。沙尘暴对农业生产造成很大危害，恶化了生态环境。

（2）水旱灾害。60多年来，我国水旱灾害发生频率明显增加，农业受灾面积直线上升。洪水淹没农田导致作物减产甚至绝收。根据《中国水资源与可持续发展》期刊统计，1950—2000年农田累计受灾面积71.7亿亩（次），年均1.4亿亩（次），成灾40亿亩（次），年均约8千万亩（次）。2001—2008年受灾面积53.9亿亩（次），年均受灾6.7亿亩（次），成灾面积累计成灾29.96亿亩（次），年均3.74亿亩（次）。1998年长江大水损失1 800多亿元，死亡1 500多人，全国29个省（市、区）遭受不同程度的洪涝灾害，直接经济损失2 551亿元。2003年淮河水灾造成数百亿损失，使百万人临时迁移。2010年更加严重，受灾人口2.3亿，死亡3 185人，失踪1 067人，农作物遭损失1 650.83 hm²，倒塌房屋211.5万间，损坏房屋508.5万间，直接经济损失3 504.2亿元。大型水灾频率为5～7 a1次。

旱灾频频发生，20世纪50年代以来，全国旱灾面积超过4.5亿亩的年份有13a，成灾超过2亿亩的年份有13a。1988年旱情波及27个省、区，受灾面积近5亿亩；1997年全国受旱面积6.08亿亩，成灾面积4.02亿亩；1999—2003年、2006—2007年，每年受旱面积均超过3亿亩，成灾2亿亩以上。2007年受旱灾面积达4.4亿亩，成灾2.4亿亩。

全国因生态环境恶化造成水旱灾害频频发生，严重影响农业生产，特别是影响粮食产量的增加。

（3）地质灾害。不合理的矿产资源开发、陡坡耕作、植被破坏、缺乏有效的水土流失控制措施等因素是地质灾害的驱动因素。

地质灾害的主要表现形式是山洪暴发、崩塌、泥石流、滑坡及山间川道和盆地洪灾。2000年，仅陕西、四川、重庆、湖北和贵州5省市，3 000万人次遭受地质灾害。农作物受灾365万 hm²。2002年6月，湖南省因暴雨、山洪、泥石流、滑坡袭击造成的各类经济损失达21.4亿元，有62个县（市、区）977万人受灾，流离失所人口达9.7万人。2010年6—7月，全国有29个省（区、市）发生地质灾害。

据国土资源部统计，人为因素诱发的地质灾害占我国地质灾害总数的50%左右，并且呈上升趋势。

片面追求经济增长而导致生态环境破坏十分严重，人与自然的矛盾突出，生态系统退化、水土流失、草地沙化、土地荒漠化、石漠化、湿地萎缩、耕地丧失、水资源短缺、水环境污染、耕地污染、空气污染、酸雨加重、沙尘暴频频发生、水旱灾害频繁、地质灾害增多、生物多样性受到严重威胁等一系列的环境问题，对国家农业可持续发展、食物安全构成了严重的威胁。

2.2 耕地资源现状及发展预测

2.2.1 土地资源的人口承载量

我国陆地面积有960万 km²，折合144亿亩，占地球总面积的7.34%，居世界第3

位。广大的国土资源保证了我国的可持续发展有比较充足的土地空间。我国土地资源的可利用率相对较低,有大面积的雪山高原、石质山、不毛之地的荒漠沙地等,目前,可利用的土地资源不足60%,土地资源是人类经济、社会活动的主要平台和基本资源。土地是人类生产、生活的场所,也是人类赖以生存与发展的主要物质基础。我国土地生产能力与人口量问题是我国可持续发展的基础。1989—1994年,国家土地管理局与联合国粮农组织合作,进行了"中国土地的食物生产潜力和人口承载潜力研究"。研究结果表明:中国在低投入下,土地可承载11.0亿~11.9亿人,在中等投入水平下可承载14.9亿~18.9亿人,提高土地生产潜力和人口承载能力的关键是保护耕地,提高投入和控制人口。

中国科学院自然资源综合考查委员会对我国土地生产能力与人口承载量的研究提出:我国粮食最大可能生产能力约8.3亿t,以人均500 kg计,可承载16.6亿人,以人均550 kg计,则只能承载15.1亿人。

根据我国的土地面积和人口承载潜力,经过努力,中国人完全可以养活自己,但是必须提高对土地的投入水平,大量增加耕地和灌溉草场等农业资源,扩大灌溉面积,提高单产,提高土地承载能力,同时必须保持相对较低的消费水平。

2.2.2　耕地资源数量

据2008年统计,全国耕地面积仅18.26亿亩,占总土地面积的12.68%。世界2005年耕地面积为213.18亿亩,占全球总土地面积的10.96%。我国垦复率已高于世界均值15.7%,根据我国土地多高山、多荒漠的特点,说明我国垦复率已经很高了。我国耕地面积仅少于美国(26.2亿亩)、印度(23.9亿亩)、俄罗斯(18.27亿亩),居世界第4位,占世界耕地面积的8.6%。我国耕地面积按数量是世界耕地大国,但按人均数量仅1.37亩,仅是世界人均耕地的2/5,仅相当于美国人均耕地的1/6、加拿大的1/15、俄罗斯的1/10,比人口密度高于我国1.6倍的印度还少36%。今后,随着工业化进程加快,非农业占用耕地仍不可避免,部分陡坡耕地和沙化地区开垦的耕地需要退耕还林还草.后备宜农耕地资源有限,耕地数量还会继续下降,人口却在不断增加,人均耕地将逐年减少。2000年全国人均耕地面积1.52亩,以后人均耕地一直呈下降趋势,到2008年全国人均耕地已降到1.37亩。2000—2008年人均耕地平均年减少幅度为1.20%,2005年、2006年、2007年、2008年4年减少幅度平均为0.71%。全国有666个县区人均耕地面积低于联合国粮农组织(FAO)确定的人均0.8亩耕地安全警戒线。

2.2.3　耕地资源质量

2.2.3.1　土地资源质量总体下降

我国土地资源质量呈总体下降趋势,土地质量下降主要表现为土地沙化、水土流失、土壤和土体环境污染等,其实质是土地生产力降低。

目前全国水土流失面积达365万 km^2 ,占全国总面积的38%,平均每年流失土壤约

50亿t；土地荒漠化面积达267万km²，占全国总面积的27.8%，而且每年以3 436 km²的速度扩大，每年相当于损失一个中等县的面积；土地盐碱化面积为99.1万km²，受盐碱影响的耕地面积1.3亿亩。

目前全国土壤有机质含量平均已降到1%，明显低于欧美国家的2.5%～4%的水平，土地资源的总体质量呈显著的下降趋势。

2.2.3.2　优质高产农田减少，劣质农田增加

根据1995—2000年统计资料并按农业部土肥站所定标准估算，现有耕地中高产田占28%，中产田占36%，低产田占36%，即质量较差、产量不高的中低产田占耕地总面积的72%。农业资源污染、污水灌溉、工业三废排水等对土地污染也导致了耕地质量下降。20多年来，城市交通、工业建筑用地迅速增加，占用了大量位置优越、质量良好的耕地，导致优质耕地资源的流失。耕地减少主要集中在水热条件较好的南方地区和城镇周围。据国土资源部资料，我国位于城镇周围的耕地减少2/5左右，有的地方甚至超过3/5，这些耕地多属优质高产田。而新增耕地大多数分布在边远省份和丘陵山区，多为限制因素较多的劣质低产田，新增耕地往往3亩以上才能弥补1亩耕地的损失。

2.2.3.3　耕地养分含量不高

耕地土壤除缺少有机质、氮磷钾外，还不同程度地缺少铁、硼、锰、钼、锌、铜等微量元素，其中以缺硼、锰、锌等微量元素的面积最大，微量元素缺乏使作物抗病能力降低，作物产量和质量都受到严重影响。

2.2.3.4　障碍因素多

据全国第2次土壤普查和全国农业综合开发后备资源调查，我国耕地中有60%～70%的面积存在障碍因素。主要有：侵蚀耕地占全国耕地总面积的40.3%，瘠薄耕地占16.4%；板结地占12.6%；渍涝地占5%，盐碱地占16.4%；砾石地占1%，砂姜层占0.9%。侵蚀导致耕层变薄和土壤养分流失。

2.2.3.5　耕地污染加剧

耕地污染主要来自工业、城市废弃物和农用化学药品。据统计，全国耕地受工业"三废"污染地面积已达6 000万亩，受乡镇企业污染的耕地面积已达12 800千万亩，酸雨危害耕地面积已达14 050千万亩。在城市、工矿区、乡镇企业周围更为严重。全国每年因耕地污染造成大量的粮食减产，受污染的粮食在25亿kg以上，对蔬菜、水果、茶叶、烟叶和养殖业产量和质量都有很大影响。污染使耕地土壤中的有害物质超标，使土壤酸化、碱化、板结及土壤团粒结构破坏，耕地环境条件恶化，对农业可持续发展构成威胁。

2.2.3.6　坡耕地占有相当比重

耕地坡度6～15°，15～25°为缓坡耕地，大于25°为陡坡耕地，全国耕地中缓坡耕地占耕地总面积的23.8%（其中坡地占70.2%，梯田占29.8%），陡坡耕地占耕地面积的4.5%（其中坡地占83.1%，梯田占16.9%）。缓坡和陡坡耕地在全国有5亿多亩。其中陡坡耕地8 000多万亩。

耕地坡度确定了土壤侵蚀程度，3～6°坡耕地为轻度水土流失耕地，6～15°坡耕地为中度或重度水土流失耕地，应加强水土保持措施。5°以下为耕地适宜坡度。15～25°坡耕地水土流失严重。25°以上坡耕地不宜耕种。

2.2.3.7 水土资源不相匹配

全国耕地面积62%分布在北方，南方仅占38%。北方虽然耕地面积大，但水资源量仅占全国水资源的19%，南方水资源量却高达81%。农业主产区华北有占全国26%的人口，有占全国31%的耕地，但水资源量仅6%，北方降雨量少，因常年干旱而制约农业产量。

2.2.3.8 旱地

全国旱地面积约占耕地总面积的56.8%，旱地主要分布在北方，占全国旱地总面积的66.5%，北方旱地在京、津、冀、辽、吉、黑、内蒙古、甘、新、宁、青、陕、晋、豫、鲁15个省（市、区）。南方旱地占全国旱地面积的33.5%，分布在沪、苏、浙、闽、赣、皖、鄂、湘、川、滇、黔、粤、桂、琼、藏15个省（市、区）。

旱地地形起伏大，相对高差达1 000～2 000m，有明显的立体分异性。旱地类型有台地、岗地、缓坡地、高梯地和陡坡地，呈大的阶梯状分布。水土流失严重。北方旱地水资源短缺，易发生旱灾；水土流失严重，土地沙化严重；土壤肥力较低，有机质含量不足1%。南方旱地面积占南方耕地面积的44%，大部分为坡耕地，坡度大的旱地无法灌溉。

全国农业生产的潜力主要在旱地，提高旱地单产是我国农业生产的主题。

2.2.4 后备耕地资源

我国后备宜农土地资源总量为0.33亿hm²，折合4.95亿亩，经实验改良，开垦后适宜种植农作物的毛面积为0.13亿hm²，折合2亿亩，垦植率按60%计算可开垦成为农田的面积约1.2亿亩。但无限制或有轻微限制因素的农田后备土地资源仅占9.8%，折合2 000万亩。受中、高度限制的农用地占总面积的60%以上。大面积的后备耕地资源主要分布在北纬40～50°，热量不丰富的一年一熟地区，同时又是少雨的干旱、半干旱地区，大部分位于边远和生产条件较差地区，开发利用难度较大。后备宜农土地资源不足，制约了农业的长远发展。

2.2.5 我国中、长期耕地面积预测

国家要实现工业化、土地非农业化的趋势是难以扼制的。如日本、韩国等国家在实现工业化进程中耕地面积每年都以1%的速度递减。1978—1995年，我国农业耕地面积累计减少1.53亿亩，平均每年减少0.4%，平均每年减少土地898万亩，其中国家基建占地2 136万亩，乡村集体占地980.55万亩，农民个人建房占地710.55万亩，三者合计3 827万亩，仅此一项，平均每年占地225万亩。1997—2000年建设占地1 106万亩，平均每年276万亩。2000—2004年，4a耕地下降8 300万亩，平均每年减少2 075万亩，其

中生态退耕占地较多。国家严格控制耕地减少，2004年以后每年减少量趋于稳定，2004—2006年3 a共减少耕地1 050万亩，平均每年减少耕地350万亩。随着国家工业化的进程，新建铁路、公路的增加，大中城市扩建，小城镇建设，都要占用大量的耕地，耕地将逐年减少。

2.2.5.1 城市化建设占地

我国2008年城镇人口已达45.7%，农村人口为54.3%，城镇人口虽然统计数字为45.7%，但这里包括在城里打工的1亿多农村人口和市区的农村人口，市区农村人口约占总人口的10%，长期居住在城市人口为35%左右。长期以来，我国农业从业人员多，城市化进程滞后，城市化率比工业化国家低得多。

我国近几年城市化进程加快，每年以1.2%~1.4%的速度增加，长期看会有所放慢，按1%增加速度计算，估计到21世纪30年代中期，城市化率将达到73%，较2008年增加27.3%，比现在增加5.25亿。按现在城市人均占地130 m²标准计算，城市占地增加面积为682万 hm²。2035—2050年城市化增加速度按0.9%计算，到2050年城市化率将再增加12%，达到86.5%。全国人口按16.26亿计算，城镇人口将达到14.07亿，较2008年增加8亿，城市占地将增加面积1 039 hm²，折合1.56亿亩。

根据全国土地详查资料和全国土地利用总体规划预测："到2030年，城镇居民点、独立工矿及基础设施建设将占用耕地732万 hm²"。但现在国民经济发展速度很快，实际占耕地将超过这一预测。

2.2.5.2 交通建设占地

（1）建设里程与密度。交通基础设施必然占用一定的土地资源，这部分土地资源的占用将促进经济社会发展。我国现状交通网络规模远不能适应社会经济发展的需要。以交通网密度对比，发达国家的铁路网路密度和公路网络密度是我国的3~10倍，发展中的国家印度铁路和公路网络也比中国高2~3倍。按人均交通线里程比，美国、日本等发达国家的人均铁路里程是中国的3~13倍，人均公路是我国的4~8倍，表明我国需要继续建设交通网络，仍然要占大量的土地资源。

我国近些年交通发展很快，2008年年底已有铁路7.97万 km，公路373.02万 km，其中高速公路已达6.03万 km。但与发达国家相比仍有很多差距。国土面积和我国相近的美国2005年铁路里程已达22.9万 km，公路已达654.4万 km，高速公路已达7.2万 km²。按照我国铁路公路运输的长远发展目标，公路里程将达到620万 km以上，其中全国高速公路将建设九纵十八横贯穿全国的高速公路网，高速公路里程将由现在的6万 km达到9万 km以上，全国各省之间全部贯通铁路客车高速专用线，铁路里程将达到10万 km以上，至少再增加2.5万 km，一级中间站约500个，区段站约120个，编组站约30个。铁路运输，属于低碳经济运输业，随着能源价格的提高，铁路发展实际上可能要比现计划增加一些。

（2）交通用地指标。新建铁路工程用地：单线铁路区间正线为4.0~5.3 hm²/km，双线铁路区间正线为5.3~6.7 hm²/km，一般中间车站为6.7~13.3 hm²/站，区段站为67~

100 hm²/站，编组站为133～300 hm²/站。车站和站场不仅数量较多，而且大多位于城镇附近，往往要占用好的耕地。

公路工程用地：一般公路占地 1.3～2.7 hm²/km，其中约1/2为耕地。高等级公路和高速公路占地数量相对更多。根据已经建成的高速公路统计，在平原丘陵区占地8～10.7 hm²/km以上。

表2-1 2008—2035年交通建设占地耕地预测

	项目	单位	数量	单位占地hm²/km	占用土地面积（万hm²）	折合占耕地面积（万hm²）
铁路	单线铁路正路	Km	10 000	4.6	4.6	2.76
	双线铁路正路	Km	12 000	6	7.2	4.3
	一般中间站	个	500	10	0.5	0.5
	区段站	个	120	80	0.96	0.96
	编组站	个	30	220	0.66	0.66
	小计				13.92	9.18
公路	一般公路	Km	2 500 000	2	500	250
	高速公路	Km	31 000	9.4	29.14	14.57
	加油站	个	40 000	0.2	0.8	0.8
	小计				529.94	265.37
合计					543.86	274.55

（3）交通占地情况。计划到2035年我国交通建设占地约274.55万hm²，届时，国家大规模交通基本完成，形成全国完善发达的交通网络，2035—2050年，只有一些小的局部的新开交通线路建设，交通新建占地增加较少，不再计算。

2.2.5.3 生态退耕

全国水土资源流失面积已达365万km²，沙化土地面积已达174万km²。全国25°以上急需治理的陡坡耕地为6 800万亩，6～25°坡耕地4.3亿亩，其中急需治理的3.05亩；沙化耕地面积1.35亿亩中急需治理的4 000多万亩。我国西部地区生态环境与贫困问题突出，生态环境恶化与贫困加剧现象往往并存。长期以来，在生产压力与经济利益驱动下，开垦陡坡耕地种地、毁林情况严重，造成了这些地区生态环境恶性循环。在生态退化和水土流失区实行退耕还林政策意义重大。不仅能改善当地的生态环境、改善经济增长和社会发展的自然基础，而且还能增强为全国提供生态服务的能力。根据全国土地总体利用规划预测：到2030年，为保护生态环境，25°以上陡坡耕地、严重沙化的耕地，盲目围垦影响行洪泄洪的耕地需退耕还林、还湖、还草的面积约755.3万hm²，折合1.13亿亩。

2.2.5.4 灾害损失

全国因灾害损失大量耕地。全国政协水土流失情况调查报告提出：全国每年因水土流失造成耕地损失100万亩。全国每年沙化土地3 400多km²，南方石漠化面积2 000多km²，2项合计损失土地5 400 km²，折合810多万亩，损失耕地约100万亩。到2035年，因灾害损失耕地 3 000 万亩以上，到 2050 年因灾害损失 4 500 万亩以上。根据全国土地详查资料和全国土地利用总体规划预测，到 2030 年，因灾害损毁约减少耕地 200 万 hm²。

2.2.5.5　未来耕地数量

到 2035 年，我国耕地将减少 2.83 亿亩，到 2050 年，耕地减少约 3.5 亿亩。

我国后备耕地资源数量少、质量差，开发利用难度大。经过实施改良和保护措施，开垦后适宜种植农作物的面积只有约 0.13 亿 hm²，可复垦为耕地的废弃地约 0.1 亿 hm²，可供开垦沿海滩涂约 0.01 亿 hm²，其中受中、高限制的占 60%。无限制或轻微限制农用后备耕地资源仅 9.8%，大面积的后备耕地资源主要分布在北纬 40～50° 热能不足的北方，同时又处于干旱、半干旱边远地区，生态水缺乏区，大量开发，挤占生态用水，将破坏生态环境，出现土地退化、沙化的负面作用，开发利用意义不大。适宜开垦部分，按无限制的后备资源 9.8% 计算，能开垦耕地：2 140 万亩。

如果受中、高限制的 60% 农用后备耕地不预垦复，按受低限制和无限制农用后备地占 40% 计算，为 0.0527 亿 hm²。中国可持续发展总纲报告提出："我国宜垦荒地仅 820 万～1 160 万 hm²，垦复率按 60% 计算，只能垦出 492 万～696 万 hm²。"我国后备耕地可以成净耕地，应该是 1 亿亩左右比较正确。

随着各项事业的不断发展，我国耕地总量和人均量在今后相当长的时期内将持续减少。据预测，我国未来 50a 耕地面积将至少再减少约 3 200 万 hm²，届时人地矛盾将更突出。

前面预测，未来 27a（2008—2035 年）耕地减少 2.83 亿亩，到 2050 年耕地减少 3.5 亿亩，国家中长期科学和科技发展规划提出：我国未来 50a 耕地面积将至少减少约 3 200 万 hm²。前面的预测值比国家中、长期科学和科技发展规划数字减少 1.3 亿亩。

到 2035 年，我国耕地总面积将由 2008 年的 18.26 亿亩下降 2.83 亿亩，但又垦复无限制条件的宜农耕地 0.21 亿亩，耕地将下降到 15.64 亿亩。全国总人口按 15.5 亿计算，人均耕地降到 1.01 亩，较 2008 年人均耕地 1.37 亩下降 26%。到 2050 年，我国耕地减少总面积为 3.5 亿亩，累计垦复宜农耕地 1 亿亩，我国耕地总面积为 15.76 亿亩，较 2035 年有所增加，是由于垦复面积大于占地面积有所增加。按当时人口 16.26 亿人计算，人均耕地为 0.97 亩，接近联合国粮农组织提出的 0.84 亩的警戒线。按国务院，国家中长期科学和科技发展规划预测数字，未来将减少 4.8 亿亩耕地，2050 年我国耕地将下降到 14.46 亿亩，人均耕地下降到 0.89 亩。

2.3　草地资源现状及发展预测

2.3.1　草地数量

根据 2008 年《中国统计年鉴》统计，我国草地近 4 亿 hm²，占国土面积的 41.7%，全国草地面积的 98.5% 为天然草地，人工草地在我国起步比较晚，到 2000 年累计人工草地仅为14万hm²。位于山地和青藏高原的草地为25 991万hm²，占全国草地面积的66.2%；各种平原草地为11 587万hm²，占全国草地面积的29.5%；沙地草地有1 705万hm²，为全国草地面积的4.3%。可见我国草地主要分布于利用条件较差的山地和青藏高原。利用条件较好的平原草地被逐步开垦，草地面积逐步减少。

2.3.2　草地质量

2.3.2.1　草原超载放牧，退化严重

草地植被退化，植被低化矮化，产草量降低；优质牧草数量减少，牧草质量下降，土地沙化严重，草地土壤风蚀严重，土壤质地粗化。

根据2003年中国环境状况公报，我国90%的可利用天然草场不同程度地退化。其中中度退化以上草地面积已占50%，严重退化近1.8亿hm²。全国退化草地的面积以每年200万hm²的速度扩张，天然草地面积每年减少65万~70万hm²，天然产草平均量近30a下降30%~50%。草原生态环境局部改善，整体恶化的趋势尚未扭转，草场质量不断下降。

2.3.2.2　草地荒漠化与沙化

黄河、长江源头区，草地沙化过程加剧，每年以3万~4万hm²的速度扩展，青海境内每年有近50万亩草地被流沙侵掩。

20世纪90年代调查，与80年代初相比，内蒙古荒漠类草地已从西部干旱区向东部半干旱区推进了50 km。照此速度推算，如不采取有效措施，距北京最近的浑善达克沙地在70~80a后将侵入北京。

干旱草原区内陆河水资源超强度开发，上游拦截水资源，用于农业灌溉，下游草地全年得不到河水滋润，而失去生机、枯死、消亡，草地沙化，如塔里木河、黑河流域。

过量抽取地下水，使干旱草原地下水下降，低于草地植物赖以生存的地下水位，致使绿洲边缘的草地植被大面积枯死，草地沙化，如河西走廊和石羊河下游的民勤盆地；新疆塔城盆地著名的库鲁斯台大草原等草原沙化，南湖湿地干涸，草甸植被大面积枯死。新疆因上游和绿洲农业超采用水，自20世纪70年代以来已使下游340万hm²草原沦为沙漠或裸地。

2.3.2.3　草原盐渍化

干旱、半干旱地区的低地草甸和低地盐化草甸，长期超载过牧，草地土壤板结，导致地下盐分上升至地表滞留，造成草地盐渍化。黄河入海口海水倒灌、荒漠绿洲引水漫灌，亦造成草地土壤盐渍化，植被减少或消退，草地生产力下降。目前，全国草地盐渍化面积已达930万hm²，大面积发生在东北的松嫩草原、内蒙古西部、新疆、甘肃、青海等干旱荒漠区。

2.3.2.4　草地水土流失日益严重

据水利部调查，全国水土流失面积1999年与1989年相比，西部地区10a间水土流失面积增加了19.99万km²，增长27.03%。西部水土流失主要发生在连片分布的草地。

开垦草地，每年有上百万农牧民进入内蒙古、新疆、甘肃、宁夏、青海等草地，挖甘草、防风、割麻黄、罗布麻，搂发菜等，造成草地植被被破坏，水土流失逐年加重。大量泥沙进入黄河、长江，来自草地的泥沙已占长江宜昌站泥沙的35%。目前，全国草地水土流失面积逐年加大。

2.3.2.5　灾害频繁、严重

（1）自然灾害。草地超载放牧，越冬草储备能力不足，牧业基础设施薄弱，自然灾害频繁，每年受灾面积500万 hm² 以上，直接经济损失200亿～300亿元。

（2）鼠害。北方和西部牧区草地鼠害严重，根据国家草原站公布，目前鼠害发生面积已达3 675.8万 hm² 以上，占草原面积的9.4%。中高程度的鼠害草地，每 km² 有害鼠200～300只，在草地啃食牧草，挖洞穴，破坏植被，严重危害草地，仅青藏高原草地，每年因鼠害损失的载畜量就达2 000万只绵羊单位。

（3）虫害。我国每年都有草地虫害发生，虫害面积已达2 700.7万 hm²，达到防治指标的草原虫害面积约550万 hm²。草地虫害以各种中小型蝗虫、草地螟、草原甲虫为主，尤以蝗虫危害为严重，分布最广。发生虫害的草地，50%～80%的牧草被吃掉，严重的全部吃光。

2.3.3　草地载畜量

2.3.3.1　草地适宜利用类型评价

暖季草地面积大，冷季草地面积小，草地承载量季节不平衡。

我国75%的草地只能用于放牧。其中，适宜暖季放牧的草地为11 746万 hm²，占放牧草地面积的33.45%；适于冷季放牧的草地为6 415万 hm²，占放牧草地面积的18.27%；放牧季节不受限制的全年放牧草地8 260万 hm²，占放牧草地面积的23.53%，冷季放牧草地利用时间为6～8个月。北方温带草地区和青藏高原高寒草地区冷季放牧草地不足，成为限制我国西部和北方草地畜牧业发展的主要因素。新疆的冷季草地分布在绿洲边缘，暖季草地分布于高山部位，而冷、暖季转场的过渡草地有的分布于离冷、暖季放牧草地200多 km 外，必须进行长途跋涉的转场游牧，这种草地空间结构给草地管理和利用带来困难。

2.3.3.2　草地产草量、载畜量

我国草地产草量以低产草地为主。约23 180万 hm²，占全国草地面积的61.6%。中产草地占草地总面积的20.9%，高产草地占草地总面积的17.5%。按草地品质划分，中等品质草地14 939万 hm²，占草地总面积的39.7%；优质草地13 907万 hm²，占37.0%；低质草地8 752万 hm²，占23.3%。中质、优质草地占76.7%，总体品质较好。

我国天然草地占98.5%，天然草地畜产品产量低，百亩草地产肉量仅25.5 kg，产奶26.8 kg，产毛3 kg，为美国的1/27，新西兰的1/82，属于"大资源，小产业"类型。我国人工草地少，仅占1.5%。研究表明，北方人工草地的牧草产量在有灌溉条件下可提高3～5倍，在西北荒漠地区，有灌溉条件的人工草地牧草产量可提高5～10倍。

2.3.4 草原发展预测

加大投资兴建人工草地，大力发展灌溉草场，向草原调水发展10亿亩灌溉草场，运用现代科技手段发展知识密集型草业综合产业，提高我国草地生产力，提高畜牧业水平，改善生态环境是草原可持续发展的重要手段，也是我国增加肉类生产的重要措施。

2.4 农业用水现状与预测分析

2.4.1 水资源

2.4.1.1 水资源总量

根据1956—1999年水文系列资料及水文系列延长并重新评价后结果，全国多年平均水资源总量为28 414亿 m^3，其中地表水资源量为27 375亿 m^3，约占水资源总量的96%，地下水资源量中与地表水资源量不重复计算的水量为1 039亿 m^3，约占水资源量的4%。

我国人均水资源量仅2 071 m^3，是世界平均值的31%，是贫水国家。

2.4.1.2 地下水资源

地下水多年平均水资源量为8 088亿 m^3，其中北方地区地下水水资源量为2 482亿 m^3，约占全国30%，南方地下水资源量5 606亿 m^3，约占全国的70%（表2-2）。

表2-2 中国多年平均径流量、全国一级区域水资源量

水资源分区	多年平均径流量/亿 m^3	径流深/mm	地下水资源量/亿 m^3	计算面积/万 km^2
松花江	176.6	129.1	478.1	89.0
辽 河	456.3	141.1	203.1	34.1
海 河	216.0	90.5	235.0	27.8
黄 河	594.2	83.2	378.0	77.5
淮 河	677.3	225.1	396.9	29.8
长 江	9 855.5	526.0	2 452.9	175.8
珠 江	4 722.5	806.9	1 210.3	58.0
东南诸河	2 654.2	1 066.3	639.5	23.9
西南诸河	5 776.9	687.5	1 440.4	85.1
西北诸河	1 174.5	32.0	731.3	271.0
全 国	27 375.0	284.1	8 088	—

2.4.2 水资源可利用量

水资源可利用量是指在一定时期内，维持适宜的生态与环境基础上，在当地水资源

中可一次性利用的最大河道内取水和地下水抽取量。据初步估算，全国水资源可利用量约为8 545亿m³，占水资源总量的30%。其中地表水可利用量为7 895亿m³，占可利用总量的92%；地下水可利用653亿m³，约占8%。

地下水可开采量是指在可预见的时期内，在经济合理、技术可行、基本不引起生态环境恶化条件下，从含水层获取的最大水量。全国平原区多年平均地下水可开采量为1 700多亿m³，北方平原地下水可开采量为1 035亿m³。

全国机电井数大幅度增加，总数达470多万眼，平原区地下水长期超采。全国地下水超采总面积已接近19万km²，地下水严重超采引发了地面沉降、地裂缝、海水入侵等一系列地质灾害和环境问题。因深层承压水超采而引起地面沉降的总面积已达6万km²。天津市地面沉降面积约800 km²。

地下水超采形成多处区域性降落漏斗，其中华北平原已有7万km²的范围内地下水位低于海平面，海水入侵面积已超过1 500km²，咸水入侵面积超过1 100km²。

2.4.3　水资源开发利用现状

2.4.3.1　生活用水

2008年全国生活用水总量为729.3亿m³，占全国总用水量的12.3%，城镇生活用水量为439.3亿m³，城镇人均生活用水量为212 L/d。

全国农村生活用水量为290亿m³，农村人均生活用水量为68 L/d。

2.4.3.2　农业用水

2008年农业用水总量为3 663.5亿m³，占全国总用水量的62.9%，农业用水是第一用水大户，农业灌溉面积已达8.77亿亩，其中牧业灌溉面积1 800万亩，林业灌溉面积为5 000万亩。农业灌溉用水量为3 240.5亿m³，林、牧、渔业用水359亿m³。

2.4.3.3　工业用水

2008年全国工业用水1 397.1亿m³，占全年总用水量的23.6%。

2.4.3.4　人工生态耗水

2008年生态耗水120.2亿m³，占全国总供水量的2%。其中西北内陆河流域生态耗水82亿m³，黑河调水11亿m³，岳城水库向白洋淀引水1.59亿m³，吉林从察尔森水库引水6 000万m³进入向海湿地，引江（长江）济太（太湖）约10亿m³。

2008年全国总用水量为5 910亿m³，人均用水445m³。农业用水占比例最大达62%。生态供水仅占总供水量的2%，全国北方大面积生态缺水，而农业与工业挤占生态用水，导致生态退化，生态供水严重不足，是供水中最大的矛盾。

2.4.4　水资源质量

2.4.4.1　2003年地表水资源质量

2003年全年评价河长134 593 km，其中Ⅰ类水质占5.7%，Ⅱ类水质占30.7%，Ⅲ类水质占26.2%，Ⅲ类以上水质占62.6%，Ⅳ类水质占10.9%，Ⅴ类水质占5.8%，劣于Ⅴ

类水质占20.7%。总体上水质不好。

2.4.4.2　湖泊水质

2003年重点评价湖泊52个，水质达到Ⅳ类以上的湖泊有21个，5个湖泊部分水体受到污染，26个湖泊水质污染严重。

2.4.4.3　水库水质

2003年对全国308座大型水库的水质进行了评价，水质达到Ⅳ类水质以上的水库230座，占75%，水质未达到Ⅳ类的水库78座，占评价水库的25%。

2.4.4.4　地下水水质

2003年对全国平原区浅层地下水水质进行评价，Ⅰ类和Ⅱ类水面积仅占5%，Ⅲ类水面积占35%，Ⅳ类、Ⅴ类水面积占60%。

地下水水质评价中，17项地下水水质超标情况统计，超标率依次为：总硬度26%、氨氮24%、矿化度23%、锰13%、铁13%、氟化物11%、亚硝酸盐氮9%、高锰酸钾指数9%、硝酸盐氮5%、氯化物5%。

全国平原区浅层地下水中约有25%的面积受到不同程度的污染。在全国平原区地下水总资源量中，Ⅳ类和Ⅴ类水资源量分别占24%和30%，合计约有54%的地下水不符合生活用水水质标准。

随着国家工业化和城市化加速发展，2007年工业废水和城市生活污水及农业污水排放总量已增加到2 029亿t，农业面源污染也不断加剧，全国畜禽粪便已达7亿t/a，2008年化肥使用量已达430.4 kg/hm²，农药使用量已达15 kg/hm²，全国污水灌溉面积约340万hm²。城市、工业点源污染和农业面源污染不断加剧，污染耕地，污染地下水，全国水环境日益恶化。水污染严重影响农作物的产量和质量，进一步减少了有限的水资源可利用量，严重加剧了北方地区的缺水危机。

2.4.5　水资源分布不均，北方严重缺水

2.4.5.1　降水分布不均

全国降水地区分布不均，降水量从东南向西北方向呈递减趋势。降水量南方多、北方少，山区多，平原少。南方地区多年平均降水1 204 mm，北方地区多年平均降水330 mm。

全国降水年内分布不均，南方地区多年平均最大4个月降水量是全年的60%，北方连续4个月的最大降水量超过全年的70%，其中华北、东北、西北等局部地区可达80%以上。

2.4.5.2　水资源量分布不均

我国地表水资源量南方多，北方少，山区多、平原少。北方面积占全国64%，地表水资源量仅4 507亿m³，占全国地表水资源量的16.6%，南方地区面积占全国的36%，地表水资源量为22 608亿m³，占全国的83.4%。

北方松花江、辽河、海河、黄河、淮河和西北内陆河六大流域区，面积占全国63.8%，人口占45.4%，耕地占59%，GDP（国内耕地总值）占46%，但水资源量仅占

18.5%。南方的长江、东南诸河、珠江和西南诸河四大流域区，流域面积占36.2%，人口占54.6%，耕地占41%，GDP占54%，而水资源占全国的81.5%。海河流域人口占全国的10%，耕地占11%，GDP占13%，水资源仅占全国的1.5%，是水资源最缺乏的地区。按人均水资源量计算，西南诸河流域人均已达2.93万m³，海河流域人均仅293 m³。北方地区有7个省市极度缺水，按人均水资源量北京市326 m³、天津市168 m³、河北省302 m³、山西省361 m³、山东省329 m³、河南省421 m³、宁夏市190 m³，这7个省（市、区）2008年人口达3.273 5亿，这说明我国有1/4的人口居住在极度缺水的地区。

2.4.5.3 缺水致使农业和生态环境受严重影响

我国北方地多、水少，连年干旱缺水。春季是作物播种期，是需水高峰期，但春季降水少，河川径流也少，造成大面积春旱。而且北方旱地多，占全国旱地耕地面积的66.5%，经常发生大面积耕地不能播种，影响农业产量。

1949—2000年，全国农田累计受旱面积150多亿亩，成灾约60亿亩，减产粮食约6.6亿t，年均受灾3.2亿亩，成灾1.3亿亩，减产粮食1 290万t。2002年属中等偏旱年份，受灾面积3.33亿亩，成灾面积1.8亿亩，绝收3 850万亩，减产粮食3 130万t，经济作物损失325亿元，草场旱灾面积39万km²，受灾牲畜2 810万头，死亡40多万头。2003年全国旱灾面积3.73亿亩，成灾2.17亿亩，绝收3 100万亩，减产粮食3000多万t，经济作物损失346亿元；草原受灾53万km²，受灾牲畜2 810万头，死亡53万头。2007年受旱灾面积4.4亿亩，成灾面积达2.425 5亿亩，旱灾是当前北方地区农业生产的最大威胁。

北方年降水量少于400 mm的国土面积占全国总面积50%，西北地区很大面积甚至少于50 mm，远远低于生物生长最低需水量的下限，降水少，蒸发量大，生态环境十分恶劣，所以这里分布着世界第二大沙漠塔克拉玛干大沙漠等六大沙漠，沙尘暴危害日益严重，最大影响达400万km²。北方地区经常出现河道断流，湖泊萎缩甚至干涸现象。耕地、草场退化、沙化。水土流失加剧，生态环境的恶化，对农业生产威胁越来越大。

据环境保护部统计，中国有70%的江河湖泊受到某种污染，28%污染过于严重，甚至不能用于灌溉和工业，90%的城市地下水不能饮用，有几亿中国人得不到安全的水。污染加剧了中国水资源短缺，尤其是在北方易干旱地区。考虑到迅速的城市化、持续的工业化和气候变化等趋势，在中国即将出现的资源危机中，最关键的问题很可能是水，而不是石油。

2.4.6 我国水资源趋势

我国水资源总量将随着全球气温变暖，呈现降水量逐步减少的趋势。降水量减少主要在华北、西北和东北。华北、东北西部自然环境受到沙漠化的影响，气候向暖干化的方向发展，降水量逐步减少，空中水蒸气向北部沙漠地区漂移，土壤水分蒸发加大，干旱加剧。

全球气候变暖对中国冰川产生重大影响。据有关专家分析，青藏高原和西北内陆地区是近几十年来升温最快的地区之一，这些地区已普遍出现雪线升高，冰川退缩的情况，冰川退缩率一般为每年10~20m，最大可达50m。联合国《全球沙漠展望报告》中提出："由于全球气候变暖，到冰川消失时，我们就会遇到严重的麻烦。"根据中国水资源与可持续发展报道，青藏高原的冰川到本世纪末可能减少80%，到本世纪末雨量会减少20%。按照这样的趋势，2050年祁连山的冰川将大部分消失。我国主要江河大多数发源于青藏高原，如金沙江、黄河、怒江、澜沧江，雅鲁藏布江等，冰川不仅孕育了河流，而且对河川径流起到重要的调节作用，在内陆河最为突出，在我国西部6个省级行政区，年均冰川融水约600亿m³。

西北内陆河未来水资源量减少最明显，水资源最贫乏的甘肃、新疆未来水资源量减少最多，新疆的水资源量、人口、耕地、GDP在西北均占主体地位，新疆农业在我国农业中占有重要位置，是棉花生产重要基地、粮食生产基地，是中国能源、矿产等重要资源的战略接替区，在整个西部大开发战略中占举足轻重的地位，新疆水资源的可持续发展利用，是实施西部大开发战略的关键性措施。

未来几十年我国北方水资源严重不足地区的海河、黄河、淮河、辽河水资源量将逐步减少，长江水资源总量将有小量的减少。

随着农业生产、工业生产的发展，工农业用水将逐步增加；随着城市进程的加快，居民生活水平的提高，生活用水量显著增加；生态环境是影响国民经济发展的重要因素，为改善日益恶化的生态环境，生态用水是未来用水量增加最多的一项，生态用水的增加是促进华北、西北地区"绿"水增加，加大水循环、增加降雨量最有效措施。

2.4.7 全国用水中长期预测

2.4.7.1 灌溉面积发展预测

粮食基本自给是我国的国策。各方面的研究认为中国粮食生产能力的上限在6.4亿t左右。如果我国21世纪30年代中期人均综合消费粮食达到生活习惯与大陆很相近的台湾人均消费水平，那么我国粮食消费总量将达到8亿多t。我国耕地面积随着工业化进程逐年减少，人口逐年增加，人均消费食物逐年增加，人均耕地却逐年下降，平衡这3条函数曲线的方程是大幅度提高农业单产，提高农业单产的最有效措施是增加灌溉面积。我国历史上就以发展水利灌溉而促进农业发展，秦国修建了郑国渠，农业生产发展了，国家富强了，战胜了六国，统一了中国。李冰父子修建了都江堰水利工程，四川称为"天府之国"。我国2008年年底灌溉面积达到8.77亿亩，占耕地面积的48.04%，灌溉农田的产量，占我国粮食总产量的75%、经济作物总产量的90%。因此，发展灌溉面积将成为我国实现粮食、食物安全、发展农业生产的关键因素。我国农业生产的潜力主要在旱地。一些专家提出我国农业今后增加灌溉面积9 200万亩。我国今后应至少再增加农业灌溉面积3.3亿亩，全国灌溉面积最低保持12亿亩，才能保证食物供应相对安全，保障农业可持续发展。印度人口比中国少，印度2000年全国农业灌溉面积已达13.8亿亩，计划未来达到17亿亩。我国长江以南至少再增加0.63亿亩灌溉面积；东北地区土地广阔、平坦，水资源相对丰富，有一部分宜农耕地需要开发，东北地区今后至少再增加1亿亩灌溉面积，成为我国主要商品粮基地。西北地区粮食平均单产低的主要原因是旱地比例大，西北、华北再增加1.75亿亩灌溉面积。全国灌溉面积到2020年前至少增加6 300万亩，达到9.4亿亩；2020—2035年至少再增加720万亩灌溉面积，达到10.12亿亩；2035—2050年开发东北、西北宜农耕地8 000万亩，全国新增灌溉面积2亿亩，使全国灌溉面积至少达到12亿亩。随着城市化进程加快耕地的减少，北京、天津、上海、浙江、福建5省、市将减少近1 400万亩灌溉面积（表2-3）。

表2-3　灌溉面积发展中长期预测

万亩

地区	灌溉面积				耕地面积		
	2008年	2020年	2035年	2050年	2008年	2035年	2050年
北京	213	200	100	50	348	100	50
天津	5 224	400	150	100	662	150	100
河北	6 839	6 870	6 870	7 070	9 476	8 000	7 680
山西	1 882	2 190	2 485	3 480	6 084	5 100	4 900
内蒙古	4 307	4 630	5 030	7 030	10 721	9 300	10 000
山东	7 286	7 750	8 250	8 760	12 730	9 600	9 210
江苏	5 727	5 850	5 950	5 800	7 146	6 100	5 856
河南	7 484	7 930	8 430	8 940	11 890	10 200	9 790
陕西	1 952	2 230	2 330	4 030	6 076	5 200	4 995
甘肃	1 871	2 000	2 300	6 200	6 988	5 975	7 480
宁夏	678	740	840	1 240	1 661	1 420	1 364
新疆	5 539	5 400	5 400	8 200	6 187	5 480	8 280
辽宁	2 237	2 535	2 830	3 640	6 128	5 000	4 800
吉林	2 481	3 460	4 460	5 460	8 302	7 400	7 104
黑龙江	4 684	6 030	7 630	10 030	17 745	16 800	18 000
上海	352	260	100	0	366	98	0
安徽	5 181	5 500	5 900	6 100	8 595	7 345	7 050
江西	2 762	2 860	2 960	3 060	4 241	3 620	3 475
湖北	3 495	3 640	4 140	4 650	6 996	5 980	5 740
湖南	4 063	4 150	4 250	4 350	5 684	5 050	4 848
重庆	988	1 050	1 150	1 250	3 354	2 835	2 740
四川	3 760	3 950	4 150	4 350	8 921	7 580	7 277
青海	378	400	465	565	814	690	662
贵州	1 376	1 470	1 770	2 070	6 728	5 700	5 472
浙江	2 154	2 150	2 050	1 950	2 881	2 200	2 047
福建	1 433	1 390	1 290	1 190	1 995	1 500	1 440
海南	3 690	400	455	550	1 091	940	900

续表

地区	灌溉面积				耕地面积		
	2008年	2020年	2035年	2050年	2008年	2035年	2050年
广西	2 282	2 480	2 680	2 880	6 326	5 250	5 088
广东	2 795	3 000	3 000	3 000	4 291	3 500	3 360
云南	2 305	2 780	3 280	3 770	9 108	7 750	7 440
西藏	331	350	380	400	542	460	442
全国	87 708	94 035	101 275	120 165	182 593.8	156 413	157 600

2.4.7.2　农业需水中长期预测

2008年全国灌溉面积为8.77亿亩，农业综合用水定额为417 m³/亩，全年农业用水量为3 663.5亿 m³，2008—2020，2021—2035，2036—2050年3个阶段各省（市、区）农业综合用水定额各下降3.5%。但山西现在农业综合用水定额为182 m³/亩，山东现为220 m³/亩，河北现为220.7m³/亩，河南现为161.6 m³/亩，这4省地处北方降水较少地区定额已经很低，以后各年段计算中不再下降，均按现定额计算。计算结果2008—2020，2020—2035年2个阶段全国农业综合定额平均下降3%。2035—2050年新疆、甘肃、黑龙江、蒙古4省区，在宜农耕地中增加灌溉面积较大，此区域降雨少、蒸发量大、农业综合定额较高，致使全国农业综合定额均值未下降。

2020年全国农业综合用水定额平均为420.3 m³/亩，2020年农业综合用水定额主要是南方灌溉面积增加。南方多为水田，亩用水量高的原因所致。农业灌溉面积为9.4亿亩，用水总量为3 952.6亿 m³。2035年全国农业综合用水定额平均为404.8m³/亩，农业灌溉面积为10.12亿亩，用水总量为4 099亿 m³。2050年农业灌溉面积达12亿亩，农业用水量增加到4 840亿 m³。

2.4.7.3　工业用水中长期预测

我国目前处于工业化中期，提高工业化水平仍将是中国未来国民经济发展的主要任务。到21世纪30年代中期，当中国基本完成工业化任务后，进入后工业化发展阶段，国民经济主导产业将向第三产业转移，工业在国民经济中的比例将有所下降。目前，我国工业增加值占GDP的比重为42.9%，2035年预计将达到高峰值，工业增加值占GDP的比重达到47.6%左右，以后逐年下降，2050年工业增加值占GDP的比重将降到36%左右，与发达国家30%左右接近。2008年工业增加值为12.91万亿元，2020年预计达到38.5万亿元，2035年达到94万亿元，2050年达到120万亿元。

我国工业用水定额一直呈下降趋势，1980年万元工业增加值用水量641 m³，2000年万元工业增加值用水量285 m³，2004年万元工业增加值用水量196 m³，2008年万元工业增加值用水量为108.2 m³。目前我国万元工业增加值用水量虽然降幅很大，但与发达国家相比还有较大的差距。尤其是南方，因水资源丰富，重复利用率较低。长江流域万元工业增加值用水量较黄河、淮河流域高6倍以上。积极推动节水措施，到2020年全国万元工业增加值用水量将下降48%，由目前的108.2 m³/万元下降到56.3 m³/万元，到2035

年将比2020年下降37.8%，万元工业增加值用水降到35 m³，比现在法国、意大利、德国、美国等国家用水指标都低。到2050年万元工业增加值用水指标将明显降低，降到29.7 m³，低于美国现在水平，介于美国与日本之间（表2-4）。

表2-4 中国与部分国家工业用水指标比较

m³

用水指标	中国	日本	美国	德国	法国	意大利	韩国	巴西	印度	巴基斯坦
万元工业增加值用水量	108.2	19.0	39.0	43.0	76.5	55.0	60.0	33.0	197.0	259.0

我国工业用水量2008年为1 397亿m³，2020年将达到2 169亿m³，较2008年提高55%；2035年达到3 275亿m³，较2008年提高1.3倍；2035年基本达到高峰值；2050年达到3 554亿m³，较2035年仅有少量增加，较2008年提高1.54倍。工业用水接近于农业灌溉用水量。

2.4.7.4 生活用水中长期预测

我国生活用水总量随着城市化的提高而增加。2008年全国生活用水量为729.3亿m³，到2020年全国生活用水总量将达到945亿m³，较2008年提高29.6%，人均年用水达到65 m³；到2035年全国生活用水总量达到1 390亿m³，较2008年提高90.6%，人均年用水量89 m³；2035年以后，城市人均日用水定额和农村人均日用水定额均不再增长；2050年全国生活用水总量将达到1 488亿m³，较2008年提高1倍，人均年用水量91.5m³，人均年用水量有较大的增长。但仍低于一些发达国家，如果日本、意大利人均年生活用水139m³、美国163m³、法国106m³。所以，我国人均年91.5m³的用水量属正常。

2.4.7.5 生态需水中长期预测

生态用水是影响我国可持续发展最严重的问题，我国西北地区由于长期以来大量挤占生态用水，结果造成生态日益恶化，荒漠化年复加重，严重危害我国北方经济发展、农业生产和食物安全。为确保我国国民经济可持续发展、食物安全，必须解决西北部地区的生态用水问题，合理有效地安排西北部地区生态用水，主要是景观生态、草场生态用水和林业生态用水。森林生态作用巨大，西北地区降水稀少，不能维持树林正常生长，逐步开展林业灌溉，是林业发展的有效措施。甘肃、宁夏、新疆草场生态用水指数按5 000 m³/hm²，其他省区按3 000 m³/hm²计算。林业生态用水按3 000m³/hm²计算。我国宜林地60%在内蒙古和新疆，为5 400万hm²，以此数为基础。草地生态用水按2007年统计年鉴面积计算。2035年生态需水8 170亿m³，2050年生态需水9 156亿m³。

2.4.7.6 全国综合用水预测

全国用水量随着工农业生产的发展及居民生活水平的提高而逐年增加。不考虑生态用水，到2020年全国用水总量将达到7 228亿m³，人均综合用水量为500 m³。到2035年全国用水量将达到8 965亿m³，人均综合用水量为577m³，低于印度2004年人均598 m³的水平。用水总量超过现在水资源可利用总量8500亿m³。到2050年全国用水总量将达到10 148亿m³，人均综合用水量将达到624 m³，低于日本2004年人均用水量693 m³、意大利2004年人均用水量770 m³的水平。考虑生态用水，到2035年全国用水量将达到

17 135亿m³，人均综合用水量为1 100 m³，到2050年全国用水总量将达到19 298亿m³，人均综合用水量为1 190m³，仍低于美国2004年人均综合用水量1 630 m³的水平。

2.5 人口与耕地现状及预测

2.5.1 人口数量

我国计划生育工作取得了很大成绩，人口增长率有很大下降，但增长率仍高于西方发达国家。由于人口基数大，增长的绝对数量仍是很大的，每年仍以接近700万人的数量增加，每3a相当于增加一个中等人口的省份。国家计划到本世纪中叶人口控制在16亿内。国家统计局认为，到2050年为高峰期，人口达到15.99亿。人口增长率是个关键数字，2000年全国人口数字为126 478万，2008年全国人口数字为132 802万，8年增长5%，平均年递增6.12‰，2008年统计人口增长率为5.09‰。人口增长率保持5.09‰的低速增长任务是非常艰难的。封建主义思想在中国根深蒂固，尤其是占全国人口主体的农村，对计划生育认识不足，尤其是经济不发达的落后乡村，多生多育观念难以改变，超生问题仍很严重。根据《共产党员》杂志报道，2008年山东省苍山县有超生"黑孩"5万多人。苍山县是一个仅1 800km²土地面积的小县，但人口却高达117万，人口密度高达650人/km²，超生未报人口占总人口的4.27%。如果按苍山县超生未报状况推理，目前，全国超生未报人口将是5 641万，这是一个触目惊心的数字，又是一个客观存在无法回避的问题，那么2008年年底，全国人口不是13.2802亿，有可能是13.8443亿人。

每年超生不报人数，如果每个村平均6人（全国65.6万个村）即394万人。城市随着国有企业改制，企业私有化的进展，城市人口流动性大，外地长期暂住人口增多，2008年以来全国每年流动人口已达2亿多，这些都给计划生育工作带来困难。人口增长率按2008年5.09‰的低速度增长，2008—2035年人口增加14.69%，2035年全国人口将达到15.23亿，随着生活水平的提高及医疗技术水平的发达，人均预期寿命也不断提高，我国人口预期寿命1990年为68.55岁，2000年为71.4岁，年均增长0.29岁，2035年人均预期寿命将由现在的72岁提高到81岁（上海现在已达78.14岁，日本现在已达82岁），相当于人口增长13.2%，增加人口1.66亿。人均预期寿命的延长，加大了人口增长的压力。现在人口实际增长率比国家有关部门公布的要大些，因害怕"计划生育一票否决"，农村一些基层干部不敢真实上报人口情况。农村现阶段超生现象比较严重。

如果超生问题控制不住，2035年前人口实际增长率年平均增加1.7，人口总数超过16亿，将对国土资源承载能力造成重大压力，尤其是食物供应问题。目前一部分专家提出："放松一孩化政策，缓解中国劳动力供应不足问题"。根据第2次全国农业普查公告数字，2006年末中国农村有5.31亿劳动力资源，农村外出从业劳动力1.49亿人，农业从业人员34 874万人。根据欧盟农业生产标准，一个农业劳动力耕种120亩耕地，我国18.26亿亩耕地1 520万劳动力即满足需要，从事畜牧业的人再增加1倍，3 000多万劳动力即可以了。按美国农业生产标准，中国有600万农业劳动力就可以了。我国农村有3亿多劳动力处在隐形失业中，中国30a内农业劳动力都处于过剩之中。中国不存在劳动力紧张问题（表2-5）。

表2-5　中国人口与耕地情况

年份	全国总人口/万人	增长率/（%）	农村人口/万人	比重/（%）	耕地面积/万亩	人均耕地/亩
1978	96 259	12.00	79 014	82.09	—	—
1980	98 705	11.87	79 565	80.61	—	—
1985	105 851	14.26	80 757	76.29	—	—
1990	114 333	14.39	84 138	73.59	—	—
1991	115 823	12.98	84 620	73.06	—	—
1992	117 171	11.60	84 996	72.54	—	—
1993	118 517	11.45	85 344	72.01	—	—
1994	119 850	11.21	85 681	71.49	—	—
1995	121 121	10.55	85 947	70.96	—	—
1996	122 380	10.42	85 085	69.52	—	—
1997	123 626	10.06	84 177	68.09	—	—
1998	124 761	9.14	83 153	66.65	—	—
1999	125 786	8.18	82 038	65.22	—	—
2000	126 478	7.58	80 378	63.78	19.51	1.54
2001	127 627	6.95	79 563	62.34	19.24	1.53
2002	128 453	6.45	78 241	60.91	18.89	1.52
2003	129 227	6.01	76 851	59.47	18.51	1.43
2004	129 988	5.87	75 705	58.24	18.37	1.41
2005	130 756	5.89	74 544	57.01	18.31	1.40
2006	131 448	5.28	73 742	56.10	18.27	1.39
2007	132 129	5.17	72 750	55.10	18.26	1.38
2008	132 802	5.08	72 111	54.30	18.26	1.37

从表2-5中看出，1978—2008年的30a里农业人口比重由82.09%下降到54.3%，比重下降了34%。但农村人口总数仅下降8.7%，而人均耕地2000—2008年的8a里下降了15.6%。

2.5.2　我国未来人口预测

我国人口增长率将随着经济的发展、社会保障体系的完善、文化水平的提高、城市化进程的提高而逐步降低。对未来人口预测，现在的人口基数是关键。但现实又存在超生不报问题，而且是一个很大的数字。按现在超生未报人数比例为2.14%计算，2010年人口已达到13.74亿，这个数字和国家统计局、国家发展与改革委员会社会发展司过去认为2010年人口13.9亿、13.73亿接近。到2035年我国人口数将达到15.5亿~15.6亿，2050年人口将达到16.26亿~16.36亿可能性比较大。如果放开"一孩"化，中国人口高峰可能达到16.5亿~17亿。高度城市化后，就业竞争力加大，孩子抚育成本提高，人口增长率将下降。

2.5.3 人均耕地

我国人均耕地呈逐年下降趋势。由于城市化建设占地、交通基础设施建设占地、工业化占地等逐年增加，水土流失、土地沙化等每年都损失上百万亩耕地。后备农用耕地资源中可开垦的无限制条件的耕地很少。国土资源部提出保持耕地总量动态平衡。但"占补平衡"，作为一个阶段还可以，根据我国土地资源情况，长期就难于平衡了。事实上也并没有实现"占补平衡"，全国耕地总面积逐年下降。2000年全国耕地为19.24亿亩，2008年为18.257亿亩，2008年人均耕地仅为1.37亩，到2035年全国耕地总面积大约下降到15.64亿亩，人均耕地大约要下降到1.01亩，年平均下降幅度为0.85%。2050年耕地总量为15.76亿亩，人均0.97亩，国家要实现工业化、土地非农业化趋势是难以遏制的。国际上资源贫乏的国家在国家转型时期耕地都要大量减少。日本、韩国等国家在实现工业化过程中，耕地面积每年都以1%的速度减少。

2.6 农作物播种面积现状及预测

2.6.1 农作物播种状况

我国农作物总播种面积1978—1990年稳定在1.44亿~1.48亿hm²之间，1991—2008年农作物播种总面积稳定在1.48亿~1.57亿hm²之间。30a来，农作物总播种面积变幅不大。2000年全国耕地总面积1.282 7亿hm²，到2008年年底下降到1.217 16亿hm²，下降5.1%，但农作物总面积仍在1.52亿~1.57亿hm²之间，播种面积仅下降1.9%。虽然耕地总面积下降，农作物播种总面积变化却不大，是因为复种指数提高有关，复种指数提高是确保播种总面积的重要因素（表2-6）。

表2-6 农作物复种指数情况

年份	2000	2002	2003	2004	2005	2006	2007	2008
总耕地面积/万 hm²	12 827.0	12 593.0	12 340.0	12 247.0	12 207.0	12 180.0	12 173.5	12 171.6
农作物播种面积/万 hm²	15 630.0	15 463.6	15 241.5	15 355.3	15 548.8	15 214.9	15 346.4	15 626.6
复种指数	1.22	1.23	1.24	1.25	1.27	1.29	1.26	1.28
复种指数增长率/%	—	0.8	0.8	0.8	1.6	1.6	-2.2	1.6

2000—2008年复种指数年平均提高0.6%。

粮食作物涉及其他农作物，作物总播种面积是固定的，但各种作物面积比例是受市场需求和经济价值来确定的,是一个相互变化值。要全面分析作物类别。

(1)粮食作物播种面积1978—1990年一直在1.14亿~1.20亿 hm² 之间波动,1991—2008年一直稳定在1.02亿~1.13亿 hm² 之间。粮食作物播种面积1978—2008年的30 a 下降11.4%,平均年下降0.36%。粮食作物内部有变化,1991年以来谷物总面积下降8.3%,豆类播种面积上升32.2%,薯类1978—2008年下降28.6%。谷物类内三大主要作物稻谷、小麦、玉米之间变数较大。稻谷播种面积1978年为0.34亿 hm²,以后逐年下降,2001年降到0.29亿 hm²,23a 下降16.3%,2001年以后一直在0.26亿~0.29亿 hm² 之间波动。小麦播种面积1978年为0.29亿 hm²,以后小幅波动,1989年上升到近0.30亿 hm²,连续5 a 在0.3亿 hm² 以上,以后逐年下降,到2008年回落到0.236亿 hm²,从1978年到2008年共下降19.1%。玉米播种面积一直稳步上升,1978年播种面积为1 996.1万 hm²,到2008年上升到2 986.4万 hm²,30a 上升49.6%,平均年增长1.35%。玉米上升主要原因是饲料用粮和工业用粮大幅增加。玉米播种面积今后还将逐年上升。

(2)棉花播种面积一直处于震荡之中,1978—1984年每年以6.1%的速度上升,1984—1992年一直在480万~690万 hm² 之间徘徊。1992—2000年以4.4%的速度下降,2000—2008年又以4.6%的速度上升。1992—2000年棉花播种面积下降,主要原因是国内纺织品中化纤品占比例大。2000年以后居民消费观念转变,应用棉织品及棉纺织品大量出口,2000年棉花需求460万 t,2003年上升到600万 t,国内需求以10%的速度上升,我国棉花需求已占世界的1/3。近几年每年缺口30%,已成为世界棉花第一大进口国,2005年进口量占世界贸易量40%,棉花播种面积呈上升趋势。

(3)蔬菜播种面积上升较快,1978—1990年,12a 增长90%,平均年增长5.3%;1990—2000年增长120%,平均年递增9.2%。2000—2008年,增长放慢,增长17.3%,平均年增长2%。蔬菜在全国种植业中的地位越来越重要,已成为仅次于粮食的第二大农作物,我国蔬菜面积已占世界的30%。

(4)果园面积上升较快,1978—1990年增长212%,平均年增长10%,1990—1995年增长56%,平均年增长9.3%。1995年以后增长放慢,平均年增长2.20%。2000—2008年年均增长2.3%,果园面积在全国种植业中仅次于粮食和蔬菜,居第3位,果园面积居世界第1位,占世界果园面积的20%。

(5)糖料播种面积1978—1985年增长较快,7a 增长70%,平均年增长7.9%。1985—1991年年均增长4.5%,1991—2008年趋于稳定,17a 增长到18.2%。

(6)烟叶播种面积1978—1985年增长较快,7a 增长67%,平均年增长7.6%。1985年播种面积达到131.3万 hm²,到1992—1993年达到209万 hm²,以后又波动回落。到2001年又落回到1985年水平,2000年以后播种面积趋于稳定。

(7)麻类作物播种面积总趋势是下降,1985年达到123.1万 hm²,较1978年增长63.9%,以后逐年下降,到2008年下降82%,降到22.1万 hm²。但麻类总播种面积较小,在农业内部影响微不足道。

(8)茶叶播种面积1978—2000年在105万~117万 hm² 之间波动。2000年以后增长较快，到 2008 年，8a 增长 57.8%，年均增长 5.8%。茶叶种植面积占世界总面积的 56.5%，居世界第 1 位。

（9）油料播种面积呈波动趋势。播种面积由 1950 年的 418 万 hm² 上升到 1999 年的 1 390 万 hm²，增长 2.3 倍，平均年增长 2.5%。1999—2005 年播种面积一直稳定在 1 400 万 hm² 左右。受比较利益影响和大量进口，2000 年以后大幅度下降，2008 年降到 1995 年的水平。

蔬菜、果园、茶叶几大类作物保持较稳定的增长，在我国耕地有限的情况下，对粮食作物扩大面积有很大影响。

2.6.2　农业结构

我国各种农作物播种面积总趋势是：粮食作物、油料、麻类、烟叶播种面积呈下降趋势，但 2000 年以后下降速度缓慢。蔬菜、果园作物增长较快，但 2000 年以后，蔬菜、果园面积增长放慢。茶园 2000 年以后呈快速增长趋势。2000 年以后各类作物年际变化幅度变小，无论上升速度还是下降速度都变小。除蔬菜面积比例微大一些外，各类作物之间比例关系相对比较协调（表 2–7）。

2.6.3　我国主要农作物播种面积中长期预测

2.6.3.1　各种作物发展总趋势

随着生活水平的不断提高，城乡居民的生活消费观念也在改变，食品消费结构发生很大的变化，饮食消费呈现多元化：鱼、肉、蛋、奶的消费上升较快，并影响饲料粮和蛋白饲料豆粕需求加快；棉花、水果、蔬菜、食用油、茶叶等消费上升更快（花卉、葡萄酒等每年以 20% 以上的速度增长），已成为生活必需品，不再是传统的"副食品"了。农业产品在推进标准化生产，强调无公害食品→绿色食品→有机食品。品质、质量和产量是矛盾对立的双方，提高品质、质量，相对单产提高就带来困难，甚至单产下降，尤其是对水果、蔬菜、糖料、酿酒葡萄、花卉等行业制约更大些。这些类型作物对生长条件的要求比粮食作物更高些，在管理及水肥、光照、积温等生产条件上要求更严格，尤其光、热条件，太阳单位面积辐射能量使作物单产限定在某一范围内，这就需要扩大播种面积。

目前，我国一些农产品还存在产量严重不足，消费低的问题。我国大豆产量不到需求量的 50%；世界人均消费食糖 22 kg，我国人均消费仅 6 kg 多；我国人均葡萄酒消费不足世界人均值的 1/10；世界人均消费牛奶 101 kg，2008 年我国人均消费牛奶仅 26.8 kg，可见，在上述领域，我国存在一个消费大幅上升的空间。这些类农产品单产的提高无论如何也是低于人口与人均消费双重增长的速度，而且这类作物经济价值高，农民已经做到精耕细作了，单产的提高要比粮食难度大，未来人均占有其他各类作物的播种面积总体保持一定比例，一些经济类作物面积比例很难大幅下降。

我国各类农作物播种面积比例 10 a 来总体趋于稳定，变幅较小，说明这种农作物面

表2-7　我国主要农作物播种面积

khm²

年份	农作物	增长率/(%)	粮食	增长率/(%)	谷物	增长率/(%)	稻谷	小麦	玉米	豆类	增长率/(%)	薯类	棉花	增长率/(%)	油料	增长率/(%)	油菜子	花生
1978	150 104	—	120 587	—	—	—	34 421	29 183	19 961	—	—	11 796	4 867	—	6 222	—	2 599	1 768
1980	146 379	-1.20	117 243	-1.40	—	—	33 879	28 844	20 087	—	—	10 153	4 920	6.10	7 929	12.9	2 844	2 339
1985	143 626	-0.37	108 845	-1.40	—	—	32 070	29 218	17 694	—	—	8 572	5 141	—	11 800	8.30	4 494	3 319
1990	148 362	0.65	113 466	0.84	—	—	33 064	30 753	21 401	—	—	9 121	5 588	-0.10	10 900	-1.50	5 503	2 907
1991	149 586	—	112 314	—	94 073	—	32 590	30 948	21 574	9 163	—	9 078	6 538	—	11 530	—	6 133	2 880
1992	149 007	—	110 560	—	92 526	—	32 090	30 496	21 044	8 983	—	9 057	6 835	—	11 489	—	5 796	2 976
1993	147 741	—	110 509	—	88 912	—	30 355	30 235	20 694	12 377	—	9 220	4 985	—	11 142	—	5 300	3 379
1994	148 241	—	109 544	—	87 537	—	30 171	28 981	21 152	12 736	—	9 270	5 528	—	12 081	—	5 783	3 776
1995	149 879	0.20	110 060	-0.60	89 310	—	30 744	28 860	22 766	11 232	—	9 519	5 422	—	13 101	3.80	6 907	3 809
1996	152 445	—	112 548	—	92 207	—	31 406	29 611	24 498	10 543	—	9 798	4 722	—	12 556	—	6 734	3 616
1997	153 970	—	112 912	—	91 964	—	31 765	30 057	23 775	11 164	3.70	9 785	4 491	—	12 381	—	6 475	3 722
1998	155 706	—	113 787	—	92 117	—	31 214	29 774	25 239	11 671	—	10 000	4 459	—	12 919	—	6 527	4 039
1999	156 373	—	113 161	—	91 617	—	31 284	28 855	25 904	11 190	—	10 355	3 726	—	13 906	1.50	6 899	4 268
2000	156 424	0.86	108 463	-0.29	85 264	-0.29	29 962	26 653	23 056	12 660	4.30	10 536	4 010	-4.40	15 400	—	7 494	5 057
2001	155 708	—	106 080	—	85 296	—	28 812	24 664	24 282	13 268	—	10 217	4 810	—	14 631	—	7 095	4 912
2002	154 636	—	103 891	—	81 466	—	28 202	23 908	24 634	12 543	—	9 882	4 184	—	14 766	—	7 143	4 991
2003	152 415	—	99 410	—	76 810	—	26 507	21 997	24 068	12 899	—	9 702	5 111	—	14 990	—	7 221	4 855
2004	153 553	—	101 606	—	79 350	—	28 379	21 626	25 446	12 799	—	9 457	5 693	—	14 431	—	7 271	4 745
2005	155 488	—	104 278	—	81 874	—	28 847	22 793	26 358	12 901	—	9 503	5 062	—	14 318	—	7 278	4 662
2006	152 149	—	104 958	—	84 931	—	28 938	23 613	28 463	12 149	—	7 877	5 816	—	13 738	—	6 888	4 571
2007	153 464	—	105 638	—	85 771	—	28 919	23 721	29 478	11 780	—	8 082	5 926	—	11 316	—	5 642	3 945
2008	156 266	-0.01	106 793	-0.52	86 248	0.47	29 241	23 617	29 864	12 118	-0.50	8 427	5 754	4.60	12 825	-1.90	6 594	4 246

积比例及其产量基本适应国内居民消费和工业原料的需求，符合国内市场形势，也与国际市场贸易相适合，也适应农民的种植习惯于农业生产条件。

2.6.3.2 作物播种面积预测

预测中长期国内主要农作物播种面积，首先考虑我国耕地面积下降情况。我国耕地总面积 2008 年为 18.26 亿亩，2035 年将下降到 15.64 亿亩，2050 年将下降到 15.76 亿亩。用 2008 年各种作物种植面积比例、2000—2008 年的作物发展变化趋势（2000—2008 年平均年增长率）和耕地总面积下降速度、需求趋势等几种因素综合考虑来预测未来我国主要农作物的播种面积，情况如下：

（1）粮食作物播种面积 2000—2008 年的年均增长速度为 -0.52%，但 2007 年以后全球粮食危机，国际市场粮价大幅上升，粮价居高不下，我国国内粮价虽然升幅比国际市场小得多，但受国际市场的影响，粮食价格也是逐步上升，再加上中央粮食补贴政策，种粮效益也在逐步突显出来，所以今后粮食作物播种面积减少不会像 2000—2008 年那样大幅下降，但粮食作物播种总面积也不会增长，并随着耕地总面积减少而有所减少，但低于耕地面积减少的速度，减少幅度很小。

（2）我国蔬菜播种面积 2000—2008 年年均增长率为 2%，考虑到我国人均蔬菜消费量已达到世界高水平状况，近几年居民人均年消费蔬菜已趋于稳定，今后人均蔬菜消费量也不会有大的变化。随着人口增长，蔬菜消费总量要增加一些。今后重点是提高蔬菜单位面积产量和减少蔬菜浪费损失。目前，由于市场信息交流不够，一些地方政府市场分析能力不足，过多强调蔬菜生产，结果经常造成一些品种生产过剩，而产品大量烂掉损失，使全国每年损失蔬菜量达 30% 以上。如果决策得当，将全国损失蔬菜控制在 25% 以内，便可将蔬菜面积大量压缩。今后蔬菜播种面积不再增加而是应该减少，较 2004 年至少应该减少 5%~10%，以平均每年减少 0.25% 为宜。

（3）我国水果栽培面积处于增长趋势，2000—2008 年栽培面积年均增长率 2.3%。我国人均水果消费量仅是发达国家的 60% 左右，今后水果栽培面积仍是增长趋势，栽培面积年均增长率将由 2% 降到 1% 左右，到 2035 年栽培面积将增长 33% 左右。

（4）我国大豆国产量虽然不能满足市场需求的 40%，但大豆要求严格的倒茬轮作及土壤肥力因素制约，大豆单产提高是缓慢的，受栽培区域的制约及比较利益的影响，大豆种植面积 2001—2008 年一直是负增长，年均下降 0.5%，今后将随耕地面积下降而微量下降。

（5）棉花是我国另一大经济作物，长期以来一直与粮食作物争夺好地。今后，棉花总产量提高重点在提高单产。由于棉花栽培用工较多，而且化肥、地膜、农药等生产资料投入量大，国内人工费用上升较快，同时化肥、农药、地膜等农业生产资料价格上升也很快，种植棉花成本越来越高。但棉花价格受国际市场影响，上升幅度缓慢，受经济利益影响，棉花栽培面积很难上升。棉花面积在 1984 年曾达到 692.3 万 hm²，以后一直下降，1992 年又恢复到 683.5 万 hm²，以后又逐年下降。1999 年降到 372.6 万 hm²，降幅达 45.5%。以后动荡徘徊。2000—2008 年一直上升，到 2008 年才恢复到 575.4 万 hm²，较1992年仍低15.8%。今后棉花栽培面积将随耕地减少而下降，但是下降量微小。虽然国内棉花需求逐年上升，求大于供，也只能从国际市场寻求平衡。

（6）茶叶栽培面积目前有较大增加，随着生活水平的提高，茶文化越来越受到青睐，茶叶消费量增长很快，2000—2008年年均增长率高达5.8%，茶叶需求量有很大的增长空间。但我国茶叶单位面积产量与主要茶叶生产国印度相比差距很大，仅是印度的42%。今后茶叶生产重点不是扩大栽培面积，而重点是依靠提高单产增加生产总量来满足国内消费需求。

（7）油料、麻类、糖料、烟叶和其他作物种植面积将随着耕地面积减少而小幅下降。

2.6.3.3 提高复种指数，增加作物播种面积

提高农作物复种指数将是我国今后农业增产的主要措施之一，复种指数将一直呈现增长趋势。农作物复种指数在2008年1.28的基础上，2015年将达到1.38，2020年将达到1.41，2035年将达到1.45，2050年将达到1.47。这里复种指数提高的耕地是原2008年耕地，2008年以后新开的耕地大部在高纬度的东北和西北地区，作物生育期相对较短，以单季种植为主，这部分耕地很难实现作物复种，提高作物复种指数的耕地未包括2008年以后新开垦耕地（图2-1）。

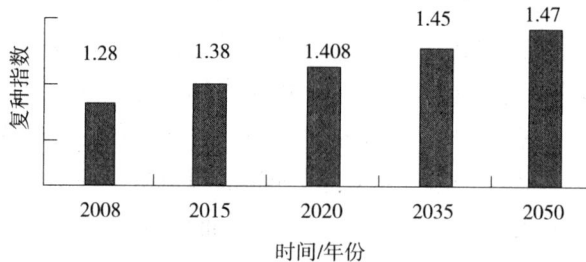

图2-1　我国农作物复种指数中长期预测

虽然我国耕地总面积逐年下降，通过提高作物复种指数后，作物总播种面积变化很少，如2020年耕地总面积较2008年下降4.81%，但作物播种总面积却上升6.28%，2035年耕地总面积下降14.3%，但作物播种面积仅下降7.67%，2050年耕地总面积下降13.7%，作物总播种面积仅下降1.4%（表2-8）。

表2-8　我国主要农作物栽培面积中长期预测

万 hm²

年份	2008	2015	2020	2035	2050
农作物播种总面积	15 626.6	16 208.0	16 310.0	15 059.0	15 130.0
增长率%	-0.01	0.52	0.20	-0.50	0.04
1. 粮食作物面积	10 679.3	11 024.7	11 148.0	10 017.8	9 973.7
增长率%	-0.52	0.46	0.22	-0.65	-0.03
（1）谷物面积	8 624.8	8 856.7	8 981.5	7 928.1	7 953.7
增长率%	0.47	0.38	0.28	-0.75	-0.36
（2）豆类面积	1 211.8	1 178.0	1 178.0	1 178.0	1 147.0
增长率%	-0.50	-0.39	0	0	-0.30

续表

年份	2008	2015	2020	2035	2050
（3）薯类面积	842.7	990.0	988.5	911.7	841.0
增长率%	-2.30	2.33	-0.03	-0.50	-0.50
2. 蔬菜面积	1 787.6	1 738	1716	1 650	1 590
增长率%	2.00	-0.39	-0.25	-0.25	-0.24
3. 果园面积	1 073.4	1 157.4	1 216.4	1 370.8	1 455.4
增长率%	2.30	1.08	1.00	0.80	0.40
4. 棉花面积	574.5	565.7	565.7	539.7	521
增长率%	4.60	-0.22	0	-0.30	-0.30
5. 油料面积	1 282.5	1 211.9	1 195.9	1 150.5	1 120.8
增长率%	-1.90	-0.78	-0.20	-0.25	-0.17
6. 糖料面积	199.0	194.9	199.8	196.8	191.7
增长率%	0	-0.29	0.50	-0.10	-0.17
7. 茶叶面积	172.0	173.0	157.3	146.9	140.1
增长率%	5.80	0.08	-1.70	-0.43	-0.30
8. 烟叶面积	132.6	116.4	116.4	116.4	116.4
增长率%	0	-1.66	0	0	0

2.7 主要农作物单位面积产量

2.7.1 农作物单产状况

我国主要农作物单位面积产量呈现逐年增长趋势。

2.7.1.1 粮食作物

粮食作物1978—1990年单位面积产量增长较快，年均增长3.86%；1990年以后单位面积产量增长放慢，年均增长1.06%。我国粮食单产已处于世界高产地位，谷物平均单产高于世界平均值51.9%，但仍低于美国、法国和德国。稻谷单产高于世界平均值的53.6%，和世界稻谷高产国家差距很小，仅低于最高产量的美国和阿根廷17%和2.7%。我国已属于稻谷单产高产国家，稻谷今后主要依靠生物技术提高单产，通过推广杂交水稻，稻谷单产今后仍将有大幅提高。小麦单产高于世界均值的46.4%，但低于德国43.1%和法国39%，仍有再度提高单位面积产量的空间，不过增产的幅度已经很小。玉米单产量虽然高于世界平均值11.8%，但是低于美国43.8%，低于法国35.5%、德国42.3%、加拿大31.3%、阿根廷25.3%，我国玉米提高单产潜力较大，玉米单产将会逐年增长。

2.7.1.2 蔬菜

我国蔬菜单产增长一直不快，甚至低于粮食增长速度。1978年单产为24 750 kg/ hm²，2005年单产为31 766 kg/ hm²，27a单位面积产量仅增长28.3%，平均年增长仅0.93%。1978—1990年单位面积产量增长较快些，年均增长率为1.5%；1990年以后单产年均增长率放慢，而且趋于稳定。1990—1997 年 7 a 时间年均增长率为 0.48%；1997—2005 年的 8 a 年均增长率为 0.48%，1990—2005 年的 15 a 一直处于稳定低速增长的状态。蔬菜单产增长缓慢原因是：①我国蔬菜单产处于较高水平，增长空间有限；②我国蔬菜增产依赖科技水平的程度不高；③蔬菜生产要求土壤肥力较高，我国土壤肥力偏低，影响蔬菜单位面积产量的提高。蔬菜用工较多，提高单产要精耕细作，人工费逐年提高，受比较利益的影响，提高单产的管理，从经济角度受益很小，蔬菜只能小幅提高单产。

2.7.1.3 棉花

我国棉花单位面积产量 1978—1984 年增长较快，单产（皮棉）由 446 kg/hm²，提高到 904 kg/hm²，年均增长 16.5%。1984—1996 年的 12 a 单产徘徊在 904~660 kg/hm² 之间。1997—2008 年单产增长较快，1997 年的单产为 1 025 kg/hm²，2008 年为 1 302 kg/hm²，11a 增长 27.0%，年均增长率为 2.2%。我国棉花单位面积产量已居世界前列，高于世界平均值 74.3%，高于棉花主要生产国埃及 23%，高于巴基斯坦 30.4%，但低于土耳其 11.5%。棉花单产主要依靠生物技术——转基因棉的推广。我国棉花今后单位提高空间有限，如果严格农业区划，跨区域调整产业结构，将棉花种植面积大部分转移到甘肃、新疆地区，单产会大幅度提高，并显著超过世界最高产国家土耳其。

2.7.1.4 油料

油料作物单产面积产量 1978—1990 年增长很快，年均增长 4.8%；1990 年以后油料单位面积产量增长放慢，1990—2008 年年均增长 2.4%，2000—2008 年年均增长 2.3%。我国油料单位面积产量是世界单产平均值的 3.5 ~ 4.0 倍。我国油料单产再提高的幅度已很小。

2.7.1.5 水果

水果单产从 1985 年以后直线上升，到 2002 年，17a 单产增长 79.6%，平均年增长 3.5%；2003—2008 年单产增长放慢，仍达到 3.1%，虽然果树单产增长较快，但我国果树平均单产与国外先进国家存在较大的差距。

2005 年世界水果平均单产为 9 792 kg/hm²，我国为 7 970 kg/hm²（不包括瓜果），低于世界平均值 18.6%，仅是美国的 38%、日本的 49%、荷兰的 25.2%。

我国果树单位面积产量低的主要原因：①科技水平低；②管理粗放，投入少；③有很大一部分果树立地条件差，是次等或等外耕地的坡耕地，土壤有机质含量低，果树长势差，造成低产或超低产。④灌溉条件差，北方一些果树在坡耕地上，没有灌溉条件。由于受生产条件的影响，我国水果单产提高的难度很大。

2.7.1.6 大豆

我国大豆单产 1978—1993 年单位面积产量提高较快，15a 单产由 1 060kg/hm² 提高到 1 619kg/hm²，提高 52.7%，年均增长 2.8%，1993—2005 年，单产面积产量一直徘徊在 1 619 ~ 1 893kg/hm² 之间，单产年增长率为 1.3%。我国大豆单产低于世界主要大豆生产国巴西（单产 2 790 kg/hm²）、阿根廷（单产 2 850 kg/hm²）、美国（单产 2 250 kg/hm²）。

提高单位面积产量是今后我国大豆生产的主要任务。大豆要求土壤肥力较高，而且要倒茬轮作，这种生物特点制约了我国大豆单产的提高，因为我国耕地资源有限，轮作难度大，而且我国土壤有机质明显低于世界主要大豆高产国家，大豆栽培管理水平不高。今后我国大豆增产潜力很大，但提高单产难度也很大。

2.7.1.7 茶叶

茶叶单产逐年提高，1978—2008年单产提高1.84倍，平均年增长3.6%，2000—2008年单产提高速度放慢，年均增长为2.03%。但茶叶单产同国外比有较大差距，2005年比世界平均值低48%，仅是印度的42%，日本的34.1%。

我国茶叶增产潜力很大。根据茶叶的生物习性，在茶园内种一些泡桐、枣树使茶树处于云雾弥漫环境就可以大幅提高茶叶单产和品质。通过技术管理等措施，提高单产后可以减少茶叶种植面积。

2.7.2 我国主要农作物单位面积产量中长期预测

我国未来各种主要农作物种植面积将随着耕地总面积减少而下降。未来提高农作物总产量将主要依靠提高作物单位面积产量。因此，必须加大对农业的投入力度，来提高农作物单位面积产量。按照对农业进行较高的投入的前提，来预测未来我国主要农作物单位面积产量，情况如下：

2.7.2.1 粮食作物

我国粮食作物从1990年以后单产进入缓慢增长期，当作物单产达到较高值以后，单产的提高将逐步放慢。

目前，我国粮食等农作物单产在世界上已处于比较高水平，根据我国现在的农业基础条件，继续大幅提高单产难度很大。我国水资源短缺，部分地区水质污染、土壤污染、土壤盐渍化、积肥施入不足；单一化肥使用，土壤有机质比国外农业发达国家低很多，并且土壤有机质在逐年下降；水土流失加剧、脆弱的生态环境造成农业连年干旱；大气中粉尘颗粒增加、太阳辐射减少；加上庞大的基层政府机构过多地指挥农业生产，农民一家一户几条垄的小生产经营方式、农民文化水平很低、科技水平不高；生产资料逐年攀升，农民增收很难；假农药、假种子、低劣农业生产资料、坑农等诸多社会因素都制约着农业单产的提高。我国以后逐年开垦一些宜农耕地，这些宜农耕地积温低，日照时间短，土壤肥力低，往往3亩才能弥补1亩损失耕地的产量，大多数质量很差只适合种粮食及个别适合种水果，基本不适宜经济类作物。新增耕地将拖累了全国耕地整体的单产提高。

我国粮食单产1996—2008年的12 a年平均增长率为0.83%。预计2008—2015年增长率为0.6%，2015—2020年增长率为0.8%，2020—2035年增长率为0.6%，2035—2050年增长率为0.5%在此基础上作出预测（图2-2）。

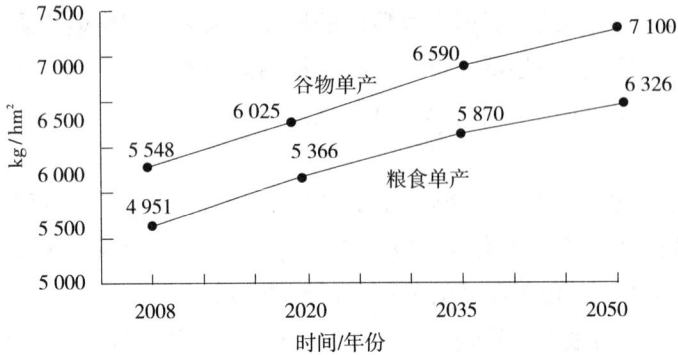

图2-2　中国粮食单位面积产量预测

到2035年，我国谷物单产将达到6 290 kg/hm²，较2008年提高18.8%，超过世界谷物高产国家美国（6 452 kg/hm²）2.1%；到2050年，谷物单产达到7 100 kg/hm²，较2008年提高28%，超过世界谷物高产国家法国（6 920 kg/hm²）2.6%，成为世界谷物单产最高的国家之一（图2-2）。

2.7.2.2　豆类

我国大豆需求量很大，进口大豆数量已经超过国产大豆数量。我国大豆栽培受土壤、耕地条件等因素制约，很难扩大面积，提高大豆单产意义重大。对大豆单产做如下预测（图2-3）。

2005—2035年年均增长率为0.3%，2035—2050年年均增长率为1%（图2-3）。

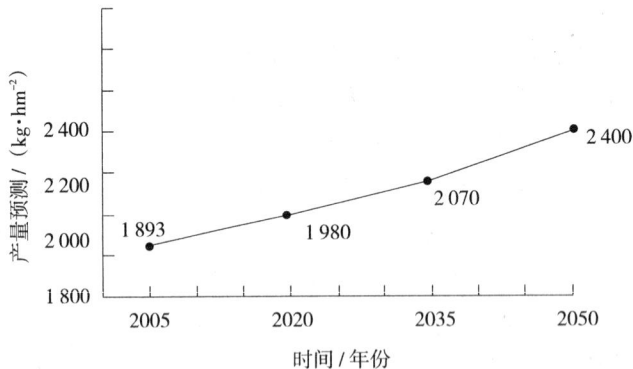

图2-3　我国大豆单位面积产量预测

到2035年，我国大豆单位面积产量将达到2 070 kg/hm²，较2005年提高9.4%，达到世界大豆高产国美国的水平；到2050年单产达到2 400 kg/hm²，较2005年提高26.9%，超过美国赶上巴西的水平，仅次于最高产国阿根廷。

2.7.2.3　蔬菜

我国蔬菜单产15 a来平均增长率稳定在0.48%左右，对蔬菜单产做如下调查（图2-4）。到2020，2035，2050年单产增长率分别按0.4%，0.3%，0.25%计算，2020年单产达到33 710 kg/hm²，较2005年提高6.1%；2035年单产达到35 260 kg/hm²，较2005年提高11%；2050年单产达到36 600 kg/hm²，较2005年提高15.2%（图2-4）。

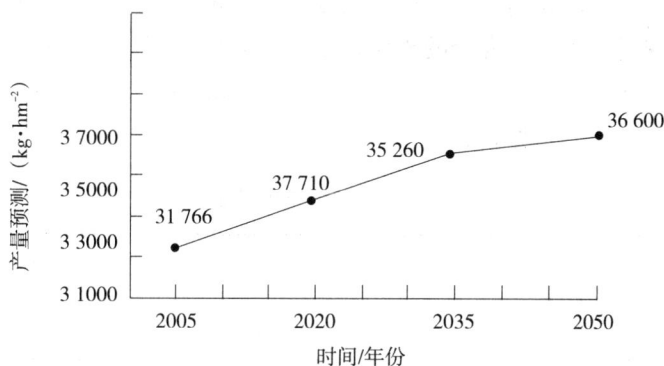

图2-4 我国蔬菜单位面积产量预测

2.7.2.4 水果

我国水果单产较低，低于世界平均水平，远远低于世界主要水果生产国的水平，提高单产潜力很大。但是由于我国耕地面积少，粮食供给压力大，今后不得不将平原地区的果园面积退给粮食栽培，果树逐步上山，将退耕还林耕地让位于果园，将一部分北纬42°以南的新开垦宜农耕地，尤其是丘陵区的宜农耕地让位于果园。上述这些耕地面积土壤肥力低，水源条件差，这种生产条件决定，果园大幅提高单产难度大，只能增加投入，缓慢的提高单产，按较大投入对水果单产进行预测如下（图2-5）：2005—2015年增长率为2%，2015—2020年增长率为1%，2020—2035年增长率为0.8%，2035—2050年增长率为0.6%。

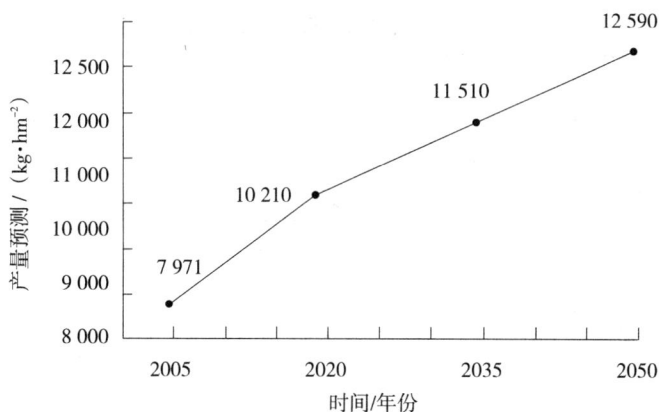

图2-5 我国水果单位面积产量预测

到2015年我国水果单产将较2005年提高21.9%，达到世界水果单产平均水平（2005年9 792 kg/hm²）；到2035年我国水果单产将达到11 510 kg/hm²，较2005年提高44.4%，成为世界水果单产较高水平国家；到2050年我国水果单产将达到12 590 kg/hm²，超过世界平均水平28.6%，成为世界水果单产高产国家之一，但仍低于日本，远低于美国和荷兰。

2.7.2.5 棉花

我国棉花单产已居世界高位，但今后还会缓慢增长。棉花是一个生产条件要求较严格的作物，要有较高的积温，充分的光照，土壤肥力高，而且多病害、多虫害，管理也很严格，稳定增产难度大。到2020，2035，2050年单产增长率按0.52%，0.25%，0.2%计算，各阶段单位面积产量如表2-9。

表2-9　我国棉花单产中长期预测

年　份	2008	2015	2020	2035	2050
单位面积产量年均增长率/（%）	2.20	0.52	0.52	0.25	0.20
单位面积产量/（kg·hm²）	1 302	1 350	1 385	1 436	1 480

2008年我国棉花单位面积产量达到1 302 kg/hm²，接近世界棉花单产最高的国家，2020 年 将 达 到 1 383 kg/m²，较 2008 年 1 302 kg/hm² 提高 3.8%，超 过 土 耳 其（1 272 kg/ hm²）8.7%，2035年单产将达到1 436 kg/hm²，较2008年提高10.3%。

2.7.2.6 茶叶

我国茶叶单位面积产量较低，远低于世界茶叶主要生产国家水平，单位面积产量提高的潜力很大，我国茶叶生产的重点是提高单产而不是扩大栽培面积。在2000—2008年单产年均增长率2.03%基础上，到2020，2035，2050年年均增长率按2.4%，1.5%，1%计算，2020年单产将达到975 kg/hm²，2035年单产将达到1 218 kg/hm²，较2008年提高66.2%，2050年单产将达到1 415 kg/hm²，较2008年提高93.1%，接近印度2005年的水平（表2-10）。

表2-10　我国茶叶单位面积产量中长期预测

年份	2008	2020	2035	2050
单产年增长率/（%）	2.03	2.40	1.50	1.00
单位面积产量/（kg·hm²）	733	975	1 218	1 415
增长百分比	100.0	133.0	166.2	193.0

2.8　主要农作物产量

2.8.1　产量现状

我国主要农作物产量呈现全面上升趋势。粮食、蔬菜、棉花、油料、糖料、烟叶、水果、茶叶等产量增长幅度较大，1978—2008年的30 a连续增长，增长幅度在1～10倍之间，唯独只有麻类产量下降。详见中国主要农作物产量表（表2-11）。

2.8.1.1 粮食

粮食产量1978年为30 478万t，到1996年达到50 453万t，增长65.5%，年均增长

表2-11　中国主要农作物产量

单位：万t

年份	粮食 产量	增长率(%)	谷物 稻谷	增长率(%)	小麦	增长率(%)	玉米	增长率(%)	豆类	增长率(%)	薯类	棉花	增长率(%)	油料 产量	增长率(%)	花生	油菜子	芝麻
1978	30 478	—	13 693	—	5 384	—	5 593	—	—	—	3 174	217	—	522	—	238	187	32
1980	32 058	—	13 990	—	5 521	—	6 261	—	—	—	2 873	271	—	769	22.0	360	238	26
1985	37 911	—	16 856	4.3	8 581	8.7	6 383	1.9	—	—	2 604	415	19.0	1 578	15.0	666	561	69
1990	45 184	3.3	19 175	—	9 936	—	9 682	5.4	—	—	2 743	451	—	1 613	0.4	637	696	47
1991	44 193	—	18 735	—	9 595	—	10 083	—	1 247	—	2 716	568	—	1 638	—	630	744	44
1992	45 130	—	18 622	—	10 159	2.5	9 816	—	1 252	—	2 844	451	—	1 641	—	595	765	52
1993	45 694	—	17 770	—	10 639	—	10 270	—	1 950	—	3 181	374	—	1 804	—	842	694	56
1994	44 510	—	17 593	—	9 930	—	9 928	—	2 096	—	3 025	434	—	1 990	—	968	749	56
1995	46 662	—	18 523	—	10 221	—	11 199	—	1 788	—	3 263	477	—	2 250	7.0	1 024	978	55
1996	50 453	—	19 510	—	11 057	—	12 747	—	1 790	—	3 536	420	—	2 211	—	1 014	920	58
1997	49 418	—	20 074	1.2	12 329	3.9	10 431	—	1 876	—	3 192	460	—	2 157	—	965	958	57
1998	51 229	1.6	19 871	—	10 973	—	13 296	4.0	2 001	—	3 604	450	—	2 314	—	1 189	830	66
1999	50 839	—	19 849	—	11 388	—	12 809	—	1 894	—	3 641	383	—	2 601	—	1 264	1 013	74
2000	46 218	-4.8	18 791	—	9 964	—	10 600	—	2 010	2.2	3 685	442	0.4	2 955	5.6	1 144	1 138	81
2001	45 264	—	17 758	—	9 388	—	11 409	—	2 053	—	3 563	532	—	2 865	—	1 442	1 133	80
2002	45 706	—	17 454	—	9 029	—	12 131	—	2 241	—	3 666	492	—	2 897	—	1 482	1 055	90
2003	43 069	—	16 066	—	8 649	—	11 583	—	2 128	—	3 513	486	—	2 811	—	1 342	1 142	59
2004	46 947	—	17 909	—	9 195	—	13 029	—	2 232	—	3 558	632	—	3 066	—	1 434	1 318	70
2005	48 402	—	18 095	—	9 745	—	13 937	—	2 150	—	3 469	571	—	3 077	—	1 434	1 305	63
2006	49 804	—	18 172	—	10 847	—	15 160	—	2 004	—	2 701	753	—	2 646	—	1 289	1 097	66
2007	50 160	—	18 603	—	10 930	—	15 238	—	1 720	—	2 807	762	—	2 569	0.6	1 303	1 057	56
2008	52 871	1.7	19 190	-0.4	11 246	2.2	16 591	2.2	2 004	0	2 980	749	—	2 953	—	1 429	1 210	59

续表

年份	麻类	甘蔗	甜菜	烟叶	增长率/(%)	蚕茧	增长率/(%)	茶叶	增长率/(%)	水果	增长率/(%)	蔬菜	增长率/(%)
1978	135	2 112	270	142	—	23	—	27	—	657	—	8 243	—
1980	144	2 281	631	85	—	33	—	30	—	679	—	—	—
1985	445	5 155	892	243	7	37	—	43	6.9	1 164	8.5	12 500	6.1
1990	160	5 762	1 453	263	—	53	7.2	54	—	1 874	—	19 519	9.3
1991	88	6 790	1 629	303	—	58	—	54	—	2 176	—	20 410	—
1992	94	7 301	1 507	350	—	69	—	56	—	2 440	—	20 000	—
1993	96	6 419	1 205	345	—	76	—	60	—	3 011	—	19 695	—
1994	75	6 093	1 253	224	—	81	—	59	—	3 500	—	16 602	—
1995	90	6 542	1 398	231	—	80	—	59	—	4 215	13.7	25 773	5.7
1996	80	6 819	1 542	323	—	51	—	59	—	4 653	—	30 379	—
1997	75	7 890	1 497	425	—	49	—	61	1	5 089	—	34 473	—
1998	50	8 344	1 447	236	—	53	—	67	—	5 453	—	38 485	—
1999	47	7 470	864	247	—	49	—	68	—	6 238	—	40 514	—
2000	53	6 828	807	255	0.65	55	0.3	68	1.8	6 225	—	42 400	10.5
2001	68	7 566	1 089	235	—	66	—	70	—	6 658	—	48 337	—
2002	96	9 011	1 282	245	—	70	—	75	—	6 952	7.5	52 909	—
2003	85	9 024	618	226	—	67	—	77	—	14 517	—	54 032	—
2004	107	8 985	586	241	—	73	—	84	—	15 341	—	54 927	—
2005	111	8 664	788	268	—	78	—	94	—	16 120	—	55 455	5.5
2006	89	9 709	781	246	—	88	—	103	—	17 240	—	—	—
2007	73	11 295	893.1	239.5	—	94.7	8.1	116.5	—	18 136	—	—	—
2008	63	12 415	1 004	289	1.3	91	6.5	126	8	19 220	5.8	—	—

2.8%。1999年以后又逐年下降，到2003年下降到43 069万t，2004年以后又开始回升，2007年又恢复到50 160万t。1996—2007年为徘徊时期。2008年达到52 871万t，创历史最高值。

（1）稻谷

粮食作物类三大主要作物中，稻谷作物总产量1978—1985年由1.37亿t增加到1.6亿t，年均增长4.3%；1985—1997年增长速度放慢，由1.69亿t增加到2亿t，14a增长18.9%，年均增长1.2%；1997年以后总产量逐年下降，到2003年降到1.6亿t，下降20%；2004年以后又开始回升，到2008年恢复到1.9亿t，恢复到1996年的产量水平。

稻谷产量今后也不会有太大上升。今后人均大米消费会有所下降。由于人口总量增加，消费总量会增加一些，但增加总量不会太大。我国稻谷单位面积产量已经很高，2008年中国稻谷的亩产量已达436 kg，在稻谷主产区亚洲仅次于日本460.5 kg/亩，比世界平均水平高60%，依靠提高单产来增加大米产量的潜力有限。我国由于水资源不足，制约了水稻种植区域，随着城市化和现代化的进程，南方耕地减少部分多数为水稻田，水稻种植面积下降几乎是一个无法回避的事实。从长期看，解决中国大米的供求失衡问题只能依靠国际贸易和居民减少对大米的消费。国际市场2007—2008年大米价格快速上升，2008年一季度大米主要出口国泰国和美国已上升到1 000美元/t，米价是国内的1倍多。国际贸易市场上的大米交易总量有限，仅是粮食贸易量的10%。我国今后应逐步改变食物消费习惯，适度降低大米的消费，通过减少消费来解决供求失衡矛盾。

（2）小麦

我国小麦总产量居世界第一位，是世界上最大的小麦生产国，也是世界上最大的小麦消费国。我国小麦总产量1978—1985年快速增长，总产量由538万t增长到8 140万t，年均增长8.7%。1985—1992年增长速度放慢，由8 140万t增长到1.02亿t，主要原因是单产提高。1997年以后，小麦总产量逐年下降，到2003年下降到8 649万t，降幅达29.8%，同期播种面积下降26.8%。2004年国家实行粮食直补、良种补贴等措施，小麦面积开始恢复，到2006年小麦面积增长4.4%，总产量由8 649万t，增长到10 447万t，增长20.8%。总产量增长主要依靠提高单产和增加面积，但尚未恢复到1.23亿t的历史最高水平。目前中国小麦单产水平已处于世界前列，2005年单产已高于世界平均水平的46.4%，想在短期内继续提高单产非常困难。在耕地、水资源日益短缺的背景下，将从根本上制约中国小麦生产进一步扩大和发展。无论从历史上看，还是展望未来，中国都将是世界上重要的小麦进口国。

（3）玉米

我国玉米产量1978年为5 593万t，以后一直快速增长，到2008年达到16 590万t，增长1.97倍，年均增长3.5%。玉米总产量增加原因一是播种面积增加，1978年，玉米播种面积为1 996.1万hm²，到2008年达到2 986.4万hm²，30a播种面积增加49.6%。二是靠提高单产，玉米单产1978年为2 802 kg/ hm²，到2008年单产达到5 556 kg/ hm²，提高98.3%，年均增长2.3%。随着经济的发展，我国人均肉、蛋、奶的消费需求将持续增长。玉米是畜牧业的主要饲料，饲料用粮每年以5%左右的速度上升；工业用玉米粮食做原料，需求增长也很快，每年以10%的速度增长，这些因素促使玉米消费逐年增加，所以玉米需求量在相当长的历史时期内会一直保持增长势头。受耕地资源的限制，今后大面积增加玉米播种面积已不现实，从未来20a发展来看，玉米产量的增加主要还得依靠提高单产。与世界情况相比较，2005年我国玉米单产（5 315 kg/hm²）仅高于世界2005年平均值（4 755 kg/hm²）的11.8%，低于美国（9 286 kg/hm²）43.8%，低于法国（8 245 kg/hm²）35.5%，低于德国（9 217 kg/hm²）42.3%，低于阿根廷（7 117 kg/hm²）25.3%。我国玉米单产增产潜力仍然很大。但消费增长速度更快些，消费速度将超过增产速度，我国将会由玉米出口国变成玉米纯进口国。我国2006年玉米净出口量为300万t，2009年下降到13万t，2010年6月净进口已达120万t，我国正在逐步上升到世界上最大的玉米进口国。玉米适应性强，在全国各地有增加耕地条件的地区都可以扩大玉米种植面积，同时还要提高单产。

（4）豆类

我国豆类产量一直保持较快的增长，1991—2008年增长60.7%，年均增长2.8%。豆类产量今后会继续保持增长的势头，但潜力有限。豆类种植面积受玉米、小麦、水稻等主要粮食品种需求平衡等因素制约，不会有太大的增加，一些适宜种大豆的地方，种植玉米的优势更大。大豆增产潜力主要是提高单产。2005年我国大豆单产仅1 893 kg/hm²，折合亩产126 kg/亩；而世界大豆主要生产国巴西单产为186 kg/亩，阿根廷单产为198 kg/亩，可见提高大豆单产将是今后我国提升大豆产量的主要措施。我国大豆单产从1993年以来一直徘徊不前，单产提高将是缓慢的（表2-12）。

表2-12　2004—2008年我国大豆进口情况

年份	2004	2005	2006	2007	2008
大豆进口量（万t）	2 023	2 659	2 827	3 038	3 744
百分比	100.0	131.4	139.7	150.2	185.1

随着居民收入的增加对豆油需求的增长和养殖业发展对豆粕需求的增长，国内大豆需求量急剧增加，需求量已由1990年的971万t猛增到2005年的4 475万t，增加了3.6倍，年均递增10.7%。从长远看，我国大豆内需至少要达到8 000万t，国内大豆增产速度远低于需求增长速度，解决供需平衡，仍将以进口为主。2008年我国豆类总产量达到2 004万t，进口为3 744万t，进口量占消费量的60%多。按照目前的发展趋势，我国在21世纪50年代大豆进口可能达到6 000万t，是世界最大的大豆进口国。

2.8.1.2　蔬菜

我国蔬菜作物已成为仅次于粮食作物的第2种植品种，产量一直呈快速增长。1988年农业部组织实施"菜篮子工程"，生产基地体制建设、技术革新等第一系列措施，对促进我国蔬菜产业的发展，提高中国蔬菜供应能力以及改变蔬菜生产的格局起到了极大的推动作用。1995年开始的第2轮"菜篮子工程"的实施，对蔬菜生产能力、生产结构、技术水平、流通体制的现代化、供应水平和能力方面都起到了决定性的作用。蔬菜总产量从1978年到2005年增长5.7倍，平均年增长达7.3%，1994—2000年增长最快，平均年增长高达10.5%~5.5%。目前我国蔬菜产量已占世界总产量的41%，种植面积占世界总面积的30%，是世界上最大的蔬菜生产国和世界最大的蔬菜出口国。到2004年出口蔬菜已达496万t。目前，蔬菜总量呈现供大于求，近几年人均消费量呈下降趋势。由于缺乏系统的安排和信息交流，一些地方政府对市场缺乏分析与判断，过分强调农村剩余劳动力转移到蔬菜生产上来，对蔬菜生产给予政策上扶持，造成蔬菜生产过热，出现生产雷同，重复建设出现，季节性、区域性过剩，致使蔬菜大量的浪费。每年损耗量高达35%，十分惊人。相当于每年损失几千万亩耕地。蔬菜是高耗水作物，相当于每年损失水资源1 000多亿 m^3。据中央电视台报道，2010年上半年山东胶南地区大面积种植西红柿，无人收购，大批烂在地里、路边。虽然蔬菜总量过剩，但又存在区域性不足、结构形式不合理。我国蔬菜生产严重缺乏科学性，造成大量浪费国家土地资源、水资源、农业生产资料和人力资源现象。2002—2004年，我国蔬菜每年损耗量均达到35%左右。

2.8.1.3　水果

我国水果产量增长速度最快，已超过增长速度比较快的蔬菜，成为仅次于粮食作物、蔬菜作物的第三大农作物。我国水果产量从改革开放以来一直快速增长，1978年产量为657万t，到2002年已达到6 952万t，24a增长9.6倍，平均年增长10.3%。2003—2008年增长速度有所放慢，但仍保持高达5.8%的年增长速度。到2004年，我国人均水果（不包括瓜类）产量已达56 kg，仍低于发达国家90~100 kg的水平。随着经济的发展，居民生活水平的提高，人均消费量的增加，水果产量今后在很长的一个历史时期内仍保持较快的增长趋势。

2.8.1.4　油料

我国油料产量一直保持较快的增长趋势，1978—2000年总产量由522万t增长到2 955万t，增长4.7倍，年均增长率8.2%。但2000年以后一直处于徘徊状况，2006年上升到3 059万t，2008年又下降到2 953万t。总需求在一直上升，产量的波动受进口植物油增加影响有关。

我国今后油料产量一直会保持增长趋势，但增长不会很快，因为我国的油料单产已高于世界平均水平的3倍多，再提高单产难度很大。受耕地资源的限制以及种植油料作物比较利益的影响，扩大面积的可能性很少。国内油料需求仍保持强劲的增长趋势。国产供应严重不足，进口量将会继续增长，目前我国已经是世界上最大的油料进口国。

2.8.1.5　茶叶

我国茶叶产量上升速度一直很快，1978年总产量仅27万t，到2008年已达126万t，增长3.7倍，年均增长5.2%，2000—2008年年均增长率高达8%。随着居民生活水平的提高，消费的增长，仍需大量增加茶叶产量。因我国耕地资源有限，今后茶叶增加产量不能依靠增加面积，而是控制面积，在不挤占其他作物面积的前提下，主要依靠提高单产来增加产量，同时逐步缩小面积，让位于其他食物作物。因为我国茶叶总产虽然居世界第一位，但单产很低，与世界主要茶叶生产国日本、印度相比，我国2005年茶叶单产仅是日本的34.5%、印度的41.5%，努力提高单产是我国今后茶叶提高产量的发展方向。

2.8.2　我国主要农作物产量中长期预测

预计我国粮食总产量到2020年将达到59 820万t（含大豆），较2008年提高13.1%；到2035年粮食总产量将达到58 804万t，较2008年提高11.2%，但较2020年有所减少，是因为耕地大量减少所致；到2050年粮食总产达到63 094万t，较2008年提高19.3%。2035年以后大量开垦有限制条件的宜农耕地，耕地面积将有所增加，同时单产又有所提高（表2-13）。

表2-13　我国主要农作物产量中长期预测

	年份	2008	2015	2020	2035	2050
粮食	播种面积/（万hm²·人⁻¹）	10 679.3	11 024.7	11 148. 0	10 017.8	9 973.7
	单产/（kg·hm⁻²）	4 951	5 157	5 366	5 870	6 326
	总产量/万t	52 871	56 854	59 820	58 804	63 094
大豆	播种面积/万hm²	913.0	1 178.0	1 178.0	1 178.0	1 147.0
	单产/（kg·hm⁻²）	1 893	1 933	1 980	2 070	2 400
	总产量/万t	2 043	2 277	2 332	2 438	2 753
蔬菜	播种面积/万hm²	1 788	1 738	1 716	1 650	1 590
	单产/（kg·hm⁻²）	31 766	33 050	33 710	35 260	36 600
	总产量/万t	56 798	57 440	57 850	58 180	58 190
水果	栽培面积/万hm²	1 073.1	1 157.4	1 216.4	1 370.8	1 455.4
	单产/（kg·hm⁻²）	7 971	9 719	10 210	11 510	12 590
	总产量/万t	8 553	11 246	12 420	15 780	18 320
茶叶	栽培面积/万hm²	172	173	157.3	146.9	140.1
	单产/（kg·hm⁻²）	733	883	975	1 218	1 415
	总产量/万t	126	153	153.4	179	198
棉花	播种面积/万hm²	575.0	565.7	565.7	539.7	521.0
	单产/（kg·hm⁻²）	1 302	1 350	1 385	1 436	1 480
	总产量/万t	749	764	783	775	770

注：粮食产量中包含大豆产量，水果中不含瓜果，大豆2008年单产一栏中为2005年单产。

2.9　畜牧水产业产量

我国畜牧水产业发展很快，产量年均增长率数倍高于农业种植业。

2.9.1 肉类

我国肉类产量1978年仅865万t，到2008年达到7 279万t，30a增长8.3倍，年均增长8.3%。1978~1980年年均增长率高达4.9%，1980—1990年年均增长率9%，1990—2000年年均增长率7.7%。2000年以后有所减缓，2000—2008年年均增长率仍达2.4%。肉类中猪肉一直占较大比例，1980年猪肉产量占肉类总产量的94.1%，牛肉占2.2%，羊肉仅占3.7%。猪肉产量增长逐年放缓，1980—1990年年均增长7.2%。1980—1990年年均增长率为7.2%；1990—2000年年均增长率为5.6%；2000—2008年年均增长率为2.1%。牛肉产量增长较快，1980年年产量仅27万t，到2008年达到613万t，增长21.7倍，年均增长11.8%；1980—1990年年均增长高达16.6%；1990—2000年年均增长15.0%，2000—2008年增速放慢，年均增长率仍达2.2%。羊肉产量1980年仅45万t，到2008年达到380万t，增长7.4倍，年均增长率7.9%，而且一直均衡增长。禽肉增长最快，1985年产量为160万t，到2003年达到1 312万t，18a增长7.2倍，年均增长率高达12.4%，1985—1990年年均增长率为15%，1990—2003年年均增长率为11.5%。在肉类产量比例中，产量比例仍以猪肉为主，2000年猪肉产量仍占肉类总产量的65.9%，牛肉占8.5%，羊肉仅占4.4%，禽肉已居第2位，占20%；到2008年猪肉仍占63.5%，牛肉占8.4%，羊肉占5.2%。

我国人均肉类消费远低于发达国家，今后肉类产量将随着居民消费水平的提高而一直保持增长趋势。估计今后30a内至少以年平均2%左右的速度增产，肉类总产量增长1倍左右。肉类结构中猪肉所占比例将由2008年63.5%下降到50%左右，禽肉类有可能上升到30%左右。牛、羊肉产量将达到同一水平，各占10%左右。我国今后肉类发展中应加强牛、羊肉产量。牛、羊肉属草食性动物，我国有广阔的草场面积，加强草场建设，提高产草量，大力发展草食性动物，对耕地资源严重不足的我国农业有着十分重要的意义。

2.9.2 奶类

我国奶类产量一直高速增长，是食品类增长最快的一项。1985年产量为289万t，到2008年已达到3 782万t，23a时间增长12.1倍，年均增长率高达11.8%。2000—2008年增长加快，年均增长率达到19.3%。我国奶类产量今后在很长的一个时期仍将保持高速增长。我国目前人均奶的产量仅是世界平均值的1/4，是发达国家的十几分之一，奶类是高蛋白动物性健康食品，今后随着我国经济的发展，居民生活水平的提高，需求量将大幅增长，产量仍将快速提高。

2.9.3 蛋类

我国蛋类产量增长也较快，1985年产量为535万t，到2008年已达到2 702万t，23a增长4.05倍，年均增长率7.3%。其中1982—1995年期间增长较快，年均增长率达到

14.8%；1995年以后增长放慢，1995—2000年均增长率下降到5.4%；2000—2008年均增长率下降到2.7%。我国蛋类人均占有量将处于缓慢增长期，但人口增长，蛋类总产量受需求的影响，仍将保持增长趋势，增长速度会逐步下降。

2.9.4 水产品

我国水产品产量增长一直很快，1978年产量为465.3万t，到2008年已达到4 856万t，成为世界第一水产品大国。1978—2008年产量增长9.4倍，年均增长率为8.1%；1985—2000年增长较快，年均增长率在9.7%以上，2000年以后产量增长速度放慢，2000—2008年年均增长率为3.6%。

我国水产品内部结构变化较大，内陆水域产品产量增长明显高于海水产品产量。1978年，海水产品产量占水产品总量的77.2%，内陆水域产品产量仅占22.8%，到2008年海水产品占水产品总量的52.7，内陆水域产品产量占水产品总量的比例上升到47.3%。内陆水域产品产量增长速度明显高于海水产品产量增长速度。

我国人均水产品产量已处于世界高水平，但明显低于日本、韩国等国家。我国水产品产量未来仍是增长趋势。

3 中国粮食安全形势分析

3.1 食物消费状况

新中国成立以来，我国长期处于粮食供给不足、低营养维持生命状态；改革开放后，粮食产量连年增加，到20世纪80年代初期粮食才比较丰富，基本满足人民生活的需要。肉类、水产品等其他食品随着粮食增加而大幅增加，市场丰富了，人民生活改善了，人民生活由贫困到温饱，进而转入小康了。

我国国家领导人长期以来一直非常重视粮食生产，特别强调"粮食生产事关全局"。1992年12月签署了《世界营养宣言》与《改善营养行动计划》，随后颁布实施了《90年代中国食物结构改革与发展纲要》，提出2000年我国食物消费与营养的主要目标，全国人均每日主要营养与供给量达到世界平均水平，其中热量为2 600大卡（10 883.6kJ），蛋白质为72 g（优质蛋白约占1/3），脂肪为72 g。主要食物人均全年消费水平为：口粮为213 kg、肉类25 kg、蛋类10 kg、奶类6 kg、水产品9 kg、水果23 kg、蔬菜120 kg、食用植物油8 kg、食糖8 kg。2000年我国人均占有肉类已达50 kg、水产品33.9 kg、禽蛋17.7 kg、水果49.3 kg、蔬菜110 kg、牛奶7.3 kg、食用油7.7 kg、食糖5.5 kg。主要食品人均消费除了食糖、食用油外，大部分已超过了预期的目标。我国人均占有肉类超过世界平均水平20%以上，水产品、蔬菜均超过世界平均水平1倍，禽蛋接近发达国家水平，水果和食用油接近世界平均水平。2000年我国人均GDP为809美元，仅是世界平均值的1/6，我国人民膳食水平与国家经济水平相比已很高了，享受着世界平均水平以上的食物消费。2000年以来，我国人均食物消费一直快速增长，到2008年人均粮食占有量已达399 kg，水果已达144.7 kg（包括瓜果）、人均肉类54.8 kg、水产品37 kg、奶26.8 kg、蛋20.3 kg、油料22.3 kg。我国人均消费肉、蛋的水平已达到高收入国家日本、韩国的水平，但我国奶类消费和世界水平差距很大。

3.1.1 粮食消费

我国粮食人均占有量1978年为318.7 kg，到1982年达到351.5 kg，呈上升趋势。1982年以后至2008年人均占有量一直处在356～405 kg之间徘徊状况。

改革开放后，我国粮食总产量一直在增长，但由人口增长过快，所以多数年份进口大于出口，是世界粮食进口大国。1984年人均粮食占有量达到392.8 kg，接近世界平均水平；1985，1986年我国历史上第1次出现连续2a出口大于进口；1987—1989年连续

3 a总产量在3.8亿～4亿t间徘徊，人均占有量下降，又大量进口粮食；1990年粮食大丰收，人均粮食占有量达到393 kg；1991—1993年连续高产，人均粮食占有量在380 kg左右；1992—1993，1994年连续3 a出口量略大于进口量；1995年总产持平，人均占有量微低于380 kg；1995，1996年大量进口粮食，1996—1999年连续4 a粮食大丰收，人均占有量达到401.5～414.1 kg，略超过世界平均水平，1997—2000年出现出口略大于进口现象，2001—2003年总产连续大幅下降，连续吃库存；2004—2008年开始大量进口粮食，粮豆进口总量占世界总贸易量的1/8。2000年以来，基本呈现人均粮食占有产量低于380 kg的低消费水平，需要大量进口粮食。历史上有几年粮食出口大于进口，但粮食净出口总量微小（表3-1）。

表3-1　城市居民、农村居民主要食品消费比较表

%

年　份		2000	2003	2004	2005	2006	2007	2008
肉　禽	农村	100	100	100	100	100	100	100
	城市	139.3	167.4	151.9	146.4	144.0	179.0	149.0
食用油	农村	100	100	100	100	100	100	100
	城市	115.6	146.7	175.6	153.9	160.6	161.6	160.0
蛋　类	农村	100	100	100	100	100	100	100
	城市	235.0	232.6	225.5	220.8	208.2	218.9	184.0
奶及奶制品	农村	100	100	100	100	100	100	100
	城市	937.7	1088.9	951.0	626.6	581.6	504.3	437.0
水产品	农村	100	100	100	100	100	100	100
	城市	299.5	265.6	278.0	254.0	258.5	265.3	—
水　果	农村	100	100	100	100	100	100	100
	城市	313.9	329.5	332.6	330.0	315.2	306.4	266.0
蔬　菜	农村	100	100	100	100	100	100	100
	城市	107.5	110.2	104.2	115.9	116.9	119.1	123.0
粮　食	农村	100	100	100	100	100	100	100
	城市	60.8	66.0	66.1	68.1	68.2	51.7	—

我国粮食多年总体呈进口状态情况，但进口比例不算太大，还是以自给为主。2007—2008年世界性粮荒，粮食大幅涨价，我国由于中央高度重视食物安全，重视粮食生产，政策措施得当，再加上近几年农业上风调雨顺，粮食连续4a增产，库存充裕。2007年下半年至2008年上半年全球物价（主要是食品拉动）大幅上升中，我国相对稳定，升幅相对小些。2007年我国CPI上升6.5%，其中食品上升17.6%，而美国玉米价格上升42%，小麦上升112%。2008年第一季度，国际优质大米上升到7.05元/kg，而我国国内仅3元/kg。我国粮食、食物自给自足，市场稳定，但自给是低消费水平的自给（表3-2）。

表3-2　我国1980—2008年粮食生产进口出口统计

年份	粮食生产量/万t	人均产量/kg	进口量/万t	出口量/万t
1980	32 056.0	326.7	1 343.0	162.0
1981	32 502.0	327.0	1 481.0	126.0
1982	35 450.0	351.5	1 611.7	125.1
1983	38 728.0	378.5	1 343.5	196.3
1984	40 731.0	392.8	1 044.5	356.6
1985	37 911.0	360.7	600.0	932.0
1986	39 151.0	367.0	773.0	942.0
1987	40 298.0	371.7	1 628.0	737.0
1988	39 408.0	357.7	1 533.0	717.0
1989	40 755.0	364.3	1 658.0	656.0
1990	44 624.0	393.1	1 372.0	583.0
1991	43 529.0	378.3	1 345.0	1 086.0
1992	44 265.8	380.0	1 175.0	1 364.0
1993	45 648.8	387.4	752.0	1 535.0
1994	44 510.0	373.5	920.0	1 346.0
1995	46 662.0	378.4	2 081.0	214.0
1996	50 450.0	414.1	1 200.0	143.5
1997	49 417.0	401.7	704.5	858.7
1998	51 229.5	412.4	708.4	905.8
1999	50 839.0	405.5	772.0	758.0
2000	46 218.0	366.1	1 357.0	1 400.0
2001	45 264.0	356.0	1 738.0	901.0
2002	45 705.0	357.0	1 416.0	1 510.0
2003	43 065.0	334.0	2 282.0	2 221.0
2004	46 950.0	361.0	2 998.0	506.0
2005	48 402.0	371.0	3 066.6	954.2
2006	49 748.0	379.0	2 963.8	542.1
2007	50 160.0	381.0	3 237.0	1 118.0
2008	52 871.0	399.0	3 898.0	228.0

3.1.2　肉类消费

我国人均肉类消费从改革开放以后，随着居民生活水平的提高，一直呈快速增长态势。1978—1985年人均肉类占有量年均增长率为10.9%；1985—1990年人均肉类占有量年均增长率为6.5%，1990—2000年年均增长率为6.6%；2000年以后增长率放慢，2000—2008年年均增长率为1.8%。2007年肉类价格大幅上升，因价格因素消费急剧减少，2007年下降3.7%。人均肉类占有量1978年为8.9 kg，到2008年已达到54.8 kg，30a

增长 5.2 倍。我国目前人均肉类消费虽然已超过世界平均水平 20% 左右，但与发达国家差距依然很大，美国等发达国家人均肉类消费在 100 kg 以上。根据我国居民消费习惯，我国肉类消费今后仍将大幅提高。

3.1.3 水果消费

我国人均水果占有量 1978 年以后增长很快。1978 年人均消费水果仅 6.9 kg；1985 年年均增长率为 7%；1985—1990 年年均增长率为 8.2%；1990—2000 年年均增长率高达 11.5%；2000 年以后增长速度放慢，2000—2003 年，2004—2008 年年均增长率仍达到 4.5% 和 5.2%。2003 年与 1978 年相比增长 7.2 倍，人均水果消费已达 56.3 kg，超过世界平均水平，但与世界发达国家相比仍有很大差距。发达国家人均水果消费在 100 kg 以上。我国水果消费水平提升仍有一个很大的空间，尤其是农村人均水果消费仍很低（2003 年以后水果含瓜果和原来不便于统一比较，故未列出）。

3.1.4 油料

我国人均油料类占有量增长很快。1978 年人均占有量仅 5.5 kg，到 2000 年已达 24 kg，22 a 增长 3.4 倍。1978—1985 年年均增长率高达 23%；1985 年以后增长速度放慢，1985—1990 年年均增长率为 3.6%；1990—2000 年年均增长率为 5.4%；2000 年以后处于徘徊状况，到 2008 年一直在人均 22～24kg 之间，8a 没有大的变化。

3.1.5 水产品

我国水产品人均占有量是在畜牧水产品中增长最快的品种。1978 年人均水产品仅 4.9 kg，到 2008 年人均占有量已达 37kg，增长 6.6 倍。1978—1985 年年均增长率为 4.5%，1985—1990 年年均增长率达 10.2%；1990—2000 年年均增长率达 10.4%；2000 年以后增长速度放慢，2000—2008 年年均增长率为 2.9%。我国人均水产品消费已超过世界大多数国家水平，但与日本、韩国等国家相比仍有很大的差距。水产品消费很不平衡，中、东部消费较高，西部农村居民消费很低，这是未来推动消费增长的主要群体，仍有增长空间。

3.1.6 蛋类

我国人均蛋类占有量增长较快。1985 年人均占有量仅 5.6 kg，到 2008 年已达 20.3 kg，23 a 增长 2.6 倍。1985—1990 年年均增长率为 4.5%；1990—2000 年增长较快，年均增长率达到 9.5%；2000 年以后增长速度放慢，2000—2008 年年均增长率为 2%。我国人均蛋类消费已达到世界高水平，我国居民自古以来就喜爱蛋类食品，按目前增长速度，今后仍将有一定的增长空间，但增长速度将很缓慢。

3.1.7 奶类

我国人均奶类消费目前仍处于世界较低的水平。1978年人均奶类消费仅1 kg；1978—1985年高速增长，年均增长率高达15.2%；1985—1990年年均增长率为9.2%；1990—2000年年均增长率为5.7%；2000年以后随着消费水平的提高，居民更加注重健康食品，注重富含蛋白质类食品的消费，2000—2008年人均奶类消费年均增长率高达17.6%。我国人均奶类消费到2008年已达26.8 kg，较1978年增长25.8倍，年均增长率为11.6%，2000—2008年增长最快，8a增长2.7倍，进入快速增长期。我国奶类消费虽然增长很快，但仍处于低水平状况，仅为世界平均值的1/4，2007年世界人均奶类消费为101 kg，亚洲为40 kg，世界发达国家人均消费奶类都在200～300 kg之间。我国奶类消费增长空间巨大。

3.2 我国经济发展预测

经济发展直接影响农业环境，以及对水、土地等农业资源的消耗与利用。居民食物消费与经济发展同步增长。经济水平又决定对农业的投入能力，所以研究农业可持续发展首先应该对经济发展进行科学预测。

3.2.1 我国经济发展预测

我国目前经济总量已排至世界第2位，但按人均值仍然很低，仅是世界人均值的1/3，属于发展中国家。中国经济在21世纪中期以前将一直处于高速发展时期，到21世纪30年代中期，将完成工业化中期阶段，进入"后工业化"阶段，发展速度将有所减缓。本次对中、长期经济发展做预测，北京、天津、河北、河南、山东、江苏、辽宁、上海、浙江、福建、广东11省市经济增长率2008—2020年平均按10%计算；山西、内蒙古、陕西、吉林、黑龙江、安徽、江西、湖北、湖南、重庆、四川、广西、海南13个省（市、区）经济增长率2008—2020年按9%计算；甘肃、宁夏、新疆、青海、贵州、云南、西藏7省、区经济增长率2008—2020年按8%计算。各省（市、区）2021—2035年经济增长率按年均6%计算；2036—2050年经济增长率按年均3.5%计算。2007年国内经济增长值为24.953亿元，以后各年不考虑价格上涨因素，按不变价因素计算，2020年国内经济增加值将达到82万亿元，2035年达到197万亿元，2050年达到330万亿元。按人民币与美元现行汇率计算，2020年人均GDP为8 118美元，同2007年世界平均水平8 219美元；到2035年我国人均GDP将达到18 100美元，同韩国2006年人均18 343美元的水平；到2050年人均GDP将达到28 980美元，超过新加坡2005年人均27 490美元的水平，接近欧元区2005年人均31 914美元的水平。

3.2.2 城市化进程预测

我国城市化进程滞后，城市化率低，农村人口比重大，形成"二元经济结构"，严重影响我国经济发展的速度。加快城市化进程是我国长期战略目标，预计到2035年前城市化率将以每年1%的速度增长，到2020年我国城市化率将达到58%，2035年城市化率将达到73%，2035年以后以0.9%的速度增长，到2050年城市化率将达到86.5%，达到发达国家城市化率的指标。我国城市化率达到86.5%时，农村人口为13.5%，但总数仍高达2.2亿人，按人均农业资源，仍有很大部分人处于隐形失业之中。预计到2020年城市人口将达到8.43亿人，2035年城市人口将达到11.35亿人，2050年城市人口将达到14亿人。沿海省、市城市化率将达到95%以上，达到发达国家水平。

到2050年按人均国内经济增加值水平和城市化进程水平我国均已达到发达国家水平。

3.3 我国未来食物消费潜力的主要群体

3.3.1 农村居民食物消费潜力

目前我国食物消费中城市居民消费明显高于农村居民，尤其是城市中的中、高收入阶层，这部分居民虽然占全国人口的少数，但这部分群体人均消费的肉、蛋、奶、水产品、水果等高营养、高档次食物，要高于占总人口大多数的农村居民1倍以上，甚至几倍。农村居民中，中、低收入群体，人均消费的肉、蛋、奶、水产品、水果等仍很少。国家统计局对城市居民与农村居民消费2000—2008年调查显示，农村居民肉、蛋、奶等食品消费与城市居民相差甚远。蛋、奶消费水平更低。农村居民是我国居民的主体，农民居民随着生活水平的提高，对肉、蛋、奶等动物性食品的消费存在巨大的增长潜力。

据调查，农村居民蛋、奶、水产品、水果等消费与城市居民相比相差1～5倍，蔬菜消费城、乡差别很小。

根据国家统计局对农村居民家庭平均每人生活消费支出调查，2005年农村居民平均年食品支出1 162.16元，日平均食品3.18元；2006年年食品支出1 216.99元，日平均食品支出3.33元；2007年年食品支出1 388.97元，日平均食品支出3.81元；2008年年食品支出1 598.75元，日平均食品支出4.38元。仅3.18～4.38元的日食品支出，其中肉、蛋、奶、水产品等动物性食品消费能占多大比例，可以想象。从国家统计局抽样调查的农村居民按纯收入分组的户数占调查户的比重结果显示，农村居民家庭人均收入5 000元以上户，2007年占30.94%，2008年占39.29%。按世界银行标准计算，年收入5 000元折合日支出2美元，仅刚超过贫困线。2008年我国农村人口72 135万人，其中60.71%人口即4.379 3亿人处于贫困之中。贫困人口每天的动物性食品支出微不足道。庞大的农村人口是我国未来食品消费、特别是动物性食品消费增长的巨大群体。

3.3.2 城市居民低收入家庭是食品消费增长的另一巨大群体

2008 年我国城市人口 6.066 7 亿人，占人口总数的 45.68%，其中最低收入户占 10%，低收入户占 10%，中等偏低收入户占 20%，这个群体占城市居民的 40%，达 2.43 亿人。2008 年国家统计局对城镇居民家庭平均每人全年消费性支出抽样调查显示，2008 年城市最低收入户年食品消费支出 2 182.29 元，日平均支出 5.98 元，其中肉禽及其制品年消费 534.63 元，日平均支出仅 1.46 元；低收入户年食品支出 2 846.26 元，日平均支出 7.80 元，肉禽及其制品年消费 669.03 元，日平均支出 1.83 元；中等偏下户年食品支出 3 428.85 元，日平均支出 9.39 元，肉禽及其制品年支出 806.49 元，日平均支出 2.21 元。这个群体的居民肉禽及其制品日平均支出仅 1.46 ~ 2.21 元，显然太少了。

从 2008 年按收入等级分城镇居民家庭平均每人全年购买主要食品数量统计中可以看出，城市最低收入户购买的动物性食品较高收入户低 20% 左右。其中猪肉低 43.5%，牛肉低 50%，羊肉低 38.4%，鲜蛋低 31.5%，鲜奶低 63.7%，酸奶低 72.9%。占城镇人口 40% 的最低收入户、低收入户和中等偏下户的城镇居民家庭平均每人每年购买的主要食品，猪肉、牛肉、羊肉、家禽、鲜蛋、鱼、瓜果、奶类明显偏低。随着经济的发展、生活水平的提高，这一庞大的社会群体对食物消费量，尤其是动物性食品的消费量将有大幅增长空间。

3.4 未来食物消费预测

今后几十年内，随着经济的快速发展，居民生活水平的迅速提高，居民食物消费量将呈快速增长状况，尤其是动物性食物消费增加要更快些。我国农村居民中 60% 的中低收入家庭多达 4.38 亿人，城市居民中 40% 的最低收入户、低收入户和中等偏下户达 2.43 亿人，合计大约 6.81 亿人，占全国总人口的 51.3%，这个庞大的群体是未来动物性食物消费增长的主体，将促使未来几十年动物性食物消费保持强力增长。西方发达国家人均粮食消费较多主要原因是动物性食物消费量大，如奶类，西方发达国家人均奶类消费在 200 kg 以上，肉类消费 100 kg 以上。我国居民随着生活水平的提高，更加注重营养调节，注重保健和蛋白质的摄入量，对动物性食物依赖越来越大。在饮食上，尤其是青年一代，正在改变东方传统饮食文化，接受西方饮食文化，经常进入肯德基快餐店，大量消费以肉、奶为主要原料的食品。人均动物性食物消费增长是我国粮食消费增长的主要因素。

3.4.1 消费水平

粮食消费水平，是重要的食物消费指标。西方发达国家粮食消费远高于发展中国家，从人均粮食消费来看，20 世纪 80 年代发达国家人均粮食消费在 640 kg 左右，20 世纪初已下降到570 kg左右,现在已基本稳定。从一些发达国家和地区来看,人均GDP在2万美元以前,人均动物蛋白质消费水平呈持续上升趋势,日本、新加坡和我国的香港、台湾地区当人均GDP达到1万美元时,人均年粮食需求量分别达到557,536,684和500 kg。

我国经济今后几十年仍是高速增长期,多数材料报道,到21世纪30年代中期,我国将是世界第一经济大国。台湾是中国的一部分,生活饮食习惯与大陆大体相同,届时我国人均综合粮食消费将超过台湾500 kg的水平,低于香港684 kg的水平,在二者中间。

3.4.2　肉、蛋、奶、鱼消费量预测分析

3.4.2.1　肉类

对我国21世纪中长期肉类消费做如下预测。肉类消费2000—2006年人均年消费增长率平均为2.1%;2007年肉类价格上涨1倍以上,消费下降3.7%;2008年肉价下降46%左右,消费上升5.4%,2008年内恢复性上升,受金融危机影响,上升还不太快;2010年后快速上升。2008—2015年按2006年的人均消费量54 kg和2006年的增长率仍按2.4%计算,起止年限仍按2006年起,2015—2020年增长率按1.2%计算,2020—2035年增长率按0.9%计算,2035—2050年增长率按0.2%计算,到2020年人均肉类消费达到72.2 kg,达到意大利2004年71.5 kg的水平。2035年人均肉类消费达到82.4 kg,等同德国2002年(82.3 kg)的水平。2050年人均肉类消费达到85 kg,接近荷兰2004年的水平(86.8 kg)。

3.4.2.2　蛋类

我国居民人均消费蛋类已超过世界平均水平1倍,处于世界高水平。由于中国人的饮食习惯所致,人均蛋类消费一直在增长,但2000年以后增长速度放慢,2000—2008年人均蛋类消费年均增长率为2%,2008年人均消费为20.3 kg。2008—2020年人均消费增长率按2%计算,2020—2035年按1%计算,2035—2050年按均值0.5%计算,到2035年将比2008年增长46.8%,达到29.8 kg,人均日消费禽蛋81 g,折合1.2枚。2050年以后不再增长。

3.4.2.3　奶类消费

我国奶类消费从1978年后一直处于高速增长中,人均消费量1978—1985年年均增长15.2%,2000—2008年年均增长17.6%。今后仍将较快速增长,因为我国居民营养中蛋白质不足,尤其是动物性蛋白质,奶类是高蛋白质动物性食物。预计到2015年,我国人均奶类消费将达到53.9 kg,达到亚洲国家平均水平,相当于埃及2002年水平;到2020年人均奶类消费将达到72 kg,相当于伊朗2004年水平,总量较现在增长1倍;到2035年人均奶类消费达到96.9 kg,达到世界2005年平均水平,总量达到1.5亿t;到2050年人均奶类消费达到121 kg,相当于俄罗斯2004年的水平,超过世界2005年平均水平25%,达到世界当时的平均水平。与发达国家2005年水平仍有很大差距,发

达国家2005年平均消费在200 kg以上，但差距明显缩小，届时奶类消费总量将达到1.97亿t。

3.4.2.4 鱼类消费

我国鱼类消费已超过世界平均水平。由于鱼类是高蛋白动物性食物，全世界鱼类消费未来将大幅增长。我国鱼类消费处于极不平衡状况，东部地区和城市居民消费鱼类较多，中部、西部地区农村居民对鱼类消费很低，相差很大，农村有部分居民甚至长年不消费鱼类。随着经济的发展，居民饮食文化的提高，居民消费观念将产生很大的转变，鱼类消费将有很大的增长。在我国经济发达地区，品味海鲜已成为一种时尚，海鲜特别受到青年一代的青睐。2000—2008年我国居民鱼类消费增长率为2.9%，预测2015，2020，2035，2050年居民鱼类消费增长率分别为2.9%，1.8%，1.5%，1%。到2035年人均消费鱼类将达到61.5 kg，接近日本2002年水平，消费总量达1.05亿t；2050年人均消费达到71 kg，总量达1.27亿t，处于世界高消费水平。

3.4.3 动物性食品所需饲料粮

根据今后我国居民肉、蛋、奶、鱼等主要动物性食品消费中长期预测，并依据各类动物性食品消费量计算出所需饲料粮：猪肉与饲料粮比为1:3.5，禽肉与饲料粮比为1:2.5，牛肉与饲料粮比为1:4，但考虑肉牛中在畜牧区部分以食草为主，但我国畜牧产品中仍以农区为主，牧区反占5.6%，所以将其折减为1:3.5。以草食性动物计算，羊虽然也消耗了一部分粮食饲料，但数量小，可以忽略不计；牛、羊肉比例为61.7:38.3（2008年产量比例）。

禽蛋消耗粮食饲料以1:2计算；奶类消耗的粮食饲料以1:0.5计算；水产品消费的粮食饲料以1:2计算，但水产品生产中目前海水产品占52.7%（2008年），内陆水产品占47.3%，海水产品当前还以捕捞为主，但近海养殖逐年增加；内陆水产品人工养殖量也将逐年增加。2007年用粮食饲料人工养殖水产品按23%计算，2015，2020，2035，2050年用粮食饲料人工养殖水产品比例分别为30%，35%，40%，40%（表3-3）。

表3-3　我国居民人均消费动物性食物所需饲料粮中长期预测

年　份		2008	2015	2020	2035	2050
肉类	人均量	54.8	68.0	72.2	82.4	85.0
	需饲料粮	169.2	206.5	212.9	244.2	248.0
蛋类	人均量	20.3	28.0	31.5	36.6	36.6
	需饲料粮	40.6	56.0	63.0	73.2	73.2
奶类	人均量	26.8	53.8	72.0	96.9	121.0
	需饲料粮	13.4	26.9	36.0	48.5	60.5
水产品	人均量	37.0	45.0	49.0	61.5	71.0
	需饲料粮	16.6	27.0	34.3	49.2	56.8
合计		229.8	316.4	346.2	414.9	438.5

未来饲料粮增加将成为我国粮食消费增长的重要因素。在饲料粮食消费增长中，肉类占42%，奶类占22.3%，肉类、奶类消费增长是粮食消费增长的主要因素。

3.4.4　粮食消费

3.4.4.1　居民直接粮食消费

根据《中国统计年鉴》"城镇居民家庭平均每人全年购买主要商品数量"和"农村居民家庭平均每人主要食品消费量"1990—2008年数字进行分析，农村居民随着动物性食物增加，粮食直接消费将缓慢下降。城镇居民直接消费粮食已明显低于欧美等国家，将不再大幅下降。城镇居民直接消费粮食数量不再下降第2个因素是：我国城镇居民在外就餐逐年增加，其在外就餐消费粮食的部分这里不做扣除；第3个因素是我国城镇居民在青年一代中，平均身高逐年增长。身高增长，维持身体热量平衡的粮食消费应有所增长，根据上述3个因素，城镇居民直接粮食消费不再减少。城镇居民消费粮食为成品粮，再乘以1.33的系数，即转换为原粮。表3-4为我国城乡居民人均直接消费谷物中长期预测。

表3-4　我国城乡居民人均直接消费谷物中长期预测

年份	2008	2015	2020	2035	2050
农村居民人均消费谷物增长率/（%）	−0.20	−1.60	−1.00	−1.00	−1.00
农村居民人均消费谷物 /kg	199.07	172.50	163.50	137.20	115.00
农村居民比例/（%）	54.32	48.00	42.00	27.00	13.50
城镇居民人均消费谷物/kg	77.60	77.00	77.00	77.00	77.00
城镇居民消费谷物折成原粮/kg	103.40	102.60	102.60	102.60	102.60
城镇居民比例/（%）	45.68	52.00	58.00	73.00	86.50
城乡居民平均消费谷物/kg	155.40	136.20	128.20	111.90	104.30

3.4.4.2　综合消费粮食

根据人均动物性食物消费所需饲料粮与人均直接粮食消费，推算出居民综合消费粮食数量（表3-5）。

表3-5　我国居民人均综合消费粮食中长期预测

年份	2008	2015	2020	2035	2050
1. 居民人均直接消费粮食 / kg	155.40	136.20	128.20	111.90	104.30
2. 居民人均消费动物性食物所需粮食 / kg	229.80	316.40	346.20	414.90	438.50
3. 1项+2项	385.20	452.60	474.40	526.80	542.80
4. 人口数 / 亿人	13.28	14.060	14.47	15.54	16.26
5. 粮食消费总量 / 万t	51 155	63 636	68 646	81 865	88 259

3.4.4.3 工业用粮

工业用粮逐年增加，如酿酒和医药等用粮食数量都很大。我国是世界上最大的酒类生产国和消费国，我国每年消费酒类上千万t，2007年消费酒类1 260万t。仅酒类一项消费粮食2 000多万t（表3-6）。

表3-6 我国酒类消费统计

年份	2000	2003	2004	2005	2006	2007	2008
城市人均消费/kg	10.01	9.39	8.94	8.85	9.12	9.14	7.60
城市人口比例/（%）	37.00	40.00	41.00	42.00	43.00	44.90	45.68
农村人均消费/（kg）	7.02	9.67	7.84	9.95	9.97	10.18	9.67
农村人口比例/（%）	63.00	60.00	59.00	58.00	57.00	55.10	54.32
城乡平均消费/kg	8.12	8.36	8.29	9.49	9.6	9.70	8.70
人口/万人	126 743	129 227	129 988	130 756	131 448	132 129	132 802
酒类消费总量/万t	1 029	1 080	1 078	1 240	1 262	1 283	1 158
年均增长率/（%）	—	1.50	-0.18	15.00	1.77	1.69	-9.70

从表3-6中看出，2000—2008年酒类年均消费增长为1.5%，2008年下降是因为金融危机影响，各方面消费全部下降。我国酒类消费正在呈高增长趋势，酒类消费是工业用粮大项、工业用粮主体。我国工业用粮有各种报道数字，多数都在4 000万～6 500万t之间。以2008年按较低数字4 000万t为计算基础，以酒类消费增长率为参考值，对今后工业用粮进行预测（表3-7）。工业中酿酒部分用粮中副产品又可以做饲料，实际消耗量按50%计算。

表3-7 我国工业用粮中长期预测

年份	2008	2015	2020	2035	2050
年均增长率/（%）	1.50	1.80	1.10	0.80	—
工业用粮量/（万t）	4 000	4 542	4 893	5 939	6 693
实际消耗粮食/万t	1 600	1 817	1 957	2 376	2 677
人口数/亿人	13.28	14.06	14.47	15.54	16.26
人均消费粮食数/kg	15.10	16.16	23.70	26.80	28.80

3.4.4.4 计入工业用粮的综合粮食消费

工业用粮预测后和居民直接食用粮与饲料粮消费合并，用上述方法计算后2008年人均综合用粮为397 kg，综合用粮总量为52 755万t（表3-8）。

表3-8　计入工业用粮的综合粮食消费

年份	2008	2015	2020	2035	2050
1. 人均粮食消费/kg	385.2	452.6	474.4	526.8	542.8
2. 粮食消费/万t	51 155	63 636	68 646	81 865	88 259
3. 工业实际消耗粮食/万t	1600	1817	1957	2376	2677
4. 人均工业耗粮/kg	12.1	12.9	13.5	15.3	16.5
5. 1项+4项/kg	397.3	465.5	487.9	542.1	559.3
6. 2项+3项/万t	52 755	65 453	70 603	84 241	90 936

2007年全国粮食产量为50 160万t，纯进口粮食2 119万t；2008年粮食产量为52 871万t，纯进口3 670万t。

50 160t×9/12+52 871万t×3/12+2 119万t×3/12+3 670万t×9/12=54 120万t，2008年粮食库存增加1 365万t，2008年粮食消费52 955t+1 365万t=54 120万t。2015年粮食总消费量将达到65 453万t，2020年达到70 603万t，2035年达到84 241万t，人均542 kg，2050年达到90 936万t，人均559 kg。这里计算的2020年全国粮食消费量70 603万t与最近"国家规划2020年粮食消费7亿t、守住18亿亩"耕地相符合，证明我们这个预测是正确的。

3.4.5　蔬菜消费

我国人均蔬菜消费高于世界平均值，人均蔬菜消费量处于稳定状况。农村人均消费略低于城市，今后农村人均蔬菜消费量会略有增长，但不会很大。城市人均蔬菜消费由1990年的138 kg降到现在的118 kg左右，而且比较稳定。农村居民人均蔬菜消费量已由1990年的人均134 kg降到106 kg左右，而且比较稳定。我国现在城市人均消费水平（2007年118 kg）与英国2004年（118.9 kg）、澳大利亚2004年（116.8 kg）、加拿大2004年（125 kg）水平基本相同。城市居民中最高收入户2006年蔬菜消费为117.05 kg，高收入户124.77 kg，平均为120 kg。预计今后我国人均消费蔬菜基本稳定在118～120 kg之间。

我国蔬菜进口增长很快，出口增长缓慢。受水资源的制约，我国今后出口不会再有大的增长，进出口将很快处于平衡状态。

蔬菜损耗量将由2007年的36.4%逐年下降，到2035年损耗将下降到21.8%；到2050年损耗量可下降到18.8%，下降48.4%。

3.4.6　豆类消费

我国大豆消费一直呈快速增长趋势，1990年达到971万t，1990年以后大豆消费急剧增加，到2008年达到5 333万t，增长4.5倍，年均增长9.9%。今后很长一段时期仍呈增长趋势，一是食用油消耗量增加，需求大豆。2004年我国人均消费植物油为12 kg，日本为 15 kg，与大陆消费习惯相似的台湾地区 2001 年人均植物油消费需求达到 24 kg。我国今后 10a 内人均植物油销量将保持快速增长势头；二是国内养殖业快速发展，需要大量豆粕。2008 年国内人均奶类仅 26.8 kg，与世界人均 101 kg 相差甚远。养殖业今后很长的一个历史时期内对豆粕需求呈增长趋势。三是我国居民食物中蛋白不足，大豆是高蛋白食物，根据中国国情蛋白需求，主要依靠植物蛋白，所以大豆食用消费呈逐年增加趋势，到 2050 年我国大豆需求将达到 8 800 万 t。由于受耕地资源限制，大豆总产量不会有大量增加，大豆对进口依赖越来越大，我国进口大豆最高将达到 5 000 万~6 000 万 t（表 3-9）。

表 3-9　我国豆类需求中长期预测

年份	2008	2015	2020	2035	2050
人均大豆消费增长率/（%）	9.90	2.00	1.00	0.50	0.30
人均大豆消费/kg	40.20	46.20	48.50	52.20	54.60
全国总人口/亿人	13.28	14.06	14.47	15.54	16.26
大豆消费总量/万 t	5 333	6 496	7 018	8 112	8 878

3.4.7　水果类消费

我国目前水果类消费低于世界平均水平，人均仅 56 kg（不含瓜果），处于快速增长期，2004—2008 年年均增长率为 5.2%，预计到 2015，2020，2035，2050 年年均增长率分别为 4.2%，2.5%，1.5%，1%。到 2015 年人均水果消费达到 81 kg，相当于泰国 2002 年（87.8 kg）消费水平，到 2020 年人均水果消费达到 91 kg，相当于埃及 2002 年（91.4 kg）消费水平；到 2035 年人均水果消费达到 114 kg，相当于德国 2002 年消费水平，总量达到 1.77 亿 t，比 2006 年提高 1.4 倍；到 2050 年人均水果消费达到 132 kg，相当于意大利 2002 年（131.2 kg）消费水平。消费总量达到 2.15 亿 t，比 2006 年提高 1.92 倍。

3.4.8　棉花消费

棉花是与粮食争夺优质耕地的主要作物之一。我国棉花人均占有量从 2000 年以后一直呈快速增长，2000 年人均 3.5 kg，到 2007 年已达到 5.8 kg，年均增长 7.5%，国产棉花已达到 762 万 t，国内棉花需求总量仍是增长趋势。国内棉花产量将呈缓慢增长，不足部分将由国际贸易来补充。2007 年进口数量 250 万 t，占世界棉花贸易量的 40%，我国棉花需求增长明显快于产量增长，进口数量越来越大。

3.4.9　主要农产品产需比较

根据前面论述的主要农作物中长期产量和国内对农产品的中、长期需求预测进行比较（表 3-10）。

表3-10 我国主要农产品产量与需求中长期预测比较

年份		2008	2015	2020	2035	2050
粮食	总产量	50 160	56 854	59 260	58 804	63 094
	国内需求	52 755	65 453	70 603	84 241	90 936
	比较值	−3 670	−8 599	−11 343	−25 437	−27 842
蔬菜	总产量	56 798	57 440	57 850	58 180	58 190
	国内需求	56 798	57 309	57 840	58 080	58 180
	比较值	0	131	10	100	10
大豆	总产量	1 720	2 277	2 332	2 438	2 753
	国内需求	5 333	6 495	7 018	8 112	8 878
	比较值	−3 697	−4 218	−4 686	−5 674	−6 025
水果	总产量	8 553	11 246	12 420	15 780	18 320
	国内需求	8 553	11 389	13 168	17 716	21 463
	比较值	0	−143	−748	−1 936	−3 143
棉花	总产量	749	764	783	775	770
	国内需求	960	1 080	1 168	1 363	1 541
	比较值	−211	−316	−385	−588	−771

注：2008年一栏中蔬菜产量与消费为2006年数字；大豆、粮食产量为2007年数字，缺口为纯进口数，粮食中已包括大豆。

我国主要农产品缺口越来越大，呈现逐年增加趋势，到2020年谷物缺口将达到6 663万t（其中，大豆缺口4 686万t）；2035年谷物缺口将达到19 763万t（其中大豆缺口5 674万t），水果缺口将达到1 900多万t；2050年谷物缺口达到21 817万t，（其中大豆缺口6 025万t），水果缺口将达到3 100多万吨，另一项挤占优质耕地的农作物棉花，到2035年缺口达到588万t，到2050年将达到771万t。未来我国将成为全球最大的谷物、大豆、水果、棉花进口国。

3.5 粮食安全形势分析

3.5.1 食物供求趋势

综上所述，到2035年我国肉类消费量将达到1.28亿t，蛋类消费4 631万t，奶类消费1.5亿t，水产品消费0.96亿t，蔬菜消费58 080万t，水果消费1.772亿t，大豆消费8 112万t。粮食消费总量为8.42亿t（含大豆），粮食总产量为5.88亿t，缺口2.54亿t。到2050年粮食总消费量为90 936万t，粮食总产量为63 094万t，缺口2.78亿吨。2035年人均综合消费粮食为542 kg，2050年人均综合消费粮食为559 kg。我国香港和台湾人均GDP达到1万美元时，人均消费谷物为684 kg和500 kg，我国人均GDP到2035年将达到18 100美元，2050年人均GDP将达到28 980美元，经济水平达到欧洲现在的水平。按2035年及2050年人均GDP数量，人均消费谷物仍在香港与台湾的中间值，同现状日本人均消费557 kg接近，还是较为现实的，低于欧美国家的消费水平。有着传统美食文化而且又特别注重饮食文化的中华民族，这一估算水平是不高的。有些专家认为，"我国将来保持人均消费粮食400 kg的水平"。这指标显然是低了些，我国2008年人均综合消费粮食就已达到399 kg，这还不包括进口植物油，如果算上进口植物油，人均已超过410 kg，现在尚有51.3%的人群处于食物低端消费之中，未来人均粮食、食物消费指标大幅增长，这是确定无疑的。

3.5.2 农业耕地资源形势

我国粮食自给度问题，有几种提法：一是自给度95%。中国人口多，农产品需求总量大，进口2%，在国际上也是一个巨大的绝对数字，超过2%对国际市场农产品价格产生很大影响。二是90%。三是85%。多数人认为自给度95%比较稳妥。现在粮食自给度的计算方法是以进口粮食数量的百分比来计算。粮食作物和其他农作物之间是不断转化的，它们之间的比例是市场价格来确定的。以农业综合自给度来计算更为全面、实际。目前，我国进口粮食是以大豆为主，大豆单产低，仅是谷物单产的1/3左右。如果我们将净进口的农产品按单产折算成耕地，这将充分反映出农产品的自给度，比较合适。

2008年我国大豆净进口3 697万t，植物油净进口791.24万t，净进口食糖72.16万t，棉花净进口209.364万t。以大豆单产120 kg/亩标准计算，进口3 697万t大豆相当于30 808万亩播种面积；植物油以大豆油为标准计算，大豆出油率按20%计算，791.24万t植物油相当于播种32 968.3万亩大豆的出油量，豆粕豆油各折一半耕地，则折合16 484.2万亩播种面积的产量；棉花净进口209.364万t，按2008年单产86.8 kg/亩计算，折合2 412万亩播种面积。食糖72.16万t相当于糖料作物360.8万亩播种面积的产量。2008年净进口的大豆、植物油、豆粕、食糖、棉花相当于50 065万亩作物播种面积，2008年全国复种指数为平均值1.28，折合耕地39 113.3万亩，相当于我国在国外租种了39 113.3万亩耕地。

2008年我国出口主要农牧产品：蔬菜出口624万t，相当于431万亩蔬菜播种面积的产量；净出口谷物27万t，相当于73万亩谷物播种面积的产量；出口鲜蛋1 261百万枚，折合9万t，需用粮食饲料18万t（蛋料比1∶2）；出口活禽1 166万只，折合肉类2.332万t，需粮食饲料5.83万t（肉料比1∶2.5）；出口猪肉8万t、牛肉2万t（肉料比1∶3.5），需粮食饲料35万t；出口活猪164万头，折合猪肉9.84万t，需粮食饲料34.44万t（肉类比1∶3.5）；出口花生23万t，相当于105万亩花生播种面积的产量；出口茶叶29.694万t，茶叶单产按733 kg/hm²计算，相当于607.7万亩种植面积；出口猪肉罐头3.156 3万t，生产这些肉类需要11.05万t粮食饲料，需饲料粮食播种面积29.9万亩；出口烤烟11.613万t，按亩产烟叶250 kg计算，需播种面积23.2万亩；出口辣椒干9.648万t，按亩产干辣椒260 kg计算，相当于蔬菜播种面积37.1万亩。2008年出口的谷物、蔬菜、花生、肉、禽、蛋等共需用1 559.1万亩农作物播种面积来生产，复种指数按1.28来计算，共占农用耕地1 218万亩。

2008年进出口的农产品用耕地折算后相当于净进口37 895.3万亩耕地的产品。2008年农业综合自给度（以农业耕地计算）=18.257/（3.789 53+18.257）×100%=82.8%。

我国农业对外依赖度已达17.2%，已经很高了。如果2008年我国农产品完全自给自足，则需要22.05亿亩耕地，作物播种面积需达到28.22亿亩，缺口耕地3.8亿亩。现在18.257亿亩耕地只能供养11亿人。我国缺口耕地3.8亿亩，这么大的数字，形势严峻。

分析研究表明，到2035年以后完全满足我国农产品自给自足需要再增加6.61亿亩耕地，需要耕地面积22.25亿亩（届时耕地面积下降到15.64亿亩）；到2050年完全满足农产品自给自足需再增加6.46亿亩（届时耕地已下降到15.76亿亩），需耕地22.22亿亩。即使保持95%的农产品自给度仍需耕地21.11亿亩，耕地缺口仍达5.35亿亩。

到2035—2050年，如果粮食缺口在2.5亿~2.8亿t之间，把世界贸易粮食60%买进来（世界粮食出口量在3.7~4.2亿t之间），也解决不了问题，世界粮食市场将成为卖方市场。20世纪70年代以来，各大石油进口国为获得石油稳定的进口而激烈竞争，积极开展石油外交。21世纪30年代中期以后，世界粮食危机进一步加剧，粮食将成为继石油之后的焦点，各粮食主要进口国将像石油一样开展粮食外交。当今社会"ABCD"四大跨国公司控制了世界80%的贸易谷物，粮食高度垄断对进口国十分不利，世界粮食进口国经济将受到出口国的制约，严重影响国家经济的发展。日本著名的电视台NHK拍摄的纪录片《谷物价格暴涨的背后》的结论是：谷物已经变得像股票一样，商品基金大鳄们操纵着价格。

农产品作为经济发达国家的重要金融工具，将一直被作为掠夺的工具使用。德国著名经济学家威廉·恩道尔说："回顾历史，当今全球最大的粮食生产国和出口国美国在历史上发生过多次粮食战争。"美国是世界最大的农产品出口国，尤其是与生物能源息息相关的玉米、大豆。我国是全球最大的大豆进口国，不久小麦也进入最大进口国，玉米将由出口国转变为进口大国。使得我国经济发展的软肋暴露在国际经济下。我们必须站在经济转型与经济安全的高度，对农业发展做出全面的战略考虑。农业是国民经济基础产业，粮食是国家的关键产品。如果粮食等农产品不能理顺，农业将成为击倒中国经济的多米诺骨牌，导致中国经济为人所制。

世界农业生产没有能力解决中国缺粮问题食物供应问题，中国只能依靠自己解决问题。中国未来食物供应问题的趋势是严峻的，必须引起全国人民的高度重视，牢记人口问题抓的太晚的教训，这个问题的严峻性绝非危言耸听。

3.5.3　食物安全问题，实质是整个农业问题

近几年，人口在增加，人均消费在增长，耕地总面积逐年减少，人均耕地下降更快些，粮食作物播种面积有所减少，2000—2008年减少约1.5%，粮食总产量增长缓慢，人均占有量减少，食物价格上涨，食物安全问题已经初步显示出来。核心问题是耕地资源不足，我国耕地危机逐步上升。根据前面分析，2008年我国纯进口农产品相当于2008年3.8亿亩耕地的产量，2008年我国需要有22.05亿亩耕地才能满足需求，2035—

2050年各类农产品单产到世界高产行列，仍需22.5亿和22.2亿亩耕地。据中国社会科学院国情分析研究小组估测："中国人口承载量按土地资源不应超过10亿人，按粮食产量为12.6亿人。"按此推理，我国人口达到16亿时，缺少5亿~11亿亩耕地。我国耕地总面积很大，由于人口众多，造成人均量少。归纳起来为人口、耕地、粮食三大关系。前几年，我国粮食作物与其他农作物播种总面积及总产量处于基本平衡状态，任何一项农产品未产生播种面积过大，产品大量过剩现象。如果粮食作物播种面积大量增加，其他各类农作物播种面积必然减少，势必要引起其他农作物产品供应不足，引起价格暴涨。其他作物产品也是轻工业生产及我们日常生活不可缺少的一部分。如化工、食品、服装等，这些都是我国外贸出口的大项目，将影响我国的国际经济。

随着生活水平的不断提高，城乡居民的生活消费观念也在改变，食品消费结构发生很大的变化，饮食消费呈现多元化，鱼、肉、蛋、奶的消费上升较快，但居民对棉花、水果、蔬菜、食用油、茶叶等消费上升更快（花卉、葡萄酒等每年以20%以上的速度增长）。2000—2008年，粮食年均消费增长率1.7%，棉花增长率为8%，水果增长率为5.8%，蔬菜增长率为5.5%，糖料增长率为7.2%，茶叶增长率为8%，这些农产品不再是传统的"副食品"而是成为人们生活的必需品了。国内对农业产品需求的增长不仅是基本生活品粮食，而是对农产品全方位需求的增长。

粮食作物同其他各类农作物必须协调发展，共同提高产量，同步增长才能满足社会的全面需要。粮食问题实质是整个农业发展问题，是农业资源不足问题，如果单一解决粮食问题，势必使农业内部不协调，影响生活和谐和经济秩序，必须扩大耕地面积、增加农业资源，刺激农业全面发展。农业全面发展是构建和谐社会的基础。

3.5.4　制约农业生产、粮食安全的主要因素

3.5.4.1　人口压力

我国人口自然增长率虽然较低，而且逐年下降，但由于人口基数大，增长的绝对值还是巨大的。2008年全国人口为13.280 2亿，2035年人口将达到15.54亿人，增加17.6%，增加2.3亿人；到2050年人口将达到16.26亿人，增长23.1%，增加了3亿人，增加人口数是日本总人口的2.2倍。人口的大量增加，加大了食物供应的压力。

3.5.4.2　耕地减少

由于工业化进程和生态恶化损失耕地等因素，耕地将逐年减少。2008年末全国耕地面积为18.257亿亩，人均耕地1.37亩，是世界人均耕地的40%；到2035年耕地面积将下降到15.64亿亩，人均耕地下降到1.01亩，较2007年下降27%；到2050年，人均耕地将下降到0.97亩，较2007年下降30%，逼近联合国粮农组织提出的人均耕地面积0.85亩的警戒线。

3.5.4.3　生态恶化

由于严重缺水，每年大片土地沙化、退化、荒漠化，全国荒漠化的土地已达267万km²，还在以3 436 km²的速度增长，石漠化的土地面积以2 000 km²的速度增加，全国水土流

失面积已达365万km²,每年因水土流失损失耕地约100万亩。生态环境恶化,严重威胁着农业生产的可持续发展,影响粮食产量的增加。

3.5.4.4　水资源不足

我国人均水资源量是世界人均值的31%,而且时空分布不均,北方耕地占全国耕地的62%,但水资源仅占全国水资源量的19%。每年因干旱造成农业直接损失500亿~600亿元,减产粮食250多亿kg。水资源不足,限制了农业增产。

3.5.4.5　土壤贫瘠

土壤肥力是农业生产的基础,单一使用化肥,有机肥投入过少,造成土壤有机质逐年下降,全国土壤有机质含量平均仅1%,明显低于欧洲各国和美国土壤有机质含量2.5%~4%的水平。土壤有机质是农产品生产的基本因素,肥力不足很难增产。

3.5.4.6　环境污染

水质污染严重,全国七大水系的水质Ⅳ类、Ⅴ类和劣Ⅴ类占59%,污染水质严重影响农作物产量。2007年全国污水排放量高达2 029亿m³,污水处理了多少,很难说清楚。工业废气排放逐年增加,大气中大量的CO_2、SO_2形成的酸雨,污染农田,破坏酸碱平衡,导致农作物减产。

3.5.4.7　农业经营规模限制了农业生产发展

一家一户小规模手工作业的农业生产和经营方式,规模小,农产品产出率低,投入低下,抗风险能力低。这种传统农业、小农经济,与现代集约农业相差甚远。而扩大经营规模,向集约化发展,又带来很多的社会问题,几亿农民失去土地,难于就业,这是现阶段农业体制深层次改革向现代化农业迈进遇到的突出难题。

3.5.4.8　谷物提高单产难度大

我国谷物单产已处于世界较高水平,再提高单产难度很大。当作物单产达到某一阈值以后,再提高单产就没有多少经济效益了,同时单产达到某一界限时,再突破也是很难的,单产不是无限提高的。

3.5.4.9　农业经营者文化水平不高

我国农民文化水平偏低,初中以下文化水平占87.8%,由于文化水平低,所以很难掌握和提高科技水平,现代农业发展,必须依靠科技进步,科技水平直接影响农业生产的发展。

3.5.4.10　"三农"问题制约了农业可持续发展

我国城市化严重滞后,农业从业人员过多,造成人均农业资源量过少,农民经济收入太低,农民没有能力向农业投入,农业生产水平难于提高,造成"三农"问题。"三农"问题是影响我国农业可持续发展的长期因素。

3.5.4.11　对我国食物安全的重要性还没形成全国上下一致的认同

食物安全问题中央领导非常重视,一直强调农业的基础地位作用,连年提高对农业的投入,以促进农业生产的发展,提高粮食产量。农业生产发展必须依靠地方政府去抓,农民是生产经营者,但地方政府最关心的是GDP的增长,农民关心的是经济收入，目前还没有形成一个上下一致的合力，齐心协力，共同努力促进农业生产发展，提高粮食等作物的产量，这是影响农业可持续发展、保障食物供应的很重要的因素。

3.5.4.12　农业从业人员向老龄化方向发展，科技水平难于提高

全国有2.3亿农村青壮年劳动力进城打工，有近5 000万在乡镇企业从业，占农村劳动力的52.8%，目前农村从业男性劳动力基本在42岁以上，女性基本在35岁以上。一个年龄老化，文化水平低下的农业劳动力社会，不可能掌握好现代农业科学技术，进而严重影响到农业的可持续发展。

3.5.4.13　世界气候变化对我国农业产生严重影响

全球气候变暖已是世界性的无法改变的问题。地球气温上升，将使气候多变，农业灾害加重，特别是北半球降雨减少，使得我国生态差、水资源不足的北方各省，更是雪上加霜，对北方农业生产造成严重影响。

中国气象局局长郑国光指出："在全球气候变暖的背景下，中国农业气象灾害、水资源短缺、农业病虫害的发生程度都是加剧趋势。若多种灾害同时发生或连片发生，将造成粮食生产能力严重降低、减产幅度进一步加大"，"以中国现有的生产水平和保障条件，到21世纪后半期，中国主要农作物如小麦、水稻和玉米的年产量最多下降37%。"

3.5.4.14　多功能农业

随着经济的发展，社会对农业多功能需求将会增加，如旅游业、花卉农业、药业农业、工业原料农业等，这些功能项目经济价值高，将会占用优质耕地、影响粮食生产。

世界石化、煤炭资源将逐步枯竭，可再生能源利用程度已成为社会发展文明程度的指标。生物质能源作为可再生能源，将成为未来可持续发展能源中的主要能源。全球能源危机诱发农业生物质能源产业的崛起。目前世界各地用于规模生产的能源生物主要是大豆、油菜子、棕榈油等，我国研究成功的品种是野生小桐子（麻疯树）等，未来重点是纤维生物。发展生物质能源必须首先保证生物质资源的供应，建立稳定的能源植物产业基地是关键。我国未来能源植物栽培面积将大于农作物耕种面积。新开垦的能源植物栽培面积将挤占宜农土地，其中一部分面积适合用来种粮食作物、水果等，使粮食作物扩大耕地面积受到限制。能源植物同样要耗掉大量的水、肥。因此，影响粮食产量增加是无法回避的现实。

4 中国解决粮食安全问题的战略性措施

解决未来粮食安全问题，必须首先确定相应的临界点，即粮食生产的自给度。中国这样一个人口大国，农业上有点灾害，稍有歉收就会对世界农产品贸易市场产生巨大震动，国内引起食品上涨，带动CPI上涨。中国必须立足于自留自足，在此基础上，到国际市场做一些调剂余缺的贸易。只有这样，才能保证我国独立自主的外交原则，不受制于人。根据多方测算，我国粮食安全的自给度不宜低于98%。2000—2011年有6个年次发生食品价格大幅上升，重要因素是粮食自给度低。就是2%的进口量，相当于世界一个中等国家的全部食用量，对世界农业产品市场也是巨大数字。第一，要提高单产，特别是要想方设法提高农作物单产，最大限度地丰富食物供应量。就我国现在耕地资源而言，提高单产不能满足日益增长的食物需求；第二，粮食供应安全问题的关键是农业资源不足、人均农业资源占有量少。核心是增加农业资源，扩大农作物播种面积，提高农业复种指数，充分利用好各种农业资源，有效地增加各种作物产量。全国在未来几十年内采取各种措施，至少发展10亿亩灌溉草场，开垦7亿亩耕地，使耕地面积保持22亿亩左右，还是可以满足16亿人口对农产品的需求的；第三，要科学消费，防止饮食消费西方化，保持东方的传统饮食文化，减少农业资源浪费与食品消耗，减轻食物供应的压力，构建节约型农业社会、节约型食物消费社会。这是总的战略。

4.1 严格控制人口数量

我国粮食总产量居世界第一位，单产也很高，但因人口过多，人均占有量少。因此，严格执行计划生育政策，严格控制人口增长。现在农村超生较严重，有了一个男孩后，再要一个女孩，有了2个孩子都是女孩又要第3胎的现象也较为普遍。一些基层单位对计生管理也存在问题，《共产党员》杂志在2009年6月下半月的《计生部门成肥差》一文中写道："……当地农村哪家想超生，就悄悄地塞500元到1000元的红包给村干部。村干部得了好处，对其违法超生不闻不问，甚至帮忙撒谎逃避普查和上头追查……那些没有税收支撑点的乡镇，把征收社会抚养费当做一个重要的收入来源。现在计划生育政策有一些弊端，农村超生仅是罚款，超生罚款成了一部分乡、村行政经费的重要经济来源，超生户又是一部分基层干部发财的好机会。"

全国人大常委会副主任姜春云指出："近年来一些地方出现的出生人口反弹、超生人口增多现象，与物质利益导向有密切关系，'多生子女多得益，少生不生子女吃亏'的现实，对计划生育提出了严峻的挑战。"当前很多农村实施的普惠政策，如征地补偿、最低生活保障、农村教育、两免补，改水改厕、沼气应用等，都按人头执行，以至出现了与计划生育政策"打架"现象。新华社记者调查出现："以征地补偿为例，按人头补偿标准执行后，每人可获各类补偿约6万~8万元，超生一个孩子，交了超生罚款后还能赚3万~5万元。"计划生育奖励到60岁才能领取，而生了孩子不但能马上拿到拆迁补偿，且孩子16岁就可以打工挣钱，很划算。按照我国现行的独生子女奖励政策，夫妻双方14a合计只有600元，对放弃再生育的一次性奖励也只有1 000元左右。在经济快速发展的新形势下，我们的计划生育政策、措施如何应对出现的种种矛盾，及时、妥善地加以解决。

城市计划生育长期以来一直比较好，比较稳定，但随着经济的发展，近几年出现了一些新的变化。现在拥有2个孩子已成为城市中产阶级的新愿望，与讽刺小品《超生游击队》不同，中国富裕阶层成为超生的另一个群体，他们利用缴纳罚款等手段成功地在生育问题上与其他阶层划清了界线。在计划生育这一基本国策面前，一些富裕人士再一次通过金钱获得了特权。

城市中一个庞大群体，第1代独生子女已进入生育期，享受二胎政策，全国将又出现一个新的生育高峰期。一部分专家认为，中国进入老龄化期，人口红利已消失，由于"一孩化"，造成人口性比例严重失调，2000年以来，新出生人口男女比例已达120∶100，这将造成未来4000多万人成为"光棍"，带来严重的社会"治安"等问题。这是一个很难又矛盾的现实问题，如开放二胎，中国高峰人口有可能达到16.5~17.0亿。但现阶段，农村有3亿多的剩余劳动力处于隐形失业之中，中国再过30a仍然是劳动力过剩，就业压力是中国长期的社会问题。

人口问题的任何失误，都将对我国的经济社会发展、粮食与食品安全产生难以逆转的长期影响。在人口问题上，除了加强教育，严格执行政策外，重要的、最有效的措施是在农村尽快完善养老保险制度与提高标准，农村社会保障体系是控制农村人口增长的关键措施。我国目前推行的农村养老保险制度，标准低，是温饱型的，对计划生育影响很小，不足以起到控制人口作用。

通过解决农民晚年生活幸福等一系列农村面临的实际问题，减少农民的后顾之忧，才能克服农民养儿防老的思想。日本1959年颁布了《国民年金法》，将原来并未参与养老保险的农户、个体经营者纳入养老保险户，规定1961年4月以前，20~60岁的日本农民、个体经营者必须参加养老保险。所以到了1961年，日本农村基本建立起了以医疗保险和养老保险为主的农村社会保障体系。完善的社会保障使日本的人口增长率几乎为零。我国经济发展迅速，财政收入以2位数字增长，在国家经济实力不断提高的同时，在养老、医疗、退休、最低生活保障等方面，对执行计划生育政策好的农民给予优先支持，让他们享受比其他农民更优惠的待遇，以吸引更多的农民认真执行国家的计划生育政策。国家应在农村养老保险上加大补贴资金，对独生子女的父母加大养老保险奖励力度，是控制人口增长的最佳措施。国家如果每年拿出400亿元作为计划生育奖励，每户奖2万元，每年将少生200多万人，使全国人口增长率降低0.15%，年粮食消费可减少0.15%，8年就相当于粮食年增产1.2%，意义十分重大。

另一个生育群体是少数民族，我们计划生育政策对少数民族比较优惠一些，少数民族约占全国人口的8%，绝对值高达1.1亿人，而且占总人口比例随着政策的优惠，越来越高。少数民族在绝对数量上已不少了，在世界上已是一个大国人口数量，1亿多人口的庞大群体每年生出的人口已经是一个很大数量了。少数民族的计划生育政策应该怎样调整才能有效地控制人口膨胀，而且又不影响民族政策，这是一个值得认真研究的社会科学问题。

4.2 严格保护耕地

4.2.1 严格保护耕地

随着国家工业化的进程、城市化的加快，新建公路、铁路的不断增加，土地非农业化趋势是难以遏制的。加之土地不断沙化、水土流失加剧，这些人为和自然灾害使耕地每年都大量减少，而我国后备耕地资源又极为有限。我国耕地面积必将逐年下降。预计到2035年，我国耕地将下降到15.64亿亩，人均耕地下降到1.01亩，2050年全国耕地下降到15.76亿亩，人均耕地下降到0.97亩。我国耕地资源严重不足问题突显出来，对土地整理、垦复势在必行，国家必须加大垦复整理力度。

应尽快出台一些鼓励民间投资整治土地的政策，以加快增加耕地。谁垦复、整理出的土地，使用权永远归谁所有，同时国家给予补贴，放宽整理土地的规模，即使整理出1亩耕地也给予补贴。经土地部门批准，个人有权出售一定年限的使用权。国家出台土地改变农业性质，永久占用土地的统一收费标准。收费标准要大幅度提高，这样可以减少土地浪费。现在建设占用土地管理比较严格，但力度尚有余地。如农村居民点中至少有5%的户已永久性离开村庄，仅一座空房长期占据着一亩土地，仅此一项全国占地约1 200万亩。对这类空房应收取高额的土地使用费，促使它尽快出让。严格土地法，用法律严惩土地违法事件以保护土地。我国耕地资源紧张，土地供需矛盾突出，但土地利用方式粗放的现象相当普遍，节约用地潜力很大。守住18亿亩耕地的红线，解决发展用地和保护耕地矛盾，按着约束要硬、责任要明、激励要实、监督要严的原则，提高各项政策措施的针对性和可操作性，推动节约、集约用地，取得明显成效，保障经济社会可持续发展。

4.2.2 交通道路与城市建设节约用地

我国交通正处于发展建设阶段，交通运输的可持续发展可以提高土地资源利用率，增加土地价值，并影响土地资源的利用方式，交通建设必须认真贯彻节约用地和提高用地效率的原则。

4.2.2.1　公路、铁路应尽量少占地

在线路位置、站址选择上，尽可能利用荒地，设计施工中，尽可能以挖代填、以桥代高填方案，在铁路、公路沿线，利用建设弃土在低洼地、荒地造田，应纳入设计之内。

4.2.2.2　道路密度必须合理、建立公共交通导向的模式

公路是城市化不可缺少的一部分。我国已进入汽车普及阶段，公路和城市道路建设成为城市建设的首要任务之一。公路和道路的密度必须有合理的标准，要做到既满足人们正常的交通出行，又不能浪费土地资源。根据我国人多地少的国情，在发展私人小汽车的同时，必须大力倡导发展公共交通，以利于节约土地和能源资源。发达国家已饱尝了个人小汽车增多的危害后，开始大力提倡公共交通。如香港是世界上人口最稠密的城市之一，香港交通畅通，主要因素是采取公共交通为主导的高密度发展模式。

交通部规划司推算，全国汽车未来将达 2.4 亿 ~ 2.5 亿辆，这么多汽车将是中国的社会难题，中国汽车保有量应有目标控制，根据我国的国情，不宜采用西方国家的标准——百人占有量，不应采用西方国家的模式——汽车时代。2009 年国产汽车销售 1364.48 万辆，汽车保有量增加太快，不符合中国耕地、能源资源贫乏的国情。用大力发展汽车业刺激经济，如同大力发展烟草业，用烟草来增加税收一样，这是一个危险的方向、对社会长期效益有巨大影响，汽车总量大，交通将占用大量耕地，威胁食物安全，同时带来能源消耗、空气污染、碳排放、交通安全等诸多社会问题。美国地球政策研究所所长、联合国环境奖获得者莱斯特·布朗在他的《生态经济：有利于地球的经济结构》一书中专门写了《中国的启示》一节，他指出："如果中国人均牛肉消费量达到美国的水平，每年大约消费 3.43 亿 t 饲料，几乎相当于美国谷物的总产量。如果中国人均消费水产品达到日本的水平，每年就需要 1 亿 t 水产品，相当于全世界鱼类捕捞量，如果中国的私家车达到美国的水平，仅道路和停车场就要占用土地 2.4 亿亩，相当于全国水稻田的 50%。""我们正在认识到西方工业化发展的模式不适用中国"，"在拥有 10 亿人口的印度或者拥有另外 20 亿人口的其他发展中国家也会行不通。"交通部计划未来 30 a 高速公路将达到 8.5 万 km。我国汽车达到 2 亿辆时，如果 40% 的车辆在高速公路行驶，车距每 19 m 路段上平均有 18 辆车，车辆几乎无法行驶，那时，全国 373 万 km 的公路至少要比现在增宽 10 m，占用耕地将增加 5 870 多万亩，高速公路由 8 万 km 增加到 15 万 km，才能保证交通畅通。未来高速公路扩建占用耕地至少增加 1 000 万亩，停车场占地约 500 万亩，合计占地 7 100 多万亩。汽车尾气中有 3.4 苯、甲醛等 50 多种有害物质，废气排放总量大，污染空气，相对减少单位面积太阳能对植物的辐射量，导致农作物有所减产。由于有害物质的排放，在公路两侧各 30 m 范围内农作物产品是有公害农产品，造成 1 亿多亩作物产品在食用后会对人体健康有损害。为减少公路占地、减少污染，国家对家庭用车不应提倡，更不应该给予贷款支持，要适当加以限制。如：征收高额消费税、提高停车收费标准、提高车辆使用税、征收汽车尾气排放空气污染费，同时增加公共汽车、大型电池公交车，提高公共汽车档次，城市大力发展地铁等公共交通措施。

4.2.2.3　城市建设

国家要实现现代化社会，必须加快城市化进程。加快城市化进程是我国经济发展的长期战略任务，城市化非农占地之势不可逆转，控制、减少占地势在必行。我国城镇建设规划需进一步提高科学性。当前存在建设浪费土地现象也很严重。城市楼层过低，主要是县城、小城镇二层楼现象比较严重，甚至出现到处建设浪费土地的别墅型住宅，在美国别墅早已受到批判。城市建设应进一步科学规范、规划、设计，尽力减少占地，适度向空间方向发展。

住房消费攀比现象严重，中国高端公寓基本都是 400~500 m²，300 m² 以下的极少。一部分富裕起来的人群，购买超大面积楼房，有的甚至占有几处房子或高档别墅，享受着土地资源的高消费，远远超过发达国家的中产阶级。而经济发达的日本，高端公寓面积一般为 100 ~ 150 m²，超过 150 m² 的极少。日本人认为房间过大与其说是"财富"，不如说是"负财"。富裕的新加坡户均3.5人，多数住宅面积为89.5 m²。作为全国农村先进典型大量宣传、报道的河南省新乡市一个村集体福利分房，每户高达462 m²，刚刚进入小康生活水平的农民，却享受着比西方发达国家中产阶级高1~2倍以上的住房，高土地资源的消费，其居住消费水平与构建节约型社会有着很大的差异。对于土地资源的高消费，应从法律、政策上采取措施，给予限制。我国历史上历代朝廷对皇族大臣住宅都有标准，因面积超标被处罚的人也不少，明太祖朱元璋的小儿子因大面积建筑，全家被朱元璋处死。

根据中国土地资源、矿产资源和能源资源的国情，无论农村、城市人均住宅面积不超过 50 m² 为宜，超过部分，国家应收取高额土地使用税和消费税，以此来控制建设占用土地过多问题。我国土地资源有限，住宅面积的高享受，在我国是行不通的，必须是节约型住房消费，才符合我国土地资源的国情。

4.3　加快城市化进程

4.3.1　提高城市化速度

粮食生产是"三农"的核心。农民持续增收，农业基础设施增强，农业综合生产能力提高，粮食才能稳定增产。中央十分重视"三农"工作，连续6 a下达了1号文件，全面系统地提出提高农业综合生产能力的措施。"三农"问题是影响中国社会可持续发展的一个长期问题，我国农民人均农业资源少，农民人均耕地仅2.4亩。有限的农业资源量制约了农民的收入。2亩多耕地种植业的纯收入最多1 500元，刚刚达到温饱，现在农民收入中，农、林、牧、渔业大农业收入占农民家庭收入的比例已由1995年的60.6%下降到2008年的40.5%，工资性收入已上升到农民家庭收入的38.9%，接近农业收入。农业以外其他收入超过农业总收入，农业已不再是农民家庭的主要收入。

以目前的农民人均农业资源量，农民靠农业富起来是不可能的。解决"三农"的最有效、最根本的措施是加快城市化进程，大量减少农村人口，增加农民人均农业资源。城市化是历史的必然规律。

城市化是指一个国家或地区由传统农业社会向现代城市社会发展的自然历史过程，是社会经济结构发生根本性变革和巨大发展的表现，城市化是一个国家社会发展的主旋律。

城市化是走向现代化的必由之路，城市化和工业化是从传统国家走向现代国家、从城乡二元经济结构走向共同繁荣、基本实现现代化的必由之路和重要标志；城市是人类高度文明的汇聚中心，是区域经济的重心，是区域经济社会前进的引擎。城市化可以是转移农业富余劳动力、解决"三农"问题、改变二元经济结构强大的推动力；城市化可以提高民众的文化、科技素质和社会劳动生产率；城市化的推进为提高的居民消费水平、扩大国内市场的需求、加快第三产业特别是现代服务业和各种新兴产业的发展，提升区域经济、优化资源配置与要素配置，提供了新的空间和动力；同时也为那些生存条件严峻、生态环境脆弱人口超载地区生态移民、恢复生态，实现良性循环，提供栖息地。

欧洲发达国家农业从业人员仅3%左右，美国从事农业人员仅2.0%，德国从事农业人员仅2.1%。我国农村人口大量减少，人均农业资源成倍增加，农民劳动力可充分发挥其生产能力，收入自然成倍增长。农民富裕了，对农业投资加大了，农业生产稳定了，粮食增产也稳定了。农村人口1%进入城市，可使消费增长1.9%~3.4%，城市化增加1%，将使国家GDP增加0.5%~0.8%。大力发展劳动密集型企业和经常性生产项目，采取低工资广就业办法安置进城农民劳动力，也有助于企业依靠低成本在国际上竞争。根据国外经验：工业化的中期阶段，加速变革就业结构，工业反哺农业，财政反哺农民，这是现阶段所采取的总战略。西方工业化国家城市化进程快，农业人口少，是城市十几人支援农业1人。我国特色是城市化严重滞后，进程慢，农村人口多，城市人口少，是少数人支援多数人，其力度小。而我们刚步入工业化中期，财政能力有限，国家拿出很多资金，对"三农"投资，平均到每个农民身上就很少了。2008年国家拿出财政性投资1/3，高达5 625亿元用于"三农"投资，但平均到每个农民身上仅750元。农民增收稳定农业，主要是依靠增加人均农业资源，达到适度规模经营，关键是变革就业结构，减少农村人口，加快城市化进程。

国家从政策上加大力度支持农民进城，取消城市非农业户口与农村农业户口之分，取消农民在城里购房户口迁入的种种限制，农民进城后同样享受城市最低生活保障、子女入学教育、就业扶持、养老保险、医疗保险、经济适用房、廉租住房等政策。农民进城后要退出原户籍所在地的土地承包经营权和农村宅基地使用权，并将规划留用指标、农转用地指标、基本农田指标、占补平衡指标等全部退出。国家根据不同地区标准，根据这些指标按一定标准补给相应的城市，国家同时对进城市农民给一部分迁移补助。使进城的农民真正实现"离土又离乡"，改变与土地的依附关系，实现了农民的真正市民化。日本1955—1975年，每年有72.5万多农民工进入城市，绝大多数从事建筑业和制造业的工作。农民工面临从工资到保险与城市工人待遇不平等的问题，欠薪事件经常发生。同我国现在农民工相同情况，但日本最终用20 a完成了农民工的转型。在以下几个方面值得借鉴：

（1）户籍制度。保证了农民工移动自由。不存在所谓"城市户口"和"农村户口"，也没有户口本，只有所谓的"誉本"。

（2）住房制度。在日本的城市里，有公营住宅，住房公团等为中低收入家庭提供保障性住房的制度，保证了农民工住有其所。

（3）全民保险制度。进城的农民工都要加入养老保险、医疗保险、工伤事故保险等，一视同仁。

（4）教育制度。学龄儿童搬迁后，必须在3 d内到当地教育委员会报到，由其安排入学，农民工子女不存在借读和赞助入学问题，不存在回原居住地参加高考问题。

实现了农村劳动力的稳定转移，有利于整合农村土地资源、推进土地规模经营，有利于流出地的农业、农村现代化发展和新农村建设。

4.3.2 我国农村人口适度的比例

我国现在有18.26亿亩耕地，机械化、半机械化加手工作业，每个劳动力承担83亩耕地较合适（包括园艺、蔬菜、粮食等综合平均数），其中粮食作物12亿亩左右，每个劳动力承担300亩，需要400万劳动力；园艺等经济作物3.8亿亩，每个劳动力40亩，需要950万劳动力；蔬菜2.5亿亩，每个劳动力承担30亩，需要劳动力833万人。从事农业种植业劳动力共为2200万人，畜牧业劳动生产率为17t/人·a，从事畜牧饲养业劳动力1 100万人左右，其他服务业，包括利用废弃物生产藻类、蚯蚓、蝇蛆、鱼、螺等动植物饲料蛋白原料等200万从业人员，共3 500万农业从业人员，纯农业人口为5 300万，占16亿人口的3.4%。

在美国，虽然农业从业人员仅占总人口的2.0%，但美国涉及农产品和食品的生产、加工、储运、流通和服务等整个环节的全部劳动力，要占全国人口总数的16%，这2项劳动力总数占美国人口总数的18%，其家庭人口数大约占全国总人口的27%～30%。如果本行业人均GDP和其他行业为均值，那么正符合美国恩格尔系数28%的口径。

我国2008年城市居民的恩格尔系数为37.9%，农村居民为54.3%，城市居民人均可支配收入达到15 780.8元，农民纯收入达到4 760.6元，如果逐步消除二元经济结构，实现城乡一体化，城乡差别逐步缩小，城乡收入比例将由现在的1∶0.3缩小到1∶0.7左右。韩国目前为1∶0.75。我国恩格尔系数不会降到欧美等发达国家的28%左右，因为我国工业化程度低，农村人口偏多等因素造成我国居民未来的恩格尔系数将超过欧美国家20%左右，下降到33.5%左右，以后将不会再下降。如果恩格尔系数的下降过低，造成农产品价格低，影响农业发展。我国基本实现农业现代化后，直接从事农业和涉农产品的生产、加工、分类、包装、交易、储运、流通等涉农二、三产业的全部劳动力的人均GDP基本和其他产业持平，则和恩格尔系数基本相同，其总劳动力应占全国劳动力总数的33.5%左右。直接从事农业人员其家庭人口占全国总人口的3.3%左右，其他涉农二、三产业人员家庭人口应占全国总人口的30.2%左右，两项人员家庭人口占全国总人口的33.5%左右。

我国与美国不同，农村剩余劳动力众多，隐形失业严重。为解决农民失业，涉农产品储存、生产加工等有一部分在农村直接就地进行，这些从业人员约占本行业的15%，这部分人员及家庭人员约占全国总人口的4.4%，其余仍需在城市进行完成，农村中还有一部分其他乡镇企业人员及矿业人员，这部分从业人员占全国总劳动力的5.0%左右。3项合计为12.7%左右。我国城市化率应该是87.3%左右比较适合，同发达国家比例相同。但我国人口总量大，人口密度大，按这一比例我国农村人口约2.07亿人，相当于和我国国土面积相差不大的美国总人口的50%，相当于巴西和澳大利亚之和，农村人均农业资源仍很少，农村人口密度仍比发达国家高几倍。

4.4　促进农业向集约化方向发展

现代农业是适度规模经营的农业，客观上要求投入的生产要素——土地、劳动力、资金和管理技术，按一定的比例进行整合，达到比例最佳，产出效益最大。

日本为改变小规模经营及其弊端，于1961年制定了《农业基本法》，该法扩大农业规模，提高农业劳动者的收入和生活标准，使其达到与其他产业劳动者基本均衡的水平为首要政策目标。1962和1970年日本又先后2次修改《农地法》，废除了土地保有面积的上限，撤销对地租的上限。1975年政府制定了《关于农业振兴区域条件整备问题的法律》，允许农民经过集体协商，根据双方达成的协议条件，自由签订或解除10a以内的短期土地租赁合同，制度改革促进了以土地买卖和土地租赁为主要形式的土地流动，为土地规模经营提供了前提。

荷兰是世界上人口密度最高的国家之一，国土面积4万km²，人口1 600万，农业从业人员占全国总人口的1.5%，仅25万人，农业耕地面积仅1 380万亩，人均不足0.9亩，是一个人多地少的国家，荷兰人均水资源仅674 m³，是我国人均资源的1/3，农业资源相当贫乏，人均土地资源、水资源、草场资源均低于我国。在20世纪50年代农产品尚不能自给自足的国家，经过努力，一跃成为世界仅次于美国（653.5亿美元，占10.2%）的第二大农业出口国。2005年荷兰出口农产品510亿美元，占世界农产品出口值的7.8%，超过法国、德国、巴西、意大利、西班牙、英国和中国（占世界第9位，出口额205.2亿美元，占3.1%）。其蔬菜、花卉、猪肉、乳品、啤酒、可可、马铃薯、鸡蛋等产品的出口量均居世界前列。荷兰农业生产是以农户为单位的家庭农场式生产，70%以上的农场不到2个劳动人员，农业劳动力约占全国总劳动力的5%，从事种植业的农场平均规模为750亩，园艺花卉农场约为30亩，畜牧业农场平均规模为600亩，为了使农业达到适度规模的经营，荷兰政府每年都要给自愿放弃农场的农户一定量的资金补偿。过去几十年里荷兰农业人口减少了一半，农场总数由30万个减少12万个，农场规模平均从116亩扩大到240亩。荷兰农业企业发展历程表明，在市场经济条件下，只有通过适度扩大经营规模才能实现农业信息化、机械化、集约化，实现农业企业应该承担的社会责任；实现农业品牌意识，农产品直接销售、降低经营成本、提高市场竞争力；实现农业可持续发展。

由于农业生产率的大幅度提高，造成农业从业人员的过剩和转移，荷兰农业从业人员以每年0.8%的速度递减。荷兰全国农业从业人员只有25万人，只相当于我国一个中等县农业从业人员数量，出口的农产品却超过我国的全国出口农产品的产值，荷兰高效农业产业化历程对我国农业产业化有重要的借鉴意义。荷兰的经验很值得我国学习。

我们的县、乡、村干部队伍很大。干部素质的高低是"三农"政策贯彻、执行的决定因素，深化干部体制改革，建立一支廉洁、高效、精干、有专业知识的干部队伍是"三农"问题的组织保障。农业大学应设置一个村级干部管理专业，学生毕业后分配回村长期任职。现在国家每年组织一部分大学生去村任职，这很好，村干部应该全部由大学生任职。用15a时间，村干部全部达到大学本科文化。乡级和村级组织机构要进一步精简人员，国家从农业投资中拿出一部分资金做村级组织的行政经费，村干部纳入公务员系列。根据"多哈会谈"原则，各国将取消农业补贴，国家承担村级的行政经费是最好的补贴。

我国现阶段农民承包的耕地面积很少，劳动力平均耕种的面积仅4.5亩（黑龙江、内蒙古等人口稀少地区高一些），而且田块分割的过于零散，每户每块地大小由几分地到一二亩不等，这样分散的经营土地，再加上以手工作业为主的小农经济、原始农业、传统农业，这种土地使用方式和土地使用制度约束了农业生产的发展，使农业产出率低，生产效率低下，很难实现农业标准化、集约化、现代化，在国际上没有竞争力，和国外现代规模农业差距很大。

据世界银行统计，2008年我国每个农业劳动力创造的增加值仅504美元，法国是52 674美元，美国是45 418美元分别是我国的104倍和90倍，说明我国农业生产率相当低。

我国农业从业人员经营规模与欧、美国家以机械化为主的大规模的集约农业经营规模，差距悬殊。同日本相差6.3倍，同美国相差203倍，同加拿大相差420倍，同法国相差78.7倍。机械使用量同美国相差4倍，同法国相差9.9倍，同日本相差66倍。日本农业经营规模虽小，但专营农户仅占20.4%，兼营农户占79.6%，农场收入60%来自政府的直接补贴。由于规模偏小，农村年轻人流失到城市，农业从业人员严重不足，后继无人。1965—1998年，日本农业从业人口中，65岁以上老人的比例由13%上升到66%，农业上的老龄化是日本农业发展的一个严重问题。这是我国应该引以为戒的问题。

我国应该对耕地使用制度进行大胆地改革，尽快推行耕地使用权向那些有知识、懂科学、有经济基础、有管理能力的进行农业开发的人手中集中。孙中山先生提出的"耕者有其田""原夫土地公有，实为精确不磨之论"是平均地权思想，是中国农民革命思想的延续与发展。早在100 a前，康有为在《大同书》中就提出"中国许人买卖田产，故人各得小区之地，难于用机械以为耕，而田区既小，终难均一，大田者或多荒芜，而小区者徒劳心力。"从经营规模上指出中国土地经营方式的局限性。中国传统的小农自然经济模式不适应近代社会发展的需要。

100 a过去了，现在仍是一家一户几亩地的农耕方式，与现代农业落后了一个时代。我们要解放思想，认清形势，明确方向，加快土地集约化进程，促进生产方式的革命。不要怕农民失去耕地。农民失去耕地同企业转制、职工下岗一样，是现代农业经济转型的必然，是传统农业向现代农业改变、发展必须走的一个阶段，是农业体制改革，是一场农业革命。

中央农业领导小组办公室主任陈锡文最近讲话指出：尽快扶持农民专业合作社，培育现代农业发展的经济组织。"家庭承包制+专业合作社"是符合国情的模式，必须大力培育合作经济组织。现阶段把农民专业合作社简单地视为企业是不对的，应在财政补贴、金融支持、减免税费等方面给予支持，否则现代农业很难发展起来。用经济杠杆逐步推动土地向规模方向转化。最近全国人大通过了《农业专业社合作法》，该法颁布实施后将有所促进农业向集约化方向发展。现在全国推行的"公司+基地+农户"的生产组织方式，到2009年3月，全国各类农民专业合作组织已发展到17.8万个，实有成员2 500万人。农业专业合作社推动了农业结构调整，"统一购农资，统一生产技术标准，统一产品包装，统一销售农产品"，扩大了品牌，提高了农民进入市场能力，提高了产品价值，有利于传播市场信息，推广农业新技术。农民专业合作社，较个体农民分散经营先进了一步，向农业产业化、集约化迈进了一步。但还不是集约化农业的最终方向。农业集约化是高度机械化，是极大的解放生产力，每个农业从业人员都占有大量的耕地等农业资源。法国每个农业劳动者平均耕种354亩耕地，美国、澳大利亚、加拿大、俄罗斯每个农业劳动者平均耕地分别为914，1 626，1 892，243亩。我们现行的农业专业合作者只是将耕地集中统一耕作，人均农业耕地量没有增加。因此，农业专业合作社不等同于农业集约化，仅靠农业合作社是不能实现农业现代化的。中国人受几千年传统农业思想影响根深蒂固，很难放弃土地。很多农民进了城市，在城市安了家，仍不放弃原来的耕地。对这部分耕地，国家应进行强制性收回，交给那些有能力的大户使用。让农民自愿放弃经营土地权，在中国是非常难的一件事情。中国在1947—1949年"打土豪分田地"进行了暴风雨式的第1次土地革命；1953年成立农业合作社，将农民土地集中到合作社，这是中国第2次土地革命；1982年实行"联产承包制"，将人民公社的土地承包给农民，这是中国的第3次土地革命。土地承包制解放了生产力，产量得到提高。农业要实现现代化，向深层次发展，必须打破现在的土地经营体制，由多数人向少数人手中集中，向集约化、规模化方向发展。这是中国即将进行的第4次土地革命。这一次是最艰难的，必须有中央的完善的政策，同时给失去土地的农民在经济上有一定的回报。台湾省在20世纪50年代进行的"土改"，采取了给地主一定的经济补偿办法，这是一个值得借鉴的方法。可以采用"养老保险换土地"、"低保换土地"、"城市廉价房换土地"、"农村子女从中学负责到大学读书免费教育换土地"、国有企业从农民中招工"国营工换土地"等方法，用一些经济性政策做辅助，根据各农户的不同采取不同的方法。推行土地使用权自由转让，可以上市自由买卖，并受到法律的保护。也可采用略低于城市养老保险和社会低保的标准等方法，换取农民的土地，然后转让于经营大户。国家不对土地转让进行经济投入，农业集约化难于实现。国家要实现农业集约化，必须对农业土地经营政策进行大手术，必须采取强有力的政策才能推动土地集约化的实施。鉴于情况复杂，土地集约化经营要稳妥进行，不能急于求成，更不能一哄而起，有诸多问题要一一解决，例如：土地怎样流出来；土地流向问题；土地集约化经营者的资历；经营者应有的文化基础、经济基础；土地经营者经营的面积等。

实行公司制集中使用耕地便于推进农业生产规模化、集约化、标准化、新技术的推广，农业基础建设投资加大，耕地生产能力便于发挥，提高产出率，既降低了生产成本，又节约了人力资源。

美国有26.5亿亩耕地，全国595万人从事农业，农业劳动人口只占2%，我国18.26亿亩耕地，农业劳动力3.0亿（扣除进城农民工2.3亿），两国农产品总量相差不大。美国对农业实行补贴，日本以小型家庭农场为主，农民60%的时间去城里打工。日本对农业直接补贴，高价收购大米，低价销售。我国应走美国与日本之间的道路，以小型农业公司为主，农业公司平均耕种200亩地较为适宜。如果全国连片的、占总面积80%的耕地集中到700多万个农业企业公司手里，我国的农业很有希望，这是中国农村最有生气的主力军，是中国现代农业的发展方向。据《人民日报》2010年5月2日报道，黑龙江垦区目前35%的规模家庭农场经营82%的耕地，家庭农场户均350亩，最大规模可达1万亩地。农场职工人均生产粮食35.41t，超过发达国家劳动力生产粮食25t的水平，科技成果转化率达82%，科技普及率达67%。垦区水稻、玉米、小麦和大豆四大作物平均亩产分别高于地方农村200，150，100和50。突显了集约化生产的优势。

我国农业从业人员有多少为适合？根据我国的农业资源及食物消费量，从事农业种植业、饲养业及其他农业服务业人员，共3 500万劳动力就足够了，其余劳动力可向其他行业转移。这数字同农业资源总量相近的美国相比，劳动人数大6倍。我国昔阳县大寨村有170户，现在只有10人从事农业生产，从事农业人口不足2.9%，而且农业搞得很好。

如果一个村平均只有十几个公司，50多人从事农业生产，管理十分方便，很容易实现国家农业发展计划。乡、村行政工作大量减少，组织机构人员可以大量精减，乡、村可以大量合并，数量减少。对此，要认真去研究集约化农业实施政策，研究集约化农业出现的问题，及时不断地给予解决。现阶段经营农业利润微薄，甚至不赚钱，生产力提高，产量提高需高投入反而赔钱，国家必须对在农村从事种植业的企业或个人及农村承包土地的公司、大户，实行生产资料优惠，对化肥、农药、农膜、农机具实行补贴、贴息贷款等，用各种优惠政策吸引更多的人对农业进行投资，用经济政策措施稳定集约化农业可持续发展。

4.5　调配水资源发展节水农业

4.5.1　从生态水文学的基本观点认识中国水资源

传统的观点把河流的地表径流和地下水等可见的"蓝"色的淡水称为水资源量，中国多年平均"蓝"水资源量为2.839万亿 m³。从现代生态水文学的基本观点看，不可见水或"绿"水数量更大。"绿"水是进入大气的不可见的水。生产性"绿"水为植物的蒸腾量，它直接影响植物的生产量。非生产性"绿"水为土壤蒸发和截留蒸发。"绿"水支撑陆地生态系统，支持雨养农作物生产。"蓝"水系统支撑水生生态系统，"蓝"水系统作为"绿"水的补充，支撑灌溉农作物生产。对农业生产、食物而言，"绿"水比"蓝"水更为重要。中国的"绿"水有多少？初步分析：中国多年平均降水总量为6.189万亿 m³，降雨渗入土壤后，下渗为地下水和径流部分水为2.839万亿 m³，每年雨季降雨渗入土壤中，土壤滞留部分很大，但土壤水又大量蒸发，长期滞留部分多年基本是一个恒定数字：生活用水721.3亿 m³加工业用水1 397亿 m³减掉工业与生活污水排放总量为2 092.8亿 m³，剩余为消耗掉水26亿 m³。森林木材年积蓄量约14亿 m³，包括叶片的耗掉水约10亿 m³。谷物与秸秆年总产量12亿 t，消耗掉水分约8.5亿 m³。水果、蔬菜6.6亿 t，消耗掉水分约6亿 m³。畜产品消耗掉水分约1亿 m³。年总消耗掉水分约51.5亿 m³。

我国"绿"水资源约为3.345万亿 m³，约占中国降雨总量的54.05%。我国"绿"水主要分布于南方，大约21 120亿 m³，约占63%，北方13省大约12 330亿 m³，约占37%。陆地表面的蒸发使水汽回归到大气中，当大气中"绿"水含量达到某一阈值时，便形成雨量，是"绿"水维持降雨，北方因大气中"绿"水含量少而降雨量少。

北方农业如何利用好"绿"水，运用生态水文学观点了解储存量与流动水之间的联系是很重要的。据有关资料报道：一个水分子在大气中的平均停留时间只有8d左右，缩短滞留时间，加快"绿"水循环，利用好"绿"水是雨养农业发展的重要措施，可以有效地保护生态系统。

"蓝"水很容易被人重视，但水循环却往往被忽略，蒸发的"绿"水能够形成陆地上的降雨，组成一个很重要的水汽循环圈。据有关材料报道，离海洋500～1 000 km，陆地蒸发是水循环的主要部分，海洋水汽作用不显著。和我国土地面积相似，处于同一纬度，而东西两侧临海的美国，在中部60%的降水来源于陆地蒸发。根据前面中国"绿"水循环分析，中国大陆降水主要来源于地面蒸发。"绿"水循环在降雨中的作用十分重要，分析研究水资源管理时应将"绿"水可视化，并结合"蓝"水一起分析研究。

我国北方，研究增加"绿"水作用，增加"绿"水总量，增加土壤含水量，加快水循环，增加北方地区的降雨量，是农业生产、食物生产的十分重要的有效措施。

　　人工手段最直接的方法是增加华北、西北地区的"蓝"水总量，"蓝"水总量大量增加以后，地面蒸发量增加，"绿"水总量加大，水循环加快，降雨将会大量增加，从根本上改变本地区气候条件 、水文条件，生态环境，改善干旱的农业生产条件。

4.5.2 "水是商品"是资源水利的核心观点

　　"水是商品"的观念已被越来越多的人所接受。水对于生命来说至关重要，人类是不可能找到或选择相同资源代替它，水是特殊商品。把水作为商品，是为了做出综合选择，怎样最佳地满足人类的需求进行最有利与可持续的利用，但在一些领域内不能以成本回收为主要目标，如生态需水、景观用水等，农业灌溉用水也应低于成本出售。为水制定一个合理的价格十分重要，它可以使用水者科学节约用水，使每一滴水发挥出最大的生产力。

　　引入"水是商品"，"建立水市场"这一原则有利于水资源合理的分配利用与综合管理，有助于解决国际之间、省（区）之间、流域之间、上游与下游之间、向外调水区和受水区之间水资源开发利用上的争端。

　　水是一种战略性、不可替代的生命性资源。水属于是各地区自己固有的资源。所以当水从一个地区调入另一个地区时，可作为等价商品进行交换，受水区按量计价，向调水区支付价值，国内各省（市、区）之间、各市之间 、各县之间都应支付一定数量的资源费。水作为基础资源应是国家所有，全国共享，国家统一调配，国家统一水价标准，国家和地方按比例分享水资源费，地方享受要适当多一些。国内各地区之间也同样进行水商品交换。甘肃张掖市成立用水协会，发水票，水票可以商业运作。瑞士达沃斯年会的一份报告提出：地球可能面临"水破产"。不出20a，水资源将和石油一样成为投资市场上的产品。

　　澳大利亚已建立了水市场，通过市场手段调节用水，以此展现水的价值观。基于水市场手段，澳大利亚对农户进行用水补贴。国际上，国与国之间也是进行一种商品交换。我国西南地区平均每年有5 000多亿 m³的水无偿流向国外。我们和下游用水区形成了一种水商品交换关系后，可以按量收取水费。转变历史遗留下来的水权观点，用现代市场经济理念、观点来看问题，解决问题，国际河流水资源分配一系列复杂问题自然简单化，水争端自然减轻。水商品完全走入市场，水生产力将大幅度提高，水的浪费将大量减少。

4.5.3 运用经济价值观平衡河流生态

　　随着人口的不断增加，食物需求大量增加，城市化、工业化不断发展，都需增加用水供应量，这些将给陆地生态系统和水生态系统带来巨大的压力。为维持北方生态功能和农业、工业用水，平衡各地区水资源，必须大规模的调水，这就带来一个水循环、河流安全、环境安全问题，这个问题争议很大。社会不断向前发展，生活、农业、工业用水、陆地生态用水不断增加，河流流量将发生变化，原始的自然生态状况也会随着河流流量的变化而变化。上游用水较小时，下游河流的流量变幅较小，下游河流自然生态状况不受影响；当上游用水较多，下游河流的流量长期变得较小，河流自然生态将发生变化，受其影响，局部水生生态将遭到破坏；且总体上水生生态弱化，也是不可避免的。这也是一种社会发展规律。人类不可能因为下游水生生态受影响而放弃上游取水的巨大经济效益，矛盾是显而易见的。

受到最大影响的是岸边湿地、下游用于放牧的洪泛平原、下游河流中水生生物——鱼类产量。这里有一个上游消耗性用水和下游保护水生生态系统水量之间的一个平衡点问题，也存在一个经济效益值权衡问题。一种是上游流域为了本区巨大经济利益大量开发用水，在枯水期将水量完全利用，下游河流干枯，使下游生态系统接近崩溃点。一种是下游强调保护河流生态系统，保护原始自然生态环境状态，水全部用于保护环境。现代水文学观点主张，让水为人类发挥巨大的效益，用经济价值观平衡河流生态。将水安全、食物安全、生态安全、经济价值联系起来，以综合视角来平衡河流生态。基本满足上游区域为发展经济的用水，保障人类的食物生产用水，同时又要保护下游河流水生生态不受太大的影响，这就提出一个"人与自然和谐用水"，水与生态的综合管理问题。水的数量与质量，上下游联系在一起。陆地生态系统是耗水的，它影响水的地表径流，而水生生态是依赖于水的，它由河流、水流构成其生境。

河流用水效益和生态保护系统之间的平衡提出了河流健康问题。澳大利亚堪培拉淡水生态小组合作研究中心将健康的工作河流定义为："按照公众就自然生态系统和人类利用水平达成的可持续的协议进行管理河流。人类利用河流生产电能，引水供给城镇、工业和灌溉耕地及洪泛平原肥沃的农田。工作河流在形态和功能上都将不同于其原始状态。总之，河流承担的工作越多，其自然性就越少。在河流的工作水平与自然性丧失之间达成何种协议，取决于人类赋予河流何种价值。管理河流，使其持续可接受的工作水平，同时保持生态健康，这平衡的达成完全由公众决定。"

保持生态健康，就要保持河流可持续极限，可接受的最低流量，这个最低流量的阈值是多少最为重要。中国河流流量有其特点，北方河流丰水期为6—8月，10月开始明显下降，到翌年4月降到最低点，5月有所回升。河流丰水期流量仅4个多月。南方河流丰水期长达8个月，枯水期4个月。丰水期又常常发生洪水，河流流量过大，对河流生态系统造成一定程度的破坏，尤其下游最重。当枯水期某一年河流流量明显低于多年平均枯水期流量时，又对河流生态系统产生一定影响。保持河流流量不低于多年平均枯水期流量是河流健康的流量阈值。修建蓄水工程进行人工调节，在河流的干支流上修建大量水库，汛期将水蓄存起来，避免洪水流量过大，冲击下游生态系统，枯水期放水，使河流保持某一稳定流量，确保河流健康。有时上游区域为追求最大的经济效益，而大量取水，便很难保障河流健康，使下游水生生态系统受到损失。如我国海河流域，水利用率高达90%以上，黄河流域水利用率高达60%以上，河流生态受到严重损害。在我国大西北地区，生态环境脆弱，保护河流生态应高于农业耕作用水。大西北地区的生态如果再受到损害，将使耕地沙化，在本地区生态系统重要性高于农业系统，农业用水必须让位于河流生态用水。河流生态是以经济价值去平衡的。水的利用是在最大区域内，以最大的经济值去做取向。过分强调保护原始自然河流生态的自然保护主义是与现代社会发展不适应的，不符合现代生态水文学规律。随着社会的进步，人类文明高度提升，经济的高度发展，现代生态水文学内涵也必须去重新界定，过分强调原始自然河流生态，必然削弱人类的利益，影响社会经济发展。以长江河豚为例，河豚有 2.5 万 a 的历史，被列为国家一级保护生物。1984 年在长江内存量为 2 700 头，到 2006 年下降到 1 800 头，2009 年下降到 1 500 头，每年下降 5%，20a 后可能灭绝。长江河豚下降的主要原因：长江是黄金水道，改革开放以来水上运输增长 20 倍，轮船螺旋桨噪声造成江豚声系统辨别能力紊乱，破坏，神经衰弱，螺旋桨经常击伤江豚，提高了江豚死亡率。其次是长江大量捕鱼，鱼类减少而使江豚食物受影响。我们不可能因为保护食用鱼类的物种江豚而放弃长江捕鱼和长江水上运输。生态保护是以经济价值去衡量的，以人类的最大利益为出发点进行取舍的。当然我们还必须珍稀物种资源，在可能的条件下，尽量保护原生在流域内物种的生存环境和生存安全。

对于建水库和跨流域调水问题，会有一些所谓的"环保主义者"反对。建水库和调水会有局部小范围的水生生态损失，环保不平衡；但水资源在全国统一平衡是最大范围的环境安全，最大范围的生态平衡。修水库蓄水，确实淹没了一定面积，破坏了一些生物，但面积很小。水库可在枯水期向下游放水，使下游河流保持某一稳定流量，保证了河流健康。避免汛期洪水过大，冲击下游生态系统，通过水库调节将多余的水量调到干旱地区，同时在受水区改善了水环境，获得了大面积的生态平衡。但部分水库在用水调度上也存在一些问题，为了取得最大发电效益，在洪水期，水库水位高，单位水的势能大，便大量放水发电，对下游河流生态产生冲击，而枯水期水位低，水的势能小，不放水发电，使下游河道干枯，造成生态破坏。水库不能只考虑自身的最大电能效益而不顾下游河流生态，而应该在保证下游河流健康前提下，取得电能效益。这是流域委员会重点管理问题。黄河水利委员会研究员侯全亮在第 4 届黄河国际论坛上发言，就河流伦理问题指出，"不赞成纯自然主义。各个国家、各个地区情况不同，发展水平不同，如果一概而论，禁止开发河流，利用水资源，势必加剧新的不平衡，事实上也是行不通的"。联合国教科文组织国际水教育学院院长纳吉提出："人与水之间的关系，无非两种，一种是把人带到水边，一种是把水带到人那里。我很赞成在伦理中保护环境，但一个根本的原则就是，我们不应当因环境而牺牲人的利益。比如，我们不应因为保护环境就不建大坝了，就不开采地下水了。在时空两个维度下调整水资源，要么调水，要么建设水坝。调水是从空间上解决水资源分布不均问题，建坝是解决水资源在时间上分布不均问题。调水和建设水库，本身就是道德和伦理问题。"

对河流生态及水资源利用形式，是以经济价值来决定的，根据社会发展需要，利用模式以保持河流健康的最低流量阈值确定，进行改革也是必然规律。

在这里论述了"从生态水文学的基础观点认识中国水资源""水是商品""运用经济价值观平衡河流生态"，是统筹平衡水资源的理论基础。

4.5.4 全国"蓝"水水资源

我国多年平均"蓝"水水资源总量为 2.839 万亿 m³。2005 年我国人均水资源量为 2 156 m³，世界人均值为 6 794 m³，我国人均水资源量是世界人均值的 31%。荷兰 2005 年人均水资源量仅 674 m³，荷兰农业经济高度发达，农产品出口居世界第 2 位。日本是经济高度发达国家，2002 年日本人均综合用水为 731 m³，我国 2008 年人均综合用水量为 445 m³。现在很多人认为中国人均占有量少，是严重贫水国家，其实我国水资源总量及人均 2 100 m³ 的水资源量并不少，我国水资源存在最大问题是可利用量少。目前全国水资源可利用量仅为 8 500 亿 m³，占水资源总量的 30%，人均可利用量仅 640 m³。核心问题是如何提高水资源可利用量。中国水资源空间分布不均，与人口、耕地和生产力的布局不相匹配，降低了水资源可利用量。

水资源时间分布不均，汛期水量占全年的 2/3 以上，由于水利设施数量少调蓄不足，大量洪水资源涛涛奔向大海，径流而去，无法利用。

以水资源丰富的珠江为例，水资源时间分布不均，枯水期径流量仅占全年径流总量的 7%。珠江流域蓄水工程总调节库容仅占地表水资源量的 6.6%，流域水资源调配能力不足的矛盾凸显。近年来，由于珠江上游枯水期来水量大量减少，河口咸潮上溯明显增强，澳门、珠海、广州、中山、江门等城市供水受到不同程度影响。局部地区缺水严重，经常出现人畜饮水困难。

全国现有水库 85 412 座，水库总库容 6 344 亿 m³，扣除防洪库容、死库容，有效蓄水量仅 2 000~3 000 亿 m³。2002 年大中型水库蓄水总量仅为 1 970 亿 m³，仅占当年水资源总量的 7%。增强水资源调蓄能力，对提高供水保证率、水资源承载能力和水资源综合利用效益是十分必要的。美国国土面积、水资源总量和我国很相近，但美国大型水库 5 000 多座，对水资源的调节能力达到 60% 以上。

我国水资源空间分布不均衡，水资源分布总体上是南多北少，东多西少。长江、珠江、东南、西南人口占全国的 53.5%，耕地占 35.2%，GDP 占 54.8%，水资源占 80.4%，人均水资源量 3 300 m³，亩均水资源量 2 950 m³；松辽、黄、淮、海、内陆地区人口占全国的 46.5%，耕地占 64.8%，GDP 占 45.2%，水资源仅占 19.6%，人均水资源量仅 900 m³，亩均水资源量仅 450 m³，分别为南方地区的 27.3% 和 15.3%。

北方地区经济结构中耗水最多的第一产业比例大，第二产业中高耗水行业比例也比较大，从而进一步加剧了缺水危机。目前，水利用率低，浪费现象比较普遍。全国农业灌溉用水有效利用系数仅 0.5，大型灌区仅 0.45 左右，世界一些先进国家，灌溉用水利用系数已达 0.7。我国 1 m³ 的水仅生产 1 kg 粮食，发达国家 1 m³ 的水生产 2 kg 粮食，一些高耗水、与工农业生产无关系的项目发展很快，现在各市县不管水资源是否可行，都在搞水景观工程建设。水资源严重污染，使可利用水资源大量减少，必须高度重视节水。优先发展节水农业，调整作物布局，发展耐旱作物，推广地膜覆盖，降低用水定额；发展微灌、滴灌。低压管道灌溉，加强渠道防渗。加强节水管理。新疆的膜下灌溉技术，节水效果明显，且使棉花高产；甘肃庄浪县实现全膜地膜和梯田保水措施，使粮食产量增产1倍以上；中国农业科学院进行防灾监测预警研究，安装九要素监测仪，使小麦亩节水30 m³，增产15%。这些都是值得推广的好项目。

解决我国地区性缺水问题的战略，需在水资源可持续利用的前提下，按地域大量建设蓄水工程——水库。水库是水利工程的主体，也是人类调节水资源时间分布的主要手段。通过水库调蓄可以改变水资源的年内分布。在河流干、支流上，修建水库群，尽可能将河流水全部拦蓄，减少汛期水量无序的向海洋排泄，按照流域水利委员会统一调动，指令每个水库的下泄量，使水有序排放，河流稳定，消除水灾。干旱季节通过水网将水库拦蓄的水量调往缺水地区，做到合理调节水资源，增加可利用的水资源总量，是解决水资源空间分布不均的根本措施。具有多年调节性能的水库还能改变水资源的年际分布。考虑21世纪人口、耕地、生态与国民经济发展的需要。国家统一平衡各地区水资源的供需平衡，统一协调区域用水，制定以南水北调为主体的全国跨区域调水总体布局，调水工程是以跨流域或跨区域的尺度上调节水资源空间分布状况的一种重要的工程手段，从水资源相对丰富的地区向资源性缺水地区调水，达到水资源合理配置的目的，分期逐步实现我国水资源的合理调配，强化对水资源开发利用的管理，最终解决全国各地区、城乡缺水的问题，实现全国水资源的合理利用与水资源的全国各区域的供需平衡，以满足国民经济发展对水资源日益增长的需求。

4.5.5　建立全国统一的供水水网，统一平衡、调配水资源

全国旱地面积占全国总耕地面积的52%，发展灌溉面积将成为我国发展粮食生产实现食物安全的关键因素。全国旱地面积66.5%分布在北方，京、津、冀、蒙、甘、新、宁、青、陕、晋、豫、鲁12个省（区）、市，现有旱地面积3.47亿亩，本区耕地占全国耕地面积的39.5%，水资源量仅占14%。改善灌溉条件，增加水浇地是事半而功倍的事情。中国必须走"灌溉农业"的道路，只有"灌溉农业"才能摆脱靠天吃饭的原始农业模式，使农业高产出、集约化、现代化。2008年全国水浇地有效灌溉面积已达8.77亿亩，从中长期看，全国有效灌溉面积应该至少再增加3.3亿亩，其中北方增加2.75亿亩，全国水浇地达到12亿亩，使农业稳产高产。增加3.3亿亩水浇地，可增产粮食1 000多亿kg。发展节水灌溉的同时，重点还是解决北方水资源量问题，加大南水北调的调水总量。现在实施的南水北调工程供给农业用水量为232亿m³，增加水浇地仅9 483万亩。南水北调工程对农业供水只是将原来挤占农业的用水还原给农业。到2030年南水北调工程全部竣工，调水总量仅480亿m³。现在，受水区域内京、津、苏、冀、鲁、陕、甘、宁、晋、豫人口总量为4.68亿，水资源总量为1 726.6亿m³，人均水资源量为369 m³，南水北调工程竣工时，人口将增加1亿多，该流域人均水资源量仅为390 m³。调水受益区人均水资源量较2008年仅增加21 m³。调入的水量大部分被新增人口所占有，仍是全国人均水资源占有量最低地区，缺水问题仍未彻底解决，以河北为例，河北省现有人口6 980，年生活用水23.9亿m³。全省未来至少增加3 300千万人口（人口自然

增长加西部人口迁入），未来全省生活用水将增加59.2亿m³。全省水浇地至少增加200万亩，灌溉用水增加50亿m³，生态用水增加2.7亿m³，工业产业增加值预测6.53万亿元，采用中水利用等节水措施，按万元产值用水27m³计算，工业用水增加量为151亿m³，未来用水增加量合计为262.9亿m³。现状：河北省每年缺水50亿m³，平原地区过度抽取地下水，使地下水每年下降2m多，每年造成10万眼机电井报废，重新开采22万眼更深的井，地下水超采50多亿m³。南水北调工程分配给河北省的水量仅30亿m³，历时河北省人均水资源量仅298 m³，比现在少13m³，仅相当于全国人均水资源量的1/7，河北省水资源存在282.9亿m³的缺口，浩大的南水北调工程对河北省供水是杯水车薪。

华北地区是中华民族开发最早、农业最发达的地区，5 000年来一直是中华民族的政治、经济、文化中心。现在华北地区人口占全国的26%，耕地面积占31%，工农业总产值占27%，45种矿产资源的潜在价值占全国的41%，但水资源总量仅占6%。水资源与人口、耕地、资源和生产力布局极不匹配，水已成为制约华北地区农业生产、工业生产可持续发展的瓶颈。

南水北调历时几十年，仅调水400亿～500亿m³的水，显然太少了一些。

中线调水仅仅引汉江中游丹江口水库之水中的一部分。丹江口水库的水资源大部分为北方省份陕、豫径流之水。西线引西北地区白龙江、通天河、雅碧江之水。通天河乃青海径流之水，白龙江雅碧江上游乃甘肃和四川西北部径流之水。西线、中线大部分水量乃西北、华北流向南方之水量中的一部分，只是通过工程措施拦截后，又调回北方而已。所谓南水北调其实只是东线的100多亿m³水才是真正从南方的水资源总量中调入北方的，是名副其实的南水北调，浩大的南水北调工程从南方水资源量中调入北方的水很少。南水北调工程不能满足北方经济快速发展用水增长的需要。中线是自流取水的，建设成本也不高，运行成本低，水质又好，条件优越，得天独厚，但调水总量却不大。中线近期调水为145亿m³，后期为220亿～230亿m³，丹江口水库多年平均入库水量为408.5亿m³，可调出水量为385亿m³，丹江口水库仍有150多亿m³的水可继续调入北方。江汉平原用水不应该再由丹江口水库供水，而是应由长江调水入汉江总干渠，供江汉平原用水。丹江口水库之水应全部调回北方使用，再由长江扩大调水入丹江口水库，经调节再调入华北，使北方农业灌溉用水至少再增加800～1 000亿m³，灌溉华北旱地，使南水北调水量增加农业灌溉面积达到2.75亿亩。

目前我国已完工的跨流域调水总量仅占全国供水总量的2.4%，130多亿m³，人均仅10m³左右。跨流域调水已在全世界范围内广泛展开，到2002年，国外跨流域调水工程的总调水量已达5 971.7亿m³/a，人均调水量已达115 m³，其中，加拿大调水1410亿m³/a，印度为1 386亿m³/a，巴基斯坦为1 260亿m³/a，原苏联为861.5亿m³/a，美国为362亿m³/a，这些国家调水总量远超过我国。几十年后，我国南水北调工程全部竣工，全国调水总量才达到600多亿m³，人均仅45 m³/a，远远低于发展中的小国埃及。随着经济、技术的发展，越来越多的国家研究和发展本国水网工程，国家统一配水系统正在逐步被更多的有识之士所认识接受，并将随人类认识的提高而发展。像电网的发展过程一样。当初的电网只限于相对较小的区域，随着时间的推移，电网逐步扩展，相互联结起来，覆盖区域越来越大，结果形成国家电网。未来世界第2次"蓝色"水利革命将是建立国家级水网，水资源跨区域，跨流域统一调配、平衡供应。

印度多年平均水资源量为18 690亿 m³，而其中4 150亿 m³的水资源由中国补给，印度人均水资源量不足1 600 m³，是世界人均值的1/4，低于我国20%。按人均水资源量来说是个比较严重的贫水国。全国水资源量分布极不均衡，喜马拉雅山东部和西海岸的山脉年降雨量最大可达4 000 mm；最干旱的西北部拉贾斯坦和塔尔沙漠不足100 mm。为解决缺水问题，将丰水流域的水调至干旱地区，印度正在实施大批跨流域调水工程，其中大中型调水工程46项，年调水总量达1 386亿 m³，调水工程输水干渠总长达8 000km，调水灌溉面积已达3.15亿亩，预期可达5.3亿亩，占世界第1位。20世纪80年代，开始建设名称叫拉贾斯坦运河的灌溉综合用水工程，将起源于喜马拉雅山的河流调水到拉贾斯坦邦沙漠地区包括塔尔沙漠，引水流量524 m³/s。拉贾斯坦运河总共可灌溉180万 hm²的荒漠和半荒漠土地。

印度未来的综合水利设计将形成统一的国家水系，有两大规划：国家水网规划和大水循环规划。国家水网规划是将恒河的部分水（220亿 m³/a）从皮亚特诺布调往北方邦和比哈尔邦的干旱地区，并将默哈纳迪河、戈达瓦里河、克里希纳河、本内尔河、高韦里河、纳尔默达河和达布迪河连成一个系统，形成一个水网，国家计划调水总量为500亿～600亿m³/a。另一项计划是大水循环规划，用2条巨大的渠道截取和重新分配印度境内所有主要地表径流，一条"喜马拉雅渠道"，长3 800km，用水库群拦蓄位于海拔1 000m以上的喜马拉雅山山坡的径流。喜马拉雅渠道将从拉维河开始，连接喜马拉雅山南坡所有的河流。渠道中的水库群拦蓄的总径流量为3 000亿 m³，用配水渠道系统向南方的年调水量为1 800亿 m³。另一条"中南渠道"，总长9 000km，修建大量的水库，拦蓄海拔500m以上的印度半岛中部地区的地表径流。中南渠道环绕着印度半岛的中部地区，形成了封闭的拦蓄和重新分配地表径流的系统。渠道水库的设计容量为9 250亿 m³，向灌溉网的供水量为8 500亿 m³/a。施工历时为50～60a，设计规定在两处将喜马拉雅渠道和中南渠道连接起来，这2条渠道水库调水总量达10 300亿 m³，占全国水资源总量18 690亿 m³（包括地表水与地下水）的55%，约占地表径流量的70%，这些水利系统工程的建成将极大地促进印度工业、农业的全面发展。印度调水工程规划十分宏伟。

北美水电联盟是多用途工程，灌溉面积达3.5亿亩，还兼顾发电、航运、工业用水等。这项工程将美洲大陆西北部河流的部分径流通过工程措施组成的水网送到加拿大、美国和墨西哥的缺水地区。调水线路总长达1.5万 km，有210座大坝、145座水电站、20座泵站、17条通航运河、112条灌溉渠道，最大的水库库存达到34 000亿 m³，年调水量1 375亿 m³，远景可达到3 080亿 m³。

美国修建了很多跨流域调水工程。美国加利福尼亚州的南部洛杉矶、圣地亚哥等地，降雨量只有50～250 mm，土壤干旱，半沙漠化，昔日人烟稀少，土地廉价。美国在加州实施多项调水工程，如加利福尼亚水道工程，输水总长度1 102 km，有22座水库大坝，22 座泵站，总扬程高达 1 150 m，是世界输水高程之最，总驱动功率为 2 500 MW。一期工程调水 52 亿 m³/a，它与中央河谷工程、科罗拉多引水渠、全美灌溉系统和洛杉矶水道等长距离调水工程的水资源开发促进了加利福尼亚州的经济增长和社会繁荣，为受旱地区的经济发展提供了充足的水资源。送水后，大城市的人纷纷搬到这里，小城镇到处崛起，在半沙漠化的土壤上，农业发达起来。成为美国重要的农产品生产和出口基地。世界著名的优质森田尼无核葡萄、红提葡萄均产自洛杉矶昔日的荒漠土地上，这种优质葡萄每年大量进入中国市场，价格高昂。供水工程保证了加利福尼亚州南部洛杉矶为中心的 6 个城市 1 700 多万人生活、工业、环保等用水需要。现在加利福尼亚州已成为美国 50 个州中人口最多、灌溉面积最大、粮食产量最高、国民生产总值最多的州，国民生产总值已超过 1.5 万亿美元，相当于印度的产值，约占美国国民生产总值的 1/8，洛杉矶也成为美国第三大城市。昔日干旱荒漠的南加利福尼亚现已是一片绿洲，景色宜人，社会、环境、经济效益显著，工、农业生产发达，美国西部的调水工程对西部经济快速发展，及整个美国经济的宏观布局和优化资源配置都起到了十分重要的作用。

美国、印度及埃及等国跨流域、跨区域调水的经验值得我国认真学习。必须对水资源的管理和利用模式进行重大变革。澳大利亚墨累—达令河流域管理局主席泰勒对我国水资源提出："中国水利的发展和改革历史悠久，随着经济社会的不断发展，跨行政区内分享水资源将越来越紧迫"。我国必须建成一个水利网络大国，运用资源水利观统筹考虑防洪与干旱。应将水资源列为国家所有的重要基础资源，建立全国统一的调水、供水水网，形成一个区域互配、水系联网、水库联调的水资源优化配置网络体系，在更大范围和更高水平上优化水资源时空分布格局，促进农业生产、经济社会可持续发展，生态环境良好，维持河流健康生命。对全国各流域水资源进行量化分析，做出长远开发利用规划，以小流域为单元。各小流域内水资源满足本流域内生态用水、农业用水、生活用水、工业用水、保证河流健康后，剩余的水量全部调出，分配到其他小流域，中流域扩展到大流域，直至跨区域。全国统一平衡调度分配水资源，是社会经济发展的需要，是历史发展的必然规律。

跨流域调水是国家特大型公共水利基础设施，整个调水工程的规划、设计是从国家和省（区）全局长远发展考虑，安排重大生产力布局及重要自然资源的优化配置。涉及整个国民经济发展、收入分配、国家竞争力、综合国力、区域协调发展和社会共同财富、地区生态环境质量，从而实现整个国家和地区的结构升级和经济、社会、环境的可持续发展，具有重大的战略意义。政府发挥对跨流域调水的决定性主导作用，以确保水资源的合理利用和优化配置，满足国家和地区经济与社会发展对水资源的需求。由中央政府统一组织建设，并授权工程的运行管理。

国家供水网设想可分为 5 级，一级水网因跨省由国家统一管理，二级水网在各省内跨市区，由省统一管理，三级水网跨县、区，由地级市统一管理。四级水网跨乡由县里统一管理；五级水网由乡统一管理，等级以外的农渠、水网由村统一管理。每下一级水网对上一级实行水是商品的买水制度，以提高用水效率。

国家水网设想可划分为三大水网体系：①东北地区水资源相对丰富，基本能满足本区域需求。东北三省和内蒙古东部地区自成体系，将松花江、黑龙江、牡丹江、海拉尔河、鸭绿江、辽河、大凌河、小凌河、六股河以及辽宁沿海自流入海的中小型河流通过工程措施组成东北水网，在东北地区进行水资源统一平衡、调度、供水。优先供给工业用水，替换下来的工业水灌溉农田，优先灌溉新开垦的5 000万耕地。②华北、西北、西南、中华地区集中了国家的主要大型河流，这一区域内省（区、市）之间水资源量极不平衡，将这一区域内的雅鲁藏布江、怒江、澜沧江、长江、淮河、黄河、海河、塔里木河八大水系纵横联合成中西水网。在本地区进行统一调配、平衡使用。③广西、广东、浙江、福建的珠江及自行入海的韩江、九龙江、闽江、富春江、瓯江等六水系组成东南水网，在东南地区平衡调度使用，再将一部分水调入长江水系。

中西水网将南方丰富的水资源超大量的调向西北、华北，年调水7 500亿m³（含现在南水北调500亿m³远小于印度大水循环规划水网10 300亿m³），供工业生产、农业生产、生态用水、灌溉华北西北草场10亿亩。使草场产草量大幅度提高。单位面积草场产肉量、产奶量将达到美国和新西兰单产的平均值，草场亩产肉量由现在的0.255 kg提高到20 kg，草场亩产奶量达到21 kg，完全是可能的。这些草场产肉量将增加200亿kg，产奶量增加210亿kg，相当于增产饲料粮900亿kg。草场灌溉几年后，地下水丰富后，土垠有机质逐步增加，逐步将一些土壤多的地方开垦成耕地。在西北再开垦耕地4亿亩，进行灌溉。

西北如果有了大量的水资源，草场变绿，畜牧丰产，粮食丰收，农业发展，生态环境美好。中西水网的工程建设，做到各级水网全部配套充分发挥作用，建设周期30～50 a，建设期间将每年创造3 000万个就业岗位。建成后至少增加3 000万个就业岗位。建设期间每年至少拉动GDP3个百分点。建成后每年至少拉动GDP5个百分点。西北地区有丰富的矿产，能源资源得天独厚，再加上丰富的配水、良好的生态环境、发达的农业生产，其经济水平完全能赶超东部地区。

建立全国统一供水水网，做到水资源在全国范围内平衡供水，将改变全国经济发展总布局，有长远的战略意义。这是有人类历史以来世界上最浩大的水资源平衡调配工程、国土资源开发、整治工程、荒漠化治理工程、民生安居工程、就业工程、生态安全工程、食物安全工程、国家生物质能源发展工程、国家区域缩小差距经济平衡发展工程、光、热资源合理开发利用工程。20世纪末江泽民总书记曾发表重要讲话指出："西部地区那么大，占全国国土一半以上，但大部分处于未开发或荒漠化状态。西部地区迟早要大开发的，不开发，我们怎么实现全国的现代化？中国怎么能成为经济强国？这是我们发展的大战略，大思路。"

4.5.6　长江及西南诸河调水的可行性

4.5.6.1　水资源可行性

从西南向西北调水已引起国内很多人的高度重视，共有人大代表6次208人和政协委员10次118人提交关于建议修建"大西线"的提案和议案。中国科学院组织的第257次香山学术讨论会专家组达成共识：调往北方的总水量应在目前《南水北调工程总体规划》的448亿m³基础上，至少再扩大2倍，才有可能保障我国北方地区持续、全面、健康的发展。目前大西线调水方案有10多个。郭开方案调水2 006亿m³，袁嘉祖方案调水1 600亿m³，林一山方案调水800亿m³，黄河水利委员会方案调水600亿m³。以调水2 000亿m³水量计算，扣除蒸发、渗漏等损失，目前，我国水有效利用系数为0.5，我国理论利用系数为0.62。按0.5计算，调水2 000亿m³，有效利用量为1 000亿m³，在西北地区大约灌溉2.5亿亩耕地。这个数字是不能满足干旱、生态严重恶化的西北地区可持续发展的需要。在现南水北调调水量450亿m³基础上，再增加7 000亿m³才能基本满足西北、华北地区经济的可持续发展，满足全国的粮食安全，但西北生态需水仍不能满足。

扩大调水7 000亿m³的水资源是有可行性。长江多年平均径流量为9 855万亿m³。长江流域到本世纪中期用水增加总量为319亿m³，其中：农业灌溉用水增加50.4亿m³，工业用水增加39亿m³，生态用水增加14.1亿m³，生活用水增加215.5亿m³。现南水北调工程调用总水量为450亿m³，则长江未来径流总量减少769亿m³，长江多年平均径流量则下降到9 086亿m³。如果再从长江上中游取水3 000亿m³，长江径流总量将下降到6 086亿m³，则多年平均径流量为19 299 m³/s，长江现状下游多年平均径流量为（安徽大通站为代表）29 300 m³/s，洪水季节长江下游多年平均流量为45 500 m³/s，枯水季节为8 094 m³/s（估水期为12月至翌年4月）。如果长江干支流大量修建蓄水工程，通过水库蓄水调节河道流量时间分布不均状况，长江下游河道（大通站）保持最低流量1.3万m³/s是完全能够做到的。我国水利专家论证提出："当长江大通水文站河道流量小于9 000 m³/s时停止调水。河道水量仍远大于现状枯水期的河道径流量，对长江河道航运没有影响。再从长江大通站下游取水550亿m³北调，对中游航运无影响。一个稳定的河道流量，对长江河流生态十分有利，能维持长江河流良好的河流健康。

西南诸河流域水资源总量多年平均为5 776亿m³，西南地区人口少、耕地少，GDP比重小，用水总量少，到21世纪中期用水总量仅336亿m³，河流径流总量仍有5 440亿m³，调水3 500亿m³是可行的。

西南诸河出境水量为5 236亿m³，雅鲁藏布江1 689亿m³、澜沧江829亿m³、怒江818亿m³、红水河及藏南诸河1 900亿m³。雅鲁藏布江出境后是印度的鲁希特河，鲁希特河流入布拉马普特拉河，布拉马普特拉河是印度最大河流–恒河的支河，这条支河在孟加拉与恒河交汇后，流入孟加拉湾。恒河流域降水量很大，从西向东1 500～4 000 mm，东北部的阿萨姆邦在4 000 mm以上，有的可达1万mm，是世界上降水量最多的地区之一，几乎年年闹水灾。降水1 500 mm以上的地区在农业上是不缺水的，种植水稻用当地水资源蓄存平衡调度，就能满足需要。种植玉米等作物根本不用灌溉。

恒河每年从5月份开始涨水，7—9月为雨季，每当雨季来临，恒河两岸洪水成灾，这时也是雅鲁藏布江水量最大的时候，雅鲁藏布江的水流入后加重了这一地区的防洪压力。

印度与孟加拉仅靠天然径流量取水，在每年1—5月为枯水期，为恒河用水有争端。这是一种工程性缺水，恒河地区水资源总量很充足，核心是把时间分布不均的降雨径流转化为可持续利用的水资源，不能仅依靠上游的径流水量。

恒河水资源总量很丰富，每年6—12月大量河水流向印度洋。如果在恒河支流上修建一批蓄水工程，丰水季节将水蓄存起来，枯水季节向下游放水，恒河流域是不缺水的。根据水资源评估的一般理论，凡是降落在一国领土范围内的降水转化而成的水资源归该国家所有。中国的雅鲁藏布江流域降水仅400 mm左右，西北地区降水仅50～150 mm，降水稀少的干旱区必须将水资源量留给下游降水4000～1万mm丰水区的认识论是"杀贫济富"。上游优先利用是正常的。同样，世界上那些矿产资源丰富的国家，在满足国内需求后才能出口。下游地区会充分理解上游地区对水的渴望与利用，逐步走上依靠自身的水资源可持续利用与发展的道路。对本地区的水资源进行蓄、调，平衡、配置、节约、合理开发利用。资源就是商品，在市场经济世界里，商品就要被贸易，就要等价交换。无偿用水，上游用水不能影响下游的水利观念已不适应现代市场经济理念了。

澜沧江从云南出境，进入老挝境内就是湄公河。湄公河三角洲是一片水源丰富的水乡泽国。湄公河流域的降水主要依赖自印度洋的西南季风为主。由于流域东西两侧山脉的走向垂直于季风方向，有利于地形雨的形成，年降雨量为2 500～3 750 mm，中下游三角洲为沿河两岸，年降雨量为1 500～2 000 mm。湄公河不仅水资源丰富，而且干支流的山峦地形便于修建水库蓄存。从中、缅、老挝三国到老挝首都万象，一路河谷狭窄，河流高程从1 500 m下降到200m。每年5—10月，为湄公河流域的雨季，大量雨水形成洪涝。澜沧江年径流量为829亿m³，仅占湄公河水量的13.5%，即使全部调水北上，对下游也没有影响，同时减轻下游水灾。每年12月至翌年3月是湄公河的干旱季节，如果干旱季节缺水，并不是资源型缺水，是上游支流缺水蓄水工程，通过修建一些蓄水工程，是可以调节的。

怒江出境水量为818亿m³。怒江出境后为缅甸的萨尔温江，萨尔温江在缅甸境内全长1 600 km，由北向南流经缅甸东部地区，从莫塔马入海。萨尔温江贯穿掸邦高原，是一条典型的山地河流，水流湍急，流量丰沛，除河谷里少量的耕地用以灌溉，少有作用。流域内降水量高达2 000~3 000 mm。3—10月为雨季，降水量相当大，有的地区高达3 000～5 000 mm，流域内多暴雨，即使在少雨的季节，也常倾盆大雨。怒江即使全部截流，对下游也没有任何影响，反而减轻了洪水对下游的威胁，有益而无害。

4.5.6.2　工程调水路线

工程调水本着先易后难，由近及远，边利用、边调入，分期分批，多线路进行。

一期工程调通天河、雅砻江、大渡河、金沙江之水。二期工程调雅鲁藏布江、澜沧江、怒江之水。三期工程调藏西南之水。四期工程从三峡引水，建南水北调新中线。五期工程在长江下游建新南水北调东线。六期工程截藏南诸间之水及从怒江、澜沧江下游提水北调。七期工程从珠江流域引水入长江干流，加大南水北调中线水量。

长江中游取水调往华北，取水处在三峡水库，从三峡水库输水到丹江口水库，从丹江口水库起始，按现在的南水北调中线路行走，水调往豫、冀、晋（提水）、京，在北京北提水到内蒙古科尔沁沙地、浑善达克沙地、内蒙古大草原。中线大部分为自流取水，干线走向以平原为主，建设成本不高，运行成本低，条件优越。为保持长江稳定的流量，可以从沅水、南盘江调水入金沙江。

长江下游取水北调基本沿大运河线路进行，建设线路几乎全部为平原，建设成本很低，取水处已临近入海口，对长江流量无影响，不影响航运。水调往华北，解决黄河下游及海河流域的津、鲁及苏用水，可将黄河之水全部留给中游的宁、晋、陕、蒙中部地区应用。

西南地区为云贵高原、青藏高原，高海拔，河流地处高处，在高海拔地区工程建设，国际已有先例，秘鲁马赫斯跨流域调水工程在海拔 3 500～4 200 m 的安第斯高山地区，山高谷深，地形破碎，地质构造复杂，外加高山缺氧，工程十分艰巨。我国有了在青藏高原高海拔地区修铁路工程的施工经历以及修建三峡水库的经验，施工技术是不存在问题的。有关材料报道，西南地区可利用高程为 3 400 m，受水区为西北地区的新、甘、宁、蒙中西部及青海西部，受水区海拔高程在 820～1 200 m 之间。形成自南向北倾斜的有利地形走势。横断山脉虽高，山谷虽深，但各大江河之间的分水岭均有平坦的垭口相通，为调水工程提供了最基本的条件。通过筑坝拦截，抬高水位调节径流，将雅鲁藏布江上的朔玛滩水库（3 510 m）、怒江上的朔瓦巴水库（3 137 m，库容 1 000 亿 m³）、澜沧江上的昌都大水库（3 479 m）、金沙江之水调入拟建的金沙江连环水库、五大龙水库、通天河的联叶水库、治尔水库（高程 3 980 m）、雅砻江的仁青水库（高程 3 800 m）、科尔朵水库（高程 3 100 m）等一批新建的水库群，这一批水库作为调节水库。干流穿越长江与黄河的分水岭，一条干流入柴达木河，进入柴达木盆地。另一条引水入兆河，汇入黄河干流，通过黄河干流引入宁夏，入内蒙古西部、中部，进入毛乌素沙地，进入内蒙古大草原。一条干流绕过咸水湖——青海湖，走青海湖上游的布哈河线路，引水进入疏勒河，然后进河西走廊。沿河西走廊、沿祁连山麓、阿尔金山麓从高至低进入高程仅 820～1 000 m 的柴达木盆地、塔里木盆地，在甘肃、青海西部、新疆灌溉草场，开垦草地，建设绿洲农业。在西藏西南部，从郎钦藏布河和森格藏布河引水，沿噶尔-叶城公路行进，调水入喀拉喀什河，进入和田地区，藏西南调水线路这是一条比较短的线路。

上述调水线路的方案是粗略的。必须经过测量、地质、水文、水利等行业的专家勘测、规划，进行可行性研究论证、设计后，才能实现。

4.5.6.3 工程建设技术问题

（1）高坝建筑

西南调水取水区地处高山峡谷，将修建一大批高坝大型水库，中国修建高坝水库已有丰富经验，国内已建成和正在建设的一批高坝大型水库。三峡水库坝高 181 m，已运行 5 a，湖北省清江水布垭水库坝高 233 m，1999 年投产的二滩水库坝高 240 m，计划 2012 年竣工的锦屏一级电站，坝高 305 m，红水河龙滩水库坝高 216.5 m。中国不存在建筑高坝技术问题。

（2）隧洞工程

西南调水隧洞较多，具有隧洞长、洞径大、埋深厚的特点。随着经济、交通、水利事业发展的需要，隧洞将朝着大而深的趋势发展。我国近年来西气东送、南水北调、西电东输、青藏铁路等重大工程启动，出现了一批深埋、大口径、长隧洞。万家寨引黄一期工程南干线 7 号隧洞 43.5 km；秦岭隧洞单洞长 18.45 km；南水北调中线穿黄隧洞口径大；辽宁大伙房水库输水隧洞长达 85.32 km，为大断面超长隧洞，单掘距离长、支洞坡度大，地质复杂。中铁总公司采用世界先进硬岩隧道掘进机创月掘进突破 600 m 大关记录，而且掘进精度高，为我国今后隧洞建设提供了宝贵的经验。

（3）防渗工程

渠道防渗是减少输水损失的工程措施，渠道防渗中常用黏土、浆砌石、混凝土、沥青混凝土和土工膜等作为渠道防渗层。我国几十年来，渠道防渗工程技术应用比较普遍、广泛。

（4）大型渠道机械化施工技术

大型渠道衬砌成套装备是国家重大技术项目，为适应长距离、大断面的渠道衬砌施工而开发的一种高效专用装备。该设备主要由布料机、衬砌机和辅助台车 3 部分组成。对大型渠道进行渠底和斜坡的混凝土铺设，对提高防渗工程质量、加快施工进度、降低工程造价和提高工程效益起明显的作用。在我国南水北调东线、中线施工普遍应用。

（5）气候灾害问题

关于大型水库对气候影响问题引起广泛争议。近几年长江中下游发生干旱，一些人指责为三峡水库影响。中国气象局国家气候中心组织专家对三峡工程气候效益进行分析、评估显示："近年来长江流域发生的大范围旱涝灾害主要是大尺度的大气环流发生的大范围旱涝灾害，由大尺度的大气环流和大范围的地表热力异常造成，将其与三峡相关联缺乏科学依据，三峡工程建成后，库区周边地区气候条件未见明显变化，三峡工程仅对库区附近 20 km 范围内的气温、降水有一定的影响。"我国仅有一座 300 亿 m³ 以上的水库，俄罗斯有 10 座（总库容 9 131 亿 m³），加拿大 8 座。乌干达瀑布水库库容 2 048 亿 m³，赞比亚卡里巴水库库容 1 840 亿 m³，埃及阿斯旺水库 1 689 亿 m³，均未引起气候地质灾害。

（6）受水区调节库容

受水区农业灌溉有灌水期与非灌水期之分。在灌水期内又有季节性、间断性。上千 km 的长距离、大流量输水不能间断停水。首先科学调度，这么大的水量蓄存是很难的，受水区必须有多点式广泛的蓄水调节库容，适度修建一些中、小型水库、塘坝是必要的，西北广阔的沙漠是最大的地下水库，将多余的季节性剩余的水输入沙漠蓄存起来，用时再抽出是最科学的。

4.5.6.4 工程投资

长江调水建设成本相对较低，工程建设投资标准按现在施工的南水北调中线一期、东线一、二期单位水建设投资标准平均值（7.6元/m³）的4倍估算，这里已考虑了材料价格、人工费上涨、动迁、移民费用提高、调水线路加长等因素。单位水投资约30.4元/m³。调水3 500亿m³，工程静态总投资约10.64万亿元。

从西南诸江河调水路线长，工程强度大，投入资金多，但移民动迁费用少。黄河水利委员会方案，调水600亿m³，分3期工程，按1995年价格，静态投资7 000亿~7 500亿元，单位水建设成本12.5元。袁嘉祖方案，调水1 600亿m³，静态投资4 037亿元，单位水建设成本2.53元，不包括发电。单位水建设成本按现在南水北调西线调水的5倍估算，单位水建设成本约70元/m³，调水3 500亿m³，静态总投资将达到23.5万亿元。按2009年价格估算，包括水库工程、引水渠道及渠系配套工程，征地、移民安置、沿调水线公路工程、生态补偿、航运等。

长江及西南诸河调水总造价估算约34.1万亿元。到2035年以后，我国国内经济增加值可达200万亿元，到2050年以后，我国国内经济增加值可达300万亿元，财政收入2035年可达40万亿元，2050年可达60万亿元，调水工程总投资仅相当于1a的财政收入。建设工期按35a计算（包括配套工程），每年平均静态投资1万亿元，平均占财政支出的2.5%左右，国家财政上还是能接受的，现在国家外汇每年2000多亿美元购买美国国债，调水投资效益远高于买美国国债。最好的投资方式是多元投资。

跨流域调水工程是公益性的重大基础设施建设，投资主体是政府，政府投资主体并不是意味着完全依靠政府财政性资金无偿投入，而是政府控制下采取多形式、多渠道的筹资方式。国家承担一小部分（发放长期国债）。国家提供长期低息贷款，由供水集团发放中期企业债券，滚动发放，国家承担一部分利息，用水大户预付一部分合同款，国外银行长期贷款等。西南诸河及金沙江调水工程改变过去从头到尾的建设顺序，从中间开始，由最后一个外调水区和第一个受水区开始，向头、尾两端延伸，分期、分段进行，这样可以尽快收益，边施工边受益。受益后由水费和出卖土地使用权费用做建设基金，"民间借贷，国家付息，效益偿还。"这种体制是十分科学的。工程投资总量虽然很大，但不存在资金问题。

4.5.6.5 效益

（1）灌溉与防洪效益

新疆、甘肃、内蒙古等省区，由于光热条件好，空气干燥，灌溉以后谷物、棉花、水果、甜菜等单产非常高，而且又很少有病害，无污染，品质极好。调水后，受水区增加4.3亿亩新开垦的水浇地，成为粮食、棉花、水果重点产地，每年可增产粮食2 350亿kg，每kg增加值按3元计算，年增加收入7 050亿元。干草是良好的生物质能源，至少可生产1亿t柴油，产值7 000亿元，秸秆、干草增加值按粮食价值的30%计算，约2 250亿元。灌溉10亿亩草场，可增产牛羊肉类200亿kg，每kg按100元计算，增加收入2万亿元，奶类210亿kg，每kg按4元计算，增加产值840亿元，每年农业增加值为37 140亿元。由于修建了大量的调节水库，汛期消减了洪峰，有效地防止调水区水灾发生。

（2）GDP效益

建设期间，按水利投资1元，拉动GDP2.4元计算，将拉动GDP增长82万亿元，每年至少拉动GDP增长3个百分点，是一项长期拉动GDP高增长项目。建设工程可使1 000万人就业，间接就业人员为2 000万人。工程充分发挥作用以后可使3 000万人就业，是一项浩大的就业工程。

（3）生态环境效益

水是生命之源。荒芜的大西北有了丰富的水资源，将有效地改善生态环境。西北调水将使大片沙漠变成绿洲，使我国植被覆盖率增加10%，将有效地控制西北地区土地荒漠化。昔日的荒漠将变成为"风吹草低见牛羊"水草丰盛的茫茫大草地（每年增加生态效益约2 000亿元）。10亿亩草场涵养水源约2 000亿m³。

向西北、华北每年调水7 500亿m³，干渠渗漏损失按10%计算，进入西北、华北地区的水约6 750亿m³，地下水回归按25%计算，将使西北、华北地区每年增加地下水1 700多亿m³，使超采地下水区有效地得到补给，有利于地下水、地表水合理调度。这样大的调水将使西北、华北至少增加1.5亿亩水面和湿地。广阔的水域和土壤水分蒸发，将使"绿"水由现在的12 330亿m³再增加3 980亿m³，增加32.3%，达到16 310亿m³，导致大气圈与含水层之间的垂直水汽交换加强，增加了空气湿度，降低了干燥程度，年增加5 130亿m³的水转化为降雨，可使华北、西北地区年降雨平均增加103 mm左右，相当于降6次中雨，将有效地改善西北、华北的气候条件、植被条件，成为适合人类居住的良好环境地区，可使西北地区的降水量由现在的147～305 mm提高到260～360 mm，华北地区的降水量现在的276～551 mm提高到390～580 mm是可能的。西北地区有可能由干旱地区逐步转化为半干旱半湿润地区。

调水形成大面积湿地，有利于净化水和空气，汇集和储备水分，补偿调节江湖水量，调节气候。有助于形成食物链基地，为珍稀和濒危野生动物提供栖息场所，保护生物多样性。

调水使营养盐带入调水体，有利于饲料生物和鱼类生产与繁殖，促进渔业发展。渔业单产按50 kg/亩计算，1.5亿亩水面年产水产品750万t，产值1 500亿元。

（4）发电效益

西部调水区河流地面高程多数在3 200 m以上，受水区高程在820～1 200m，可利用落差有1 800 m。调水区沿途发电量可补偿原河道发电损失，基本平衡。

（5）航运

输水渠道断面大，水位较深，输水渠道比降较原河道低，水流平缓。因此，大部分渠段都可以航运。可以使大批中小型轮船航行。内河水上运输成本低，仅是公路运输的1/5。目前，国外大型调水工程都设计了航运。未来，总干渠、分干渠多数渠段都可以航运，推动了交通业发展，将节省运输成本，节省运输费用至少1 000亿元以上。

（6）促进区域经济发展

西北地区目前是我国经济最落后地区，但西北地区、华北地区是我国煤炭、天然气、石油、风能、太阳能、稀有金属、金属、非金属矿产资源最丰富的地区，那里集中了国家85%的能源资源和75%的矿产资源，又是我国土地后备资源最大的地区。有了丰富的水资源以后，其能源、矿产、土地、草场、光、热等资源优势将得到充分发挥，发展速度将远远超过东部地区，经过一个时期的努力，西北地区的经济水平将达到东南沿海地区同一水平。消除长期困扰我国发展的区域经济差异问题，将改变我国经济发展的总格局，实现资源优化配置。过去大西北大面积无人区域因无法生存而不能进行勘探，调水后适于人生存后，将会有根本性的改变。

（7）基本建设速度加快，支出减少

调水后增加新开垦的4.3亿亩灌溉面积，新增10亿亩灌溉草场，相当于全国新增加7.5亿亩耕地，使我国土地资源相对丰富了，建设用地可以适度放宽，土地价格将大幅下降，进而促进基本建设成本下降，居民购房支出减少。

4.5.6.6　生态环境问题

大规模向华北、西北调水，对调水区局部水生生态环境有一定的影响，工程建设使一定面积的生态受到损害，但在全国范围内大面积水环境总体变好，大面积生态变好。

在调水区河流流量大量减少，主要是在汛期水量明显减少。在枯水期，由于水库的蓄水调节，可以加大河流流量，保证航运供水及有利于水生物生态，水库大量蓄水，水面面积增加了，水生生物产量提高了。汛期河流排向海洋水量变成了温和静水量蓄存起来，水流量大量减少，河道泥沙减少了，水灾减轻了。河流对两岸地下水的补给基本不受影响。汛期、枯水期河道流量变差小，河流流量稳定、河流生态、水生动植物将稳定发展。在受水区，湿地大量增加，至少增加1.5亿亩。河流、湿地生态明显好转，大面积荒漠变为绿洲，生态环境在全国大范围内总体变好。

4.5.6.7　效益分析

新开垦的4.3亿亩耕地，一次性出卖永久性使用权，每亩耕地按6万元计算，共可卖25.8万亿元。灌溉草场每亩按1万元卖出，卖10万亿元，工程回收35.8万亿元成本。不考虑贷款利息，工程竣工后即可收回成本。工程灌溉效益37 140亿元，水费收入7 000亿元，航运效益1 000亿元，合计为45 140亿元。

从GDP方面计算，按每万元产值用水70 m³计算，3 500亿m³水，产生50万亿元年GDP效益，税收按0.322计算，年税收16 100亿元。

4.6　保护农业环境

环境问题的实质是人类社会继续生命还是自我毁灭的问题，是一个比国家领土安全更严峻的安全问题。李克强副总理指出："生态环境问题是发展问题，也是民生问题"。

我国20世纪90年代，以牺牲生态为代价取得了农业的丰收。由于陡坡开荒、毁林开荒、乱砍滥伐、过度放牧等，造成水土流失加剧，每年水土流失面积增加1万多km²，因水土流失每年损失耕地100多万亩。造成的直接经济损失达500多亿元。以长江流域为例，长江流域是我国生态环境相对较好的流域。长江中上游因生态恶化，昔日清澈的长江水已变浑浊了。现在长江流域每年土壤流失量达24亿t。长江流域有坡耕地1.6亿亩。据中科院南京土壤研究所调查，"坡耕地的水土流失是长江河流泥沙的主要来源。"金沙江下游、云贵高原、川西山地、秦巴山地、陇南土石山区、三峡库区等地，山高坡陡，大部分为石质山，自然条件恶劣，耕地土层瘠薄，厚度一般仅0.3～0.5m，土地质量低下，人地矛盾突出，水土流失严重，生态失调，形成"越流失越穷越垦，越垦越穷越流失"的恶性循环。南方的石漠化越来越严重，使土地永远失去农业利用价值，且水灾越来越频繁，每年因水灾都造成很大的损失。由于土地沙化每年造成直接经济损失达640多亿元，我国是全世界荒漠化、沙化面积最大、分布最广、危害最大的国家，荒漠化、沙化威胁着我国生态安全、农业生产、食物安全和经济社会的稳定。《华盛顿邮报》一篇文章指出："中国正处于战争状态，不是外敌入侵，而是不断扩大的沙漠吞食土地，北京眼看要输掉一场持久战，养不活不断增长的本国人口。"中国科学院国情分析研究小组认为："中国根据生态系统的负荷能力应为7亿～10亿人。"这说明生态问题是我国可持续发展中最严重的问题，如此脆弱的生态环境不能保证农业可持续发展。

目前，对于生态问题我国是"多龙治水"，国家林业总局重点管造林，水利部管水土保持，畜牧部门管草原，以利用草场，发展经济为主，兼顾草场建设与恢复。生态治理如此大任却没有专门一个部门去管理。生态建设是个多学科的综合治理工程，涉及社会科学及多项政策问题。如：封山禁牧、生态移民、牧业内部结构调整、政策性补贴，政府强制性条文等，涉及多个行政主管部门，业务交叉、政策交叉。当前这种分散的由各业务部门各有所侧重的单项管理，而不是综合的去进行管理，在解决中又容易出现新问题，效果不理想。

要加强对长江、黄河中、上游水土保持治理，加快加大退耕还林力度。现在全国重度水土流失的坡耕地有2亿多亩，今后退耕还林面积不应小于1亿亩。退化、沙化、半沙化面积已达40多亿亩。加强草场建设，对沙化、半沙化的草场实行休牧、禁牧等。造成土地沙化和严重水土流失主要原因是人口超载，重点治理地区如新、蒙、甘、青、宁等草原沙化区，云、黔、桂、重庆等水土流失严重区，加快加大生态移民，减少人口压力，生态才能得到逐步修复。生态移民也是一项改善民生工程，使贫困的农民从贫瘠的环境中摆脱出来，进入富饶区域生活。要做好规划，一次性到位移入城市，避免进入另一地区后，因逐渐增加人口造成新的生态失衡；重新界定草场功能和利用性质，新、蒙、甘、青、宁等省区的草场应该放弃以牧业为主，逐步改为生态为主。全国畜牧业生产量与产值主要在农区内。所谓的牧区，牧业实际产值很低，如青藏高原区、藏东南—横断山区、西北干旱区和内蒙古高原区4区是全国著名的牧区。4区总面积占全国总面积的52.6%，人口占全国的5%，但牧业产值仅占全国牧业产值的5.5%，农业产值占全国农业产值的5.3%，林业产值占全国林业产值5%，牧区按人均牧业产值计算，仅是全国平均值的1.1，对国家并没有太大贡献，只微大于自产自销。在主要农业区，牧业产值比重反而更大些。如华北平原区人口占全国总人口的23.7%，牧业产值占全国牧业产值的33%，人均牧业产值是全国均值的1.37，远高于牧区。我国最大的牧区是华北平原和长江中下游区。牧业产值占全国牧业产值的48.5%，长江中下游牧业产值占全国牧业产值的15.2%，可见，我国牧业生产量主要在农区，牧区并不体现牧业产值的主导作用，主要原因是我国牧区草场面积大，但草场单产低，牧业产值低。

草原的功能、任务应该合理的确定，一提草原就想当然地定位于放牧显然是错误的。草原承担着防风固沙、保持水土、涵养水源、调节气候、维护生物多样性等重要生态功能，是人类生活家园的重要生态屏障。草原是黄河、长江、澜沧江、怒江、雅鲁藏布江、辽河、黑龙江等水系的发源地，是中华民族的水源和"水塔"。研究表明，草原的防风固沙作用明显，当植被覆盖率达到30%～50%时，地面风速可降低50%，地面输沙量仅是流沙地段的1%。覆盖率60%的草原，其每个断面上通过的沙量平均只有裸露沙地4.5%。据测定，在相同条件下，草地土壤含水量较裸地高出90%以上。草地坡地与裸露坡地相比，地表径流可减少47%，冲刷量减少77%。中国草原总站的文章介绍，草的防风固沙能力比森林高3～4倍，草地的生态功能是其他生态系统无法相比拟的。

要充分认识到草地生态环境的基础作用，根据生态学原理和生态工程理念，对人、地、生态关系进行重新认识和界定。要因地制宜地选择土地用途。建立良好的土地利用结构，构建符合生态系统结构和功能，保持较高的第一性生物存量，维护土地生态系统的自我更新能力，确保土地资源不遭受破坏和退化的前提下去开发利用。草原是我国重要的陆地生态屏障，草场的第一任务应是以防风固沙的生态效益为主，以牧业为辅，这是草原地区、牧区的一个农业产业战略方针问题，应由国家从长期的战略角度去界定的问题。实行基本草原保护政策。在草场能充分保证防风固沙的生态效益的情况下，并存有一定的产草余量后，才能为畜牧业所利用，在利用中严格实行草畜平衡，以草定畜，实行禁牧、休牧、舍饲、半舍饲饲养的制度。内蒙古草原兴发股份有限公司已给我们做出了示范、样板作用，它在草场进行围网养鸡，防止了草场的沙化。

我国是森林低覆盖率国家，森林覆盖率仅20.36%。巴西森林覆盖率64.3%，印度达58%，刚果民主共和国达59.6%，日本达62%，芬兰等北欧国家森林覆盖率都在60%以上。森林是陆地生态的主体。森林具有涵养水源、保育土壤、净化大气环境、积累营养物质、保护生态多样、防风固沙等多种保护农业生产条件作用。首次对我国森林生态功能进行评估结果显示：6项森林生态服务功能（固碳释氧、涵养水源、保育土壤、净化大气环境、积累营养物质及生物多样性保护）的年价值超过10万亿元，大体相当于目前我国GDP的1/3，全国森林植被总碳储量是78亿t，森林生态系统每年涵养水源近5 000亿m^3，吸收大气污染物量0.32亿t。加快植树造林速度，加大造林投资。我国宜林面积还有9 000多万hm^2，争取在21世纪中期以前，实现宜林地全部造林绿化，使森林覆盖率达到29.6%。加快林业科技发展，发展生物技术，大力开展转基因生物技术研究在林木上的应用十分重要。我国宜林地主要在内蒙古及西北地区，水资源短缺制约着那里林业的发展。

从南方向华北、西北进行大规模生态调水，对林业提供灌溉服务条件。加快林业体制改革，个人或企业、集体单位在宜林地荒漠区造林，林权归个人，谁造林，林权归谁。国家还要鼓励表彰民间企业或个人对生态建设进行投资，北京九汉天成有限公司董事长宋成，为国家长远利益着想，集资治沙，到阿拉善搞生态建设，是全国企业家的楷模。亿利资源集团董事长王文彪带领亿利人在我国第五大沙漠——库布其沙漠奋斗20 a，在沙漠里筑起了一条长65 km、宽3～5km的绿色长廊，建设3 500 km²的生态绿化区，极大地改善了沙区3万农牧民的生产和生活方式。同时在经济上也得到回报，以甘草为主的药材基地已达220万亩，价值30亿元，为治沙闯出一条好路子。库布其沙漠治理模式已在全世界推广。国家应对投资者按面积给予补助，适当提高补助标准，明确权属，谁建设的林地、草场，所有权归谁所有，可以出租、流转使用权等，调动多种投资渠道的积极性。开展募捐等多种形式集资，进行沙漠治理，加大沙漠治理投资，全面改善生态环境，做到人与自然和谐发展。

建立生态补偿机制，收取生态环境税。各级政府每年核算GDP的同时，要进行生态环境核算，评估生态建设功能，作为与GDP平行的核算体系，科学估量经济增长的资源、环境价值，科学评价发展成绩观和政府政绩，建立各级领导干部任期内生态环境、功能、责任制和行政问责制等干部的考核指标，以便尽快改善生态环境，遏制水土流失和荒漠化扩展。

5　中国解决粮食供应安全问题的技术性措施

5.1　扩大食物来源

5.1.1　"蓝色国土"潜力广阔

海洋被称为"人类第二生存空间"。广阔的海洋是中华民族生存与发展的重要蓝色国土，总面积达470多万km^2，并含有发育良好的宽广的大陆架，海岸带面积达28万km^2，滩涂面积2万多km^2，还有内陆水域1 747万hm^2。这些丰富的资源，我国尚未充分利用，开发利用前景十分广阔。

5.1.1.1　填海造地工程

世界上开发利用海域、内陆水面已很广泛。荷兰30%的耕地是填海造地得来的。马尔代夫是一个很小的国家，建设了1座5 km长的人造岛屿，供15万人居住。我国在这方面也已取得很大成绩，填海工程已有多项，但总面积还不大。河北省曹妃甸填海工程面积达25.5万多亩，是我国目前最大的一项填海工程。我国有广阔的大陆架，滩涂面积3 000多万亩。渤海辽东湾海岸带水位很浅，很大一部分在4~6m之间，全渤海平均水深仅18m。江苏省有滩涂55万hm^2可开发为耕地。滩涂、浅海造地工程很有发展。远景规划，我国如填海造地3 000万亩，在经济上、环境上是可行的，其单位面积造价和中等以上城市城区地产价相差不大。填海造地后可用来建设工厂、供人居住，可节省大量的耕地。

5.1.1.2　水产养殖

水产品是多数人所喜爱的食品。鱼肉是一种低热量、低脂肪、低胆固醇、富含多种氨基酸的优质蛋白质，已成为人们首选食物，鱼饲料转化率高，肉料比为1∶2。随着生活水平的提高，水产品已成为人们在食物中需求量增加最快的一种。"少吃红肉（猪、牛羊肉）、多吃白肉（鱼、鸡肉）"已成时尚。我国水产品2008年已达到人均37 kg，总产量已达4 896万t，2020年人均水产品消费将达到54 kg，全国总需求量将达到7 800万t。2035年人均水产品将达到65 kg，总需求量将达到1亿多t。2050年人均水产品将达到78 kg，总需求量将达到1.27亿t，超过全世界2006年的总需求量，在动物食品中居首位。这么大的需求量首先是要提高单产。目前，内陆水产品产量占总产量的42%，内陆水产品中养殖部分占88%，平均单产3 097 kg/hm^2，单产提高潜力很大。在池塘养殖中单产已达到51 553 kg/hm^2。近10多年来，各地大力推广先进养殖技术，如网箱养鱼，单产提高十几倍，单位面积产量最高达 439 250 kg/hm²。今后应大力推广网箱高密度饲养，努力提高单产。内陆养殖未来单产提高 1 倍是可能的，淡水养殖通过提高单产可增加水产品量 1 600 多万 t。我国内陆水面 1 747 万 hm²，可养殖面积为 675 hm²。现已利用 547 万 hm²，尚有 20% 的面积有待开发，开发后可增加水产品产量 300 余万吨。在山区、丘陵区，利用沟壑，多修建库塘，增加水面养殖面积。山区小型水库塘坝水肥，含浮游生物多，养鱼基本不用饲料，全国山区、丘陵区，每个村建一座塘坝或小型水库，如果增加 10 亩水面，养鱼后完全解决本村居民吃鱼问题。另据中央电视台报道，江苏宜兴吴洪伟在水库搞"水上漂"，在塑料板孔上种植蔬菜——竹叶菜，既取得经济效益，又净化了水质。二是扩大养殖面积，其经验可总结推广。海洋是未来食品主要来源地之一。海洋资源开发还有待于进一步深入进行。目前，我国海水可养殖面积有 3 900 多万亩，利用率仅 42%，可以通过不断扩大海水养殖，增加食品供应渠道。目前，我国海水养殖主要在海岸线附近，可以创造一些条件，向海内延伸一定距离，如人工填筑一些海岛，增加人工鱼礁等，为海水养殖提供方便。人工鱼礁适宜海洋生物生存，鱼礁上长满藻类，附着贝类也很多，这种食物链低端生物的聚集，使鱼群特别密集；它还可以改变局部海水流向，鱼礁边缘海水垂直流增加，进而带动海底营养盐类向表层移动，有利于鱼类摄食、滞留和聚集，从而达到聚集鱼群，让渔业资源增殖的目的。人工鱼礁石是修复渔业资源、改善近海海域生态的有力措施，使海域渔业生产可持续发展。国际上广泛发展人工鱼礁，日本鱼礁有 300 多种，并重视发展贝壳型鱼礁和高层鱼礁，其中贝壳型鱼礁主要用于近海渔业资源增殖，高层鱼礁因其有立体利用水域功能，适于向深海海域发展。我国天津、浙江、江苏、福建、广东、辽宁、海南等沿海省区都启动了人工鱼礁建设，但数量很少，应加快速度、加大力度，大力发展。山东长岛在各岛屿潮间带和潮下带的近海海域，投石和沉船，改造海底地质，人工栽培海带、裙带菜等大型藻类，营造"海底森林"已达 40 万亩。各养殖品种的代谢物在生长过程中相互利用，形成一个完整的生态食物链；海底藻类通过光合作用释放出大量氧气，供给海水中层养殖的贝类；贝类排放的二氧化碳被藻类吸收，其排泄物被海底的海珍品利用；海水中过剩的氮磷等有机物被藻类吸收，繁茂的藻类又为海珍品的生长提供了丰富饵类。块石与沉船等糙率大，能降低风浪速度，形成相对平稳的水域环境，有利于成为鱼、虾、贝的栖息地，使海珍品有稳固的附着物和丰富的海藻饵料，包含了渔业资料和生物多样性。长岛的经验值得沿海地区推广。

如果海水可养殖面积利用率由目前的 42% 提高到 84%，便可使海水养殖水产品产量提高 1 倍以上，由现在的 1 500 万 t 吨提高到 3 000 万 t。

5.1.1.3　稻田养鱼

我国有 2 800 多万 hm² 的稻田，稻田养鱼在我国历史悠久，早在三国时代（公元 220 年左右）就有记载，我国 20 多个省份都有分布，鱼吃田内杂草，减轻杂草与水稻争空间、光照和养料；同时鱼还食用田里的害虫、浮游生物；鱼呼出 CO_2 丰富了水田的碳储备；鱼的排泄物和有机残屑等成为水田的肥料；鱼的运动起到了疏松土壤作用。可使稻田增产8%左右。2005年6月11日，浙江省青田县方山乡龙现村的稻田养鱼模式被联合国粮农组织评选为世界农业遗产。龙现村的稻田养鱼模式至今已有1 200多年的历史。稻田渔业还有养蟹、养贝等，辽宁省盘锦市稻田养的大闸蟹已成为全国的名品牌，收到良好的效益。我国目前稻田养鱼已有161.82万hm²，单产648 kg/hm²，稻田养鱼仅占稻田面积的5.8%，发展空间很大，应逐步扩大面积，推广稻田养鱼对有效地开发利用国土资源，拓展食物来源渠道、解决我国食物安全有重要的意义。

5.1.1.4　加强渔业资源保护

对渔业资源要做到开发与保护并重。我国历史上就很重视渔业资源保护，《吕氏春秋》中指出："竭泽而渔，岂不得鱼，而明年无鱼。"《淮南子》也明确提出："鱼不长尺不得取"。要切实加强渔业资源保护，现在全国严格实行休渔、禁渔制度，保护和恢复渔业资源，可实现渔业生产可持续发展，必须长期坚持下去，不动摇。虽然实行了休渔，但网眼限制尚有不足，中、小河流渔业资源保护尚不到位，应予加强。

目前，近海海水污染严重，有害物质排入海内过多，海水富营养化，赤潮现象经常发生，严重影响水生植物及动物生存。要严格控制有害物质向海内排放，保护好海洋生态环境，为海洋生物生存创造条件。因为化肥和农药是构成近海海域污染的主要原因，为保护海洋生态环境，大连市政府出台了一项新的环保决定，明令大连近海地区禁止使用农药和化肥。大连近海的瓦房店、普兰店和庄河3个县级市，在距海5km的范围内不准使用化肥和农药。鼓励农民推广和使用生物农药和有机肥。各沿海地区都应做到大连市那样，将有效地控制海域污染，保护渔业生产的生态环境。

5.1.2　木本粮油开发利用

我国现有经济林2 139万hm²，占林地总面积的11%。

5.1.2.1　现在经济林的开发利用

（1）食用油料经济林

主要包括油茶和核桃林，目前我国油茶林面积400多万hm²，2008年总产量99万t。如果加强管理，进行改造，提高单产30%，总产达129万t，增产茶油3.5亿kg，相当于120万hm²的草本油料的种植面积，相当于增产粮食330万t。我国有核桃林100多万hm²，2008年产核桃82.8万t。我国核桃林单产仅400 kg/hm²，是美国核桃单产的1/2，管理粗放，投入不足，是造成产量低下的主要原因。如实行集约化经营，增加人力、物力和技术投入，由传统的粗放管理向现代化的集约经营转变。将核桃单产提高到美国水平，总产量将由80多万t提高到160多万t，增产核桃相当于100多万hm²的草本粮油的种植面积，相当于增产粮食270万t。

（2）淀粉类经济林

我国有板栗林28万hm²，年产板栗16万t；枣树林27万hm²，年产干枣45万t；柿树林20万hm²，年产鲜柿50万~70万t。但目前管理粗放，产量偏低，如板栗单产仅是日本单产的1/6，今后应加强管理和投入，提高单产。按单产提高40%计算，总产量增加

44万t，相当于增产粮食20万t。

山杏是一种耐干旱耐瘠薄的小灌木树种，适应性很强，在辽宁西部丘陵区、河北北部山区、黄土高原地区都有一定的面积，大多都是天然生长的，人工栽培的近些年增加较多。山杏仁含有丰富的蛋白质，食用性很高，不仅营养丰富而且口感又好，是食品糕点中的好原料，历史上农民就曾用来做杏仁粥充当粮食解决饥饿。如果在北方干旱、半干旱地区大面积栽培，既起到水土保持作用，又有食用价值，可以替代一部分粮食作用。山杏核的外皮又是活性炭的原料，秋后山杏树的落叶又是牛、羊的好饲料。

大枣是一种耐干旱、耐瘠薄的小乔木，表层根系发达，是很好的水土保持树种，在辽西丘陵区、半石质山地长势很好，在土壤肥力很低的黄土地区长势也很强。大枣适应性很强，可以在北方地区荒山上大量栽培，产量又很高。太行山地区、辽宁省西部地区水土流失严重，农民在沟壑里、半石质山坡、荒山上大量栽培大枣，有效地控制了水土流失，又收到了明显的经济效益。大枣既是一种水果，又是做糕点的好原料，河北、山东、辽宁等地农民习惯把大枣放在馒头中或放在米粥里，起到一部分粮食的替代作用。大枣营养丰富，含有多种维生素和微量元素，中药把大枣列为"大补品"。

5.1.2.2 扩大木本粮油经济林面积

我国现有林地面积17 490.9万hm²，占林业用地的68.4%，还有31.6%即9 002万hm²的宜林面积。今后造林可拿出一部分立地条件相对好的宜林地，用来发展经济林，如木本粮油经济林面积占造林面积的11%，即可新增木本粮油经济林面积1 000万hm²，按每2 hm²产量折合农田1 hm²草本粮油产量，即可节省耕地500万hm²。通过提高现有木本粮油经济林产量和扩大木本粮油经济林面积增加产品产量，相当于增产粮食300亿kg，相当于一个农业大省的粮食产量。

油茶是我国古老的树种，最近几年湖南省农科院培育出新品种油茶树，亩产茶油50 kg，是过去老品种的10倍，亩产油量接近耕地产油量。我国广东、湖南等14个省区适合栽培油茶，如果平均每个省增加栽培40万～60万hm²的新油茶树，总面积达到550万hm²，相当于节省550多万hm²的油料播种面积。目前我国草本油料栽培占用耕地1 400多万hm²，2008年纯进口植物油已达792万t，相当于1.6亿多亩耕地的产量。发展木本油料对解决我国的食用油意义重大。

5.1.3 花卉饮料有效利用

我国在广阔的天然草场、荒山、沼泽、水塘、田边、路旁，生长着各种鲜花，种类达数千种。在耕地里栽培着500多万亩各种花卉，开放着各种鲜花。在公路旁、公园、城市绿地，各单位院落、家庭阳台上都有多种花卉，这些花草中的很多品种的花蕾、花朵都可作为花草饮料应用。中国第一本药草志《神农草本经》中就记录了花卉的保健养生作用。花中含有花粉，花粉中有多种维生素和微量元素，有极高的营养价值，具有美容养颜、医疗保健、养身等功效，而且清香味美。如玫瑰花具有活血化瘀、柔肝养脾、行气解郁作用，能有效抑制面部黄褐斑功能。菊花能疏散风热、平肝明目、清热解毒作用，长期服用能调节心肌功能，降低胆固醇，舒缓头痛。荷花有清热、祛湿、活血止血作用。百合花有润肺止咳、宁心安神的作用，还有排毒的功效。薰衣草能治疗头痛、失眠、咳嗽，能缓和神经紧张，安定消化系统。《神农草本经》中还记载：金银花、紫罗兰、百里香、桂花、甘草泡水饮用润肺止咳，蒲公英泡水能够利尿，强化肾脏运作，薄荷增加肠胃蠕动，南瓜花健脾胃。任何一种花都含有花粉，花粉具有蜂蜜作用，有抗衰老、滋润肌肤的功能。以花代茶作饮料，其营养价值、功能、品位都远远超过茶叶。但是这么丰富的资源并没有得到有效的发展利用。目前，大型商场有少量的"花草茶"，但由于宣传不够，还不能为广大消费者所接受。如果市场上有50%的"花草茶"替代茶叶，就可以将我国茶叶栽培面积减少一半，节省耕地1 100万亩。应该大力宣传引导"花草茶"文化，利用好花卉资源。

5.1.4　天然食物利用

我国国土面积广阔，有大量植物种群可以应用到食品、蔬菜、饮料中去，减少居民对食品、蔬菜、茶叶消费，可节省大量的耕地。

5.1.4.1　蔬菜类

小扫帚、刺儿菜、婆婆丁、枸杞芽、香椿芽等上百种野菜，历史上长期被居民充饥食用，不仅其营养价值和口感都很好，而且有保健功能。这些野生菜类，不含农药残留，不使用化肥，是无公害的有机食品。城市里已将这种山野菜，作为餐桌上的珍品上市，而且售价很高。目前市场上售价20～30元/kg，是普通蔬菜价的10倍。辽宁本溪城沟村在山下种山野菜大叶芹、刺嫩芽，收到明显的经济效益。这些山野菜应充分利用，全国如果人均年用3 kg，总量达26亿kg，相当于200万亩的蔬菜产量，可减少蔬菜种植面积，可节省200万亩优质耕地，相当于3个中等农业县的耕地面积。

5.1.4.2　花卉食品

有些花类是很好的食品，如刺槐花、荆条花、南瓜花、玫瑰花等，花中含有大量花粉，花粉中含有多种维生素、蛋白质、磷、钾、葡萄糖等营养成分，是很好的高营养食品，而且味道极美，又是良好的保健品，起到营养、美容、保健医疗作用。历史上农家就有采摘刺槐花、玫瑰花加在饼、馒头、糕点内食用的习惯。云南大理白族人长期把鲜花作为蔬菜做汤食用。可将其采摘加工成花粉酱，或加入糕点食品中，或做成菜肴，其营养成分远高于肉、蛋类，是食品中的精华，其营养成分远高于人参。全国资源总量很大，凡是蜜蜂能够采蜜的花，都是比较好的食品。这些能食用的花包括树类、蔬菜类、花卉类中的各种花，全国至少有上百种，其资源总量有几百万吨。目前利用率很低，大量浪费十分可惜，充分利用好花卉食物资源意义重大。

5.2　挖掘耕地利用潜力

5.2.1　合村并屯，推进农村城市化进程

我国耕地垦复已达到国土总面积的12.7%，可开垦的后备土地资源很有限，而且需要高价的投入。潜在的、优越的土地开发区域主要在农村村庄。

农村居住分散，村庄道路占地过多，近几年农民进城户逐年增加，村庄空置率逐年提高，甚至出现了空心村。我国农村2006年年底有22 592万户，根据《中国土地资源与可持续发展》数据统计，全国农村居民点面积为1 645.58万hm²，折合2.468亿亩，每户平均1.09亩。东北地区情况更为严重，农村人口6 000万，农村居民点占地199.85万hm²，折合人均占地0.5亩。农村居民点占地全部都是比较好的土地。农村居民点生产条件好，土地比较平整、肥沃、水利、电力、交通等农业基础设施比较好。村庄是土地整治潜力最大、最优越的农业用地。目前的小城镇建筑很多是2层小楼，这种2层小楼是一种短浅的小农意识、改良主义思想，浪费土地、浪费能源。如河北省电视台做先进典型宣传的蒿城市一个村，撤旧、合并、建新村，原来5个小村500多户，占地600亩，统一规划后建2层小楼的新村，节省土地300亩。但新村仍占地300亩，每户平均占地仍高达0.6亩。全国新农村建设先进典型新乡市一个村，每户建筑面积200m²、300 m²两种形式，大部分2层小楼，村补给每户7万元，按此标准每户建筑占地100~150 m²，再加上街道、绿地面积每户占地至少350 m²，折合0.6亩土地。如果新农村建设每户占地达到这么高的标准，国家土地资源是承受不了的。农村土地使用权主要掌握在乡、村干部手里，新农村建设由县、乡、村干部具体去操作进行。目前，部分县、乡、村基层干部素质还不具备"中国土地资源可持续发展"的战略思想，这是中国农村实际状况。河北、河南这两个先进的新农村建设典型，新村与原村庄相比，土地利用率有很大提高，但从"国土资源可持续发展"的要求相比，户均占地标准仍很高。也有一些卓有远见的农村基层干部，给我们树立了典范，大连市甘井子区营城子镇东小磨村，为提高人口的空间聚集水平，从2006年开始"迁村并屯"，将原来分散的村民聚集点集中起来，择新址另建新村，村民由平房迁入5层楼房，然后将腾出来的零散分布的宅基地整理成可耕种的土地，从根本上改变了以往这里土地利用率低、效益差的局面。东小磨村625户居民原占地500多亩，通过土地整理后仅占213亩（包括绿地和道路），节省土地300多亩，节省率达58.5%。黑龙江农垦局实行农村城镇化建设，到2009年底，累计搬迁717个居民点，增加垦地20万亩，同时改善了居住条件，促进农业向集约化方向发展。

农村城市化是我们的发展目标，将分散居住的农民聚中到城镇居住，可以便于对田、水、林、路、村、商、校综合整治，统一规划，优化土地利用布局，增加有效耕地，促进农业向集体化方向发展，提升群众居住环境和生活质量，健全公共服务体系。农民聚集居住，农村城镇化是一项长期而复杂的事情，城镇化后很大部分农民不再从事

农业，这一部分人去向，安置，土地转化，旧房处理，新房购价，农村人口减少多少，人均收入多少为适宜城镇化条件等问题要逐步解决。财力健康，农村人均收入达到1万元左右，农村人口比现在减少30%以上，适宜大规模农村城镇化。农村村镇建设应由城乡规划部门审批和设计部门设计，国家应责成有关部门编制高效利用土地的"农村村镇建设规划规范"。按农村人口比例13.5%左右，按土地规模经营标准，基本实现机械化作业，按人均耕作土地规模比欧盟平均值低1/3，一个从业人员83亩标准计算，根据农业资源、公共服务配套合理的人口结构，规划规范新农村建设。由国家规定建房最低高度，无论大中城市、县城及农村，今后都不允许建筑低层楼房，更不允许建筑平房，根据我国土地资源的国情，县城及农村楼房最低高度不应低于6层，6~7层高度是比较科学的楼层高度，它省地，又节能，楼层太高耗能高。村镇建设高标准，一步到位，切忌建了再拆、拆了再建的教训，农村城市化是社会发展必由之路，农村城市化是一个国家或地区由传统农业社会向现代农业社会发展的历史过程，是社会经济结构发生根本性质变革和巨大发展的表现，是从城乡二元经济结构走向共同繁荣、实现现代化的重要标志。农村城市化提高农民的文化、科技素质和社会劳动生产率，改善居民生活环境，提高消费水平，扩大国内市场需求，加快第三产业特别是现代服务业和农村新生产业的发展，提升农村经济、优化资源配置与要素配置。要加快推进农村城市化进程。如果到2035年我国农村基本实现农村城市化，届时农村人口大约占27%，农村总人口约为4.2亿人，大约1.2亿户，按大连市甘井子区营城子镇东小磨村新村占地标准，户均0.3亩，全国农村居住占土地仅0.4亿亩，全国可以从农村居住点节省土地2.068亿亩，复种指数按1.45计算，可增加作物播种面积3亿亩。这部分耕地，可增产粮食1 350亿kg以上，这是我国增加耕地最有效的措施。2035年以前，我国采取合村并屯，加快农村城市化进程对解决21世纪中期我国粮食、食物安全问题极为重要。现阶段多数农民购买楼房在经济上尚有一定困难，国家采取降低税收等措施降低楼房成本。国家可否考虑，每户农民购买楼房，拆除平房，给予2万~3万元补偿和贴息贷款，平房拆除后腾出的土地归国家所有，相当于国家拿二三万元资金整理出一亩好的耕地。国家可以将这部分土地以同等价格永久性出卖从事种植业使用权。

5.2.2 退果还耕、果树上山

我国在2008年年底，果园栽培面积已达1 073.4万hm²，折合1.61亿亩，目前，我国果树栽培面积是仅次于粮食类、蔬菜类的第三大作物，今后相当长的一个历史时期果树栽培面积将一直呈较快趋势上升。在目前的果树栽培面积中大约有30%在平地高效农田里栽培，果树作物要求较强的光照和通风条件。平地果树通风条件差，病害多，光照不如山地好，果的品质也不如山地。果树对土质要求不像粮食作物那样严格，在山地也能获得较理想的产量。今后除瓜果外，应逐步在平原地区高效农田里，退果还粮，果树上山。退果还粮必须有强有力的政策措施。一是从政策规定平地不许栽培果树，二是对已栽培的果树根据树的品种、效益情况国家给予一次性补偿。如果平地基本实施"退果还粮"，可增加粮食播种面积2000多万亩，增产粮食70多亿kg，相当于增加1千多万亩耕地。我国25°以上的坡耕地占全国耕地面积的13.6%，总面积达2.5亿亩，这部分耕地水土流失严重，国家已进行大面积退耕还林，退耕这部分地很适合栽培果树。另外，我国还有334.92万hm²的（《中国土地资源与可持续发展》）宜栽培果树的荒草地，未开发利用起来，这部分荒草地开垦整治后，70%地区可以栽果树，果树的栽培面积可增加234.45万hm²。

5.2.3　精耕细作，提高耕地复种指数

中华文明历史长河中，传统农业的"精耕细作"，间、混、套种等耕作方式使我国农业经久不衰。在今天人口激增，农业资源日益短缺，生态环境恶化，粮食安全日益加重的情况下，"精耕细作"作为5 000a传统农业的精华，必须持续发挥。我国耕地复种指数理论数字为1.98，2008年为1.28，到2035年如果提高到1.45，将增加作物播种面积1 980万hm²，如果65%的面积用来发展粮食作物，以粮食单产按5 700 kg/hm²，计算可增长粮食700多亿kg。在我国北方一熟地区，大力推进农业设施栽培，可使农作物生育期延长到二熟或三熟，甚至周年栽培。设施栽培是扩大作物栽培面积最好的措施之一。如果在长城以北地区设施栽培面积，到2035年再扩大0.5亿亩，相当于增加0.34亿亩耕地的产量。如果播种粮食作物，可增产粮食200多亿kg，目前，全国设施栽培有600多万公顷，基本上是以蔬菜为主，其他有少量的果树、花卉、食用菌、育苗等经济作物，但是目前还很少有粮食作物，主要原因是粮食价格低，设施栽培成本高，国家可以考虑对设施内播种粮食作物给予补贴，以此来扩大粮食作物播种面积。

5.2.4　研发、推广工厂化无土生产栽培

全国有大面积的光照、积温、水资源、能源条件好的地区（包括一些沙漠化地区），这些地区可以进行工厂化农业生产，进行无土栽培。无土栽培单位面积的农业产量是露地栽培的几倍至十几倍，这个领域是未来农业远景开发的区域，是我们最后进行利用索取食物的基地。世界工业化发展到一定时期，人口增多，已有耕地不能满足人类需求时，农业将掀起一场深层次革命，向无土化栽培方向发展。无土栽培是我们未来农业的重要战场，在能源、水资源条件好的地区应先行逐步推广工厂化农业生产，推广无土化栽培。

以色列是个沙漠国家，降水量仅40 mm左右，和我国塔里木盆地降水相差不大，以色列在沙漠地区进行工厂化农业栽培，获得高产，不仅农产品自给，还大量出口，以色列花卉出口仅次于荷兰，居世界第二位。以色列是远距离向沙漠内调水，在沙漠内开垦土地，进行工厂化栽培。

我国无土化栽培目前还处于初级阶段，陕西杨凌农业高科技示范园，将甘薯生长在空中，一年可种3季。北京京鹏植物工厂集现代生物技术、现代种植技术、计算机信息技术、自动化技术于一体，将蔬菜、花卉等种苗培育实现工厂生产，杨凌、京鹏为工厂

化无土栽培先行一步示范。目前制约工厂化无土栽培的主要原因是生产成本很高,要加强无土化栽培生产科学研究工作,试验、研究栽培技术,提高产量,努力降低生产成本,使生产上有利可图。

5.2.5　屋顶利用工程

屋顶是很好的园艺栽培场地,可栽花卉也可种菜。屋顶栽培世界上已有先例,埃及用屋顶来种菜和养花,瑞士要求新屋顶一律绿化,德国每年屋顶绿化面积为 $1\,400$ 万 m^2。2008年,全球性粮荒,日本国土资源贫乏,日本提出了"城市高层农业"的口号。埃及、瑞士、德国等国家人均农业资源都远高于中国,都是农产品净出口国。这些国家还精打细算,不放弃一切可以利用的空间,不放弃一切可挖掘利用的资源,千方百计增加农作物栽培面积,扩大农业产品产量,这种做法是值得我们学习的。我国是人均农业资源贫乏的国家,更应该利用好屋顶空间,扩大农业栽培面积。不要再搞什么平改坡一类的事情了。

我国房屋建筑面积大,仅民用住宅面积就超过400多亿 m^2,屋顶面积约250亿 m^2,屋顶利用好,能恢复一些耕地。屋顶利用潜力很大。对这些现有民用住宅屋顶改造后,如果能利用53.4亿 m^2,相当于8个中等县的农业耕地面积。我国民用建筑发展很快,每年都新增住宅建筑面积近16亿 m^2,城市7.6亿 m^2,农村8.34亿 m^2,今后在房屋设计上立法将此项内容考虑进去,则每年新建设的房屋屋顶能利用面积达2亿 m^2,折合30万亩土地,相当于一个小县的耕地面积。住宅屋顶搞农业栽培是一项节省耕地、节约能源的好措施。屋顶栽培不仅扩大耕地面积,而且能使房屋内夏季降低温度,冬季起到保温作用,又是一种节省能源的好措施。

如果全国新建房屋屋顶全部利用,那么城市占地相对减少,楼房可以不必修得那么高,将节省大量能源。国家应立法将屋顶绿化栽培纳入房屋建设及设计规范。

5.2.6　河滩造地

全国水资源总量为2.84万亿 m^3,地表水总量为2.74万亿 m^3,水资源利用量 $5\,910$ 多亿 m^3,其余2.15万亿 m^3 的水流向大海。如何提高水资源的可利用量,核心是把时空分布不均的降雨径流转化为可持续利用的水资源。解决空间分布不均问题是跨流域调水,解决时间分布不均的途径是多建蓄水工程。把水拦蓄起来,人工调节径流,保障工农业、生活用水。水库蓄水能力由现在的 $2\,000$ 多亿 m^3,提高到2万亿 m^3 以上,需要10万多亿元的投资,但效益也是巨大的。有着造地、发电、防洪、供水、养殖、生态综合效益。2010年全国性水灾是新中国成立以来最严重的一年,水灾主要发生在缺少控制性工程的中小型河流上。我国第一大河流长江,因三峡水库有效调洪,长江干流未受大的影响。多灾的黄河,因上游蓄水工程多,水库有效调控,干流没发生过灾害。水库可以将河流枯水期、丰水期水量大小进行均衡调节,消除洪水灾害,保证河流的健康,工农业用水的水源供应也有了可靠的保证,水环境得到了改善,水面可以增加,河床可以缩窄。全国河流总长42万km，如果全国河流平均缩窄48m，可使3 000万亩河滩变成为水田，而且是水源条件好的高产农田。我国共有河流湿地820.7万hm²，折合1.23亿亩。根据《中国土地资源与可持续发展》介绍："仅在黄、淮河平原就有沙地166.7万hm²，呈带状分布在黄河和河流沿岸……经改造后可发展果业，有的可开垦为农田。"大量修建水库后全国可以增加水产养殖水面2亿多亩，水产品增加100多亿kg，水电装机容量可由现在的1亿kw增加到4亿kW。这项工程投资大、见效慢、周期长，国家投入一定的比例，国家可给予一些中长期贷款，在政策上支持一些大型水电公司发行股票及债券等，放宽政策支持国内大的水电公司或国外投资公司及民间企业在江、河的干、支流上多建设大中型蓄水工程。

5.2.7　改造沙漠、灌溉草场、增加农业资源

严重的土地荒漠化、沙化威胁着我国生态安全和经济社会可持续发展，威胁着中华民族的生存和发展。我国华北、西北13省、市、区国土面积498.96万km²，占全国总面积的52%，有天然草场30多亿亩，占全国草场面积的50%多，有耕地面积7.7亿亩，占全国耕地面积的42.1%，而水资源量仅占全国水资源总量的15.3%。西北、华北地区缺水总量达9 000多亿m³。水是生命之源，万物之基础。人类择水而居，人傍水而存，依水而发展。西部大开发，没有水怎样发展？由于严重干旱少雨，水资源短缺，草场得不到灌溉，产草量很低，温性荒漠草原类单位面积产量平均仅455 kg/hm²，草原资源造成极大的浪费。

国家50多年来对草原建设投入不足，2000年以前，每年平均草原建设投入不到0.45元/hm²，2000年以后国家投入100多亿元，每年平均草原建设投资达到25元/hm²。中央十七届三中全会提出建设灌溉草场，这是集约化经营草场的关键措施。在水资源丰富的西藏建设3亿亩灌溉草场，将大力促进西藏地区的经济发展，十分有利于我国食物安全。

日本农业情报研究所所长北林寿信强调：粮食危机，最终还是"水危机"。我国宜农后备耕地和宜林地区主要在西北地区和内蒙古，宜农后备耕地和宜林地区开发的保障因素是水，西北水资源短缺使宜农后备耕地不能开发，如果调水入西北后，后备宜农耕地就可以开发成无障碍耕地，在新、蒙、甘等区，有水就有一片绿洲，这里是"绿洲农业"，"绿洲农业"的前提是水。新疆区现有可垦的宜农耕地8千多万亩，在西北沙地草原新开垦4亿亩耕地是可能的。

向华北、西北调水，改善生态环境，灌溉10亿亩草场，改造沙漠，引水阻沙，引水拦沙，借用水的冲击和夹带作用，逐渐将沙丘拉平改造成良田、草场。引水拉沙已在新、蒙、陕等地采用，取得了良好的效果，但由于水资源量有限，还不能大面积采用。死亡之海的芒芒戈壁、沙漠，相对平坦，灌溉后，即可成为草场，复土加灌溉即可变成良田。荒漠+灌溉=草场，荒漠+土壤+灌溉=耕地。改造荒漠，向荒漠要土地、要食物，不是"天方夜谭"，在国际上已有先例。农业资源最贫乏的以色列是个沙漠王国，建设

全国统一的调蓄和供水系统，在沙漠里通过远距离输水灌溉，解决了食物问题，农产品还有剩余出口。

非洲人均 GDP 仅 1 250 美元的埃及的新河谷运河工程，于 1997 年开工，工期 20a，年调水 55 亿 m³，21 个提水站，投资高达 300 亿美元，超过我国的南水北调中线的投资。工程将尼罗河水调往西部，将使埃及西南部大约 7 530 万 hm² 的荒漠变成草场，其中耕地面积约 143 万 hm² 的新绿洲将出现在埃及西部沙漠之中，届时将在这块广阔的土地上兴建起 25 座城镇，安置 300 万移民就业，创造 200 万个就业机会，使昔日荒凉的大漠变成充满活力的经济新区。

"西水东调"工程是埃及又一项大型水利工程。把尼罗河水引入干旱的西奈半岛，开发西奈北部沙漠地区的耕地 25.76 万 hm²，调水量 44.5 亿 m³。西水东调工程和西奈北部的土地开发基本上是在沙漠地区进行，建设条件艰苦，但工程设计标准高，施工质量好。工程于 1998 年 10 月 25 日竣工，为西奈半岛工农业生产和人民生活提供了宝贵的水资源。埃及由于修建了一些调水工程，使半干旱沙漠地区农业发达起来，成为世界上农产品重要出口国，大量出口棉花以及粮食等农产品。

5.3　努力提高农牧业单产

5.3.1　合理调整农业产业结构、严格农业区划

调整农业产业结构，首先要有科学发展规划。各地区要根据本区域的气候、水资源、土壤、光热资源等条件，选择适合本地区的投入少、产出多、质量好的项目。国家要严格农业区划，违反科学的种植坚决调整，改变农民在种植业上的传统习惯，每个地区种植几种主要高产作物，发挥各地自身的优势，不要搞"多而全"。目前，我国有很多作物布局、种植区域不太合理现象，造成成本高、产量低、品质差，甚至资源浪费。如：根据 2009 年中国统计年鉴数字，以 2008 年农业单产为例，辽宁省花生单产低于全国均值的 9.7%，仅是山东花生单产的 72%，却有很大种植面积，谷物单产高于全国均值的 15.8%，烤烟高于全国均值的 30.3%，其优势是粮食作物、烤烟，不是花生；黑龙江甜菜单产仅是新疆单产的 46.6%，全国单产均值的 76.6%，黑龙江甜菜面积居全国首位，黑龙江的优势是谷物、烤烟和油菜子；河南棉花单产是全国均值的 156.7%，是湖南单产的 2.43 倍，河南花生单产是重庆的 2.34 倍，是贵州的 2.09 倍，河南甘蔗单产仅是广东的 74.2%，油菜子单产高于全国均值的 40.5%，河南应把甘蔗改为单产很高的花生和油菜子；贵州省甘蔗单产只有全国单产均值的 50%，花生单产仅是全国单产均值的 62.5%，仅是山东省花生单产的 47%，贵州应减少甘蔗、花生的种植，改为比较优势的谷物；甘肃省花生单产仅是全国单产均值的 44.9%，谷物单产仅是全国单产均值的 63.9%，而棉花单产却是高于全国单产均值的 91.1%，居全国第 2 位，甜菜单产高于全国单产均值 7%，甘肃省应发挥棉花和甜菜单产高的优势；内蒙古花生单产仅是全国单产

均值的67.9%，油菜子单产是全国单产均值的49.9%，而烤烟高于全国单产均值的31.5%，棉花单产高于全国单产均值的42.5%，内蒙古应将花生、油菜子改为烤烟和棉花；吉林省甜菜单产仅是全国单产均值的83.9%，花生单产仅是全国单产均值的89.7%，吉林省谷物的单产高于全国单产均值的32.5%，居全国首位，吉林省的优势是谷物，而花生、甜菜是弱项，应大幅减少；新疆油菜子单产是全国单产均值的69.5%，而谷物、棉花、花生、甜菜单产都居全国前列，高于全国单产均值11.5%、83.4%、32.4%、51.49%。新疆应发挥棉花、甜菜、谷物、花生的优势，减少油菜子的面积；广东省甘蔗单产居全国首位，高于云南单产13%，但甘蔗种植面积远少于云南，广东花生单产仅是全国均值的83.3%，是山东花生单产的63.8%，其种植面积远远大于甘蔗面积，广东应充分发挥甘蔗高产的优势；云南省花生单产仅是全国单产均值的47.5%，甜菜仅是全国单产均值的25.3%，花生不是云南的优势，云南的优势是烤烟、棉花和甘蔗。

全国各省（市、区）有1.82亿多亩各类农作物种植结构不合理。谷物中有8.1%种植面积产量很低、不合理，棉花有14.2%的种植面积产量低，种植结构不合理，花生有37.6%的种植面积、甘蔗有23.7%的种植面积，甜菜有4.2%的种植面积，烤烟有8%的种植面积，种植区域不科学。

国家应严格农业区划，统一农业生产布局，统一计划种植，各地扬长避短，充分发挥各自的优势，增加产量，提高品质。通过农业结构调整、优化产业、严格专业化区划。我国南方降雨多，温差小，也在推广避雨种植葡萄，造成葡萄成本高，病害多，农药用量大、品质差、产量低。我国北方水资源严重不足，却有高达1亿多亩的高耗水作物水稻。辽、冀、鲁、蒙、豫、津、京、晋、陕、甘、宁、新等省市水资源严重不足，属于资源性短缺，人均占有量很少，由国家调水补给，高耗水作物水稻种植面积达2 798万亩，而且呈增加趋势，2008年增长1.2%。例如：滦河上游潘家口水库近年来蓄水严重不足，但水库上游"近水楼台先得月"大面积种水稻，亩灌溉用水1 200多m³，产值仅1 200多元，每m³水的产值仅1元多，而且加剧了天津供水紧张。承德市将水稻减少一部分，对稻改旱进行补贴，缓解了天津供水紧张。

宁夏、新疆是严重缺水区，水稻亩耗水高达4 000多m³。北方其他省区水田亩耗水1 200m³以上。北方缺水省份大面积种植水稻，总面积达1.07亿亩，水从田面大量蒸发，这是一种极大的水资源浪费，是不合理的农业种植结构。如果冀、鲁、蒙、豫、津、京、晋、陕、甘、宁、新、辽12省、市、区的水稻种植区改变传统农业习惯，减少2 000万亩水稻田，改种小麦、玉米，可以节省160亿m³的灌溉用水量，相当于南水北调中线的调水量。这些水做旱田灌溉，可增加5 000万亩水浇地，可增产粮食125亿kg。如果吉林、江苏、再减少1 000万亩水稻，北方共减少水稻面积3 000万亩，改种小麦或玉米，可以节省灌溉用水240亿m³，相当于南水北调工程供给农业灌溉总水量，相当于南水北调工程总调水量的53.3%。国家对水资源缺乏的地区限制种植水稻，同时从农业投资中拿出一部分资金对水稻改小麦、玉米的地区按面积给予补贴，尤其是水资源短缺的北方省份，从增产、节水等综合效益上权衡是非常必要的。如果每亩补助 500 元，可节水 900 m³，每 m³ 水成本仅 0.56 元，水成本是南水北调水成本的 1/10。

蒙、甘、新、青、宁等省区一些地区，草场退化严重、甚至沙化、半沙化。退化的草场，应改变使用性质，不再放牧牛羊，改为生态林业或生态草场，走造林、养林、营林、种草、养草、营草的路子。包括一些退耕还林、还草地区可由放牧牛羊调整为散养寻食能力强、以食昆虫为主的土鸡，使草场生态逐步恢复，而且土鸡肉、蛋质量好，饲养成本低。从生态效益、经济效益、社会效益综合分析，养土鸡比牛、羊效益高。河北赞皇县山区为保护生态，采取"牛羊下山、土鸡上山"的措施，收到了明显的经济效益、生态效益。鉴于此，我国的农业产业有必要进行一次调整，重新确定区划，各地区可根据自己的农业生产条件，扬长避短，确定本地区的农业产业结构，发展适合自身优势的项目。

5.3.2 依靠科技进步、提高农牧业单产

我国农业资源有限。提高农产品总量，重点是提高单产。要充分认真落实"科学技术是第一生产力"的准则，根据本地区的气候、水利、土壤等生产条件及农业生产情况做好农业科学发展规划。依靠新技术推动畜牧业发展，利用好胚胎移植技术，运用系统生物学、生物信息和遗传学培育出蛋白含量高、口感好、饲料转化率高、抗病率强的高产猪、牛、羊、禽及鱼、虾、贝、蟹等新品种，构筑动物疫病防治新体系，畜禽疫苗、生物兽药广泛使用，控制高致病性禽流感、甲型 H1N1 流感、口蹄疫、鱼类出血病等重大疫病，动物性生长激素、新型饲料添加剂广泛使用，大幅提高畜牧水产业生产效益。

依靠科学种田大力推广优良品种，加快良种的研究，认真推广作物栽培实用技术，陕西杨凌农业高科技示范园，研究出甘薯覆地膜，采用营养液滴灌，亩产可达6 000 kg，为干旱、半干旱地区农业起到高产示范效应。做好农作物病虫害防治工作，推广生物防治工程，推广声波助长仪、病害臭氧防治机、二氧化碳增施机等物理方法，研制生物农药、生物肥料，替代部分化学肥料、化学农药，减少环境和农产品的污染，增施有机肥，合理施肥，培肥地力，逐步减少对化肥的依赖，形成化学肥料、有机肥料、生物肥料互补的肥料格局。研制含有机质、生长激素、除草剂、农药及微量元素的多功能复合肥料。注重倒茬轮作，改良土壤，加快农业科技成果的转化。建立农业生产操作规范，深入开展生物技术研究，研发转基因工程在农业生产中的应用，传统的育种技术不能解决所有的农业品种问题，加快培育转基因抗病虫害、抗盐碱、抗干旱植物品种，特别是棉花生产中应用转基因品种，广泛开展农业技术推广工作。用政策调动、鼓励农科人员深入基层，深入田间，踏踏实实为农民服务，传播农业科学知识。应鼓励和支持基层民间群众组织——农民专业协会、研究会、合作社等，对新技术、新品种在各地区进行广泛地引进、试验、示范、推广。一个品种、一项技术，在不同市、县，因气候、土壤等因素的差异，要有不同的栽培技术要求。让一些有头脑、善于钻研的农民群众去试验研究、总结。这样会比较适用，又便于推广，国家又节省大量试验与推广经费。像西方发达国家那样，农民专业技术组织这个民间机构负责技术、信息、协助销售

等。国家对基层农业科技部门应给予一定的引进、试验、示范、推广经费，由县农业部门对比较成功的农民群众给予一定的补助。努力全面提高农业单产，争取全国粮食单产平均每年以 1.5% ~ 3% 的速度提高，争取做到单产提高速度，达到粮食需求增长量的速度。

在农业领域内，优先推广那些简单实用、行之有效的技术措施，如茶叶，原产于云贵高原及边缘地区云雾弥漫的原始森林中，是森林的伴生树种，属耐阴植物，它要求生长期空气相对湿度 80% 左右，天气多云雾和漫射光，过强的光照和比较长的日照时数会使茶叶产量低，品质下降。自古有"高山云雾出好茶"之说。根据茶的生物习性，在茶园里套种泡桐、大枣树等乔灌树种，人为创造"短日照，空气相对湿度大，云雾弥漫的林下气候条件"，便可以使茶叶大幅提高产量，提高品质，仅此一项就可以节省大量的茶叶占用耕地。我国有 3 亿多亩坡耕地未治理，只要修成梯田，就能使"跑水、跑肥、跑土"的"三跑田"变成单产较高的农田。在云贵高原上，哈尼族修建了循山环绕的高标准梯田，在全世界很有威名。这是一项技术简单而行之有效、事半功倍的事情。

我国农业生产条件相对较差，农民文化水平较低，但能够长期保持各项农作物单产是世界平均值的 2 倍，主要得益于我国县、乡两级基层广大从事农业、林业、水利、畜牧业的科技工作者。科技成果出来以后才完成一半，通过推广来完善、提升，推广是最难的，通过推广使科学技术变成生产力，这需要全国一大批科技工作者默默无闻、脚踏实地地去工作，是它们长期在基层从事技术普及、推广工作，服务于农业，服务于农民，使农业连年获得高产，使单产逐年上升。但他们工作条件差、生活艰苦、工资不高、待遇低，医疗保险等又得不到完善保障。国家应充分理解在县、乡基层从事农业工作的人员的工作条件艰苦和生活待遇微薄，应给基层事业单位足够的事业经费，使他们能够深入进行试验、研究、推广，同时改善他们的工作条件、改善工资、生活待遇，使他们安心从事基层农村技术推广服务工作，服务于农业、服务于农民，促进农业稳产、高产。

5.3.3　增加土壤有机养分、培肥地力

中国农业一直保持 5 000 a 的传统文明"精耕细作"，但部分作物类别上单产却低于西方国家，其最基本的因素是我国土地普遍有机质含量低，目前，全国耕地有机质含量平均为 1%，而欧、美国家土壤有机质含量在 2.5% ~ 4.0%，是我国的 2.5 ~ 4.0 倍左右。多年来农民耕作单一使用化肥，有机肥投入很少，我国耕地少，又无条件实行休耕，耕地土壤有机质逐年下降，土壤越来越瘠薄。耕地土壤除缺少有机质、氮、磷、钾肥外，还不同程度的缺少铁、硼、钼、锰、锌、铜等微量元素，其中以缺锌、锰、硼等微量元素面积最大，微量元素缺乏使作物抗病能力降低，使作物产量和质量都受到严重影响。植物是依靠有机养分来生长的，有机养分通过光合作用产生籽粒，作物产量的高低主要取决于有机质和微量元素。"有收无收在于水，收多收少在于肥"，这是中国农业几千年的谚语。土壤肥力是粮食单产的基础因素。土壤改良措施应作为农业基础建设的主要内

容之一，改良土壤团粒结构，提高土壤有机质含量，培肥地力。推广少、免耕措施，实施耕地土壤保育技术、中低产田耕地修复技术，控制土壤退化，稳定提升耕地质量。一些地区为提高土壤肥力进行了秸秆还田，但现在全国每年在田野做禁烧的秸秆仍达1.75亿多 t（其有机养分相当于几千万 t 的化肥），这是一种极大的农业资源浪费。目前，河北省等地区严格禁止焚烧秸秆，对秸秆进行综合利用。而秸秆是农业的"宝"，深加工后可节省大量木材。县、乡基层政府做好农民工作，严格禁止焚烧秸秆，推进秸秆还田或秸秆转化为饲料，大力发展沼气，使秸秆变为农家肥还田。加强对农村沼气的投资，改进投资政策，改沼气池建设补贴投资为全额投资，改分散的一家一户小沼气池为建设大型连续沼气池，集中建设，统一管理、统一供气，提高效益，提高供气保障率，把沼气建设作为一项农村民生工程、生态工程、土壤改良工程、新农村建设的主要一项任务。国家从农业投资中拿出一部分资金，低价供应燃煤、燃气，补贴小水电、家庭小型太阳能及小型风能设施，以解决农民取暖及生活燃料。秸秆由土壤肥料产出，再还原于土壤，这是良性循环，是保持土壤生态平衡的有效方式，即所谓的"人养地，地养人"。如果做到大部分秸秆还田，土壤有机质含量每年将提高0.15%左右，农业单产将提高5%左右，这是一个很大的增产数字，是比较容易做到的事半功倍的事情。秸秆全部还田30 a，可使我国耕地土壤有机质含量达到欧、美国家的水平，为粮食稳定增长打下良好的基础。用秸秆作燃料用需要研究，河北省晋州市大名县等建设秸秆发电厂，秸秆发电愈泛愈烈，很多省份都在推广"生物质能"秸秆发电。我们从土壤中获取作物籽实，供人类食用，再将秸秆焚烧发电，对土壤只索取，不还原是"竭泽而渔"，土壤养分得不到补充，逐年下降，土壤对农业的供给能力逐年下降，下降到某一界限时将不能再供给了。新华社记者在江苏南通调查，听如皋市土肥站高级工程师苏建平讲："一亩麦秸还田，它相当于施15 kg 的碳铵、3 kg 过磷酸钙和7.5 kg 的硫酸钾，它对提高作物产量有很大的帮助"，"在农田的生态系统中，秸秆是生态系统的一部分，应该把秸秆还回到农田，以维持生态系统的平衡。"一些现身实践过的农民也表示："麦秸还田，每年少施一次化肥，每亩省100元。"农户秸秆还田的水稻比没秸秆还田的亩高产40 kg。"用秸秆发电破坏土壤生态平衡，目前，一些地区尝试用秸秆发电，此举应该禁止。而且秸秆轻，体积很大，又十分分散，仅集中到电厂运输，工作程序一项就消耗掉大量能源、人力，而且成本又很高，去掉消耗，实际利用价值就比较低了，远远低于秸秆还田培肥地力的综合效益，长远效益。秸秆还田是我国提高耕地有机质最好的措施。

5.3.4　推进大豆大面积高产栽培开发工程

我国目前年需大豆量为5千多万 t，卫生部公布2002年的《全国营养与健康综合性调查》中提到："我国居民豆类制品摄入量过低仍是全国普遍存在的问题。"满足全国人民健康需求，我国大豆需求量估算在21世纪50年代将达到8 000万 t。缺口将达到5 000万~6 000万 t，过多依靠国际市场，使我国大豆市场受控于国际市场，是很危险的。2008年，我国大豆播种面积为1.35亿亩，总产量在1 650万~1 700万 t 之间，每年需求在 5 000 万 t 以上，缺口全部依靠进口。而且进口量呈逐年增加趋势，2008 年进口达 3 744 万 t。我国 20 世纪 30 年代，大豆创历史最高水平，国际市场大豆 90% 来自中国。80 年代以后大豆面积、单产均退居世界第四位。我国大豆单产平均仅 120 kg/亩，2005 年巴西大豆单产为 153.8 kg/亩，阿根廷大豆单产为 181.9 kg/亩，美国大豆单产为 193.9 kg/亩。按现在单产计算，大豆实现全部自给，播种面积将高达 4 亿多亩，扩大到这一面积显然是不现实的。主要还是靠提高大豆单产。应高度重视大豆的生产及对大豆生产进行资金投入，劲推大豆大面积高产栽培开发工程，组织优秀专家进行科技攻关，培育优良品种，依靠科技进步努力提高大豆单产。吉林省培育出世界第一个大豆杂交种"杂交豆一号"单产提高 20% 以上，为大豆高产栽培，带了头。我国要尽快使大豆平均单产提高到 200 kg/亩以上。国外大豆种植大面积机械作业，专一品种，有利于发挥优势。我国一家一户作业，一盘散沙，品种混杂，品质优势没有发挥。美国对大豆补贴占 25%，我国目前每亩仅补 10 元。大豆种植业存在品种结构、体制、经营规模诸多问题，需要从政策上去深入研究、解决。提高栽培效益，从根本上扭转大豆主要依靠进口、依赖国外市场的局面，恢复我国大豆主要生产国的历史地位。这对稳定国家经济、稳定国内粮油、饲料市场，人民生活安定意义重大，是一个长远的战略方针。

5.4 加强非传统饲料开发利用

5.4.1 昆虫饲料开发利用

我国昆虫种群数量很多，有记录的昆虫种类已达 74 444 种，总量很大。昆虫躯体内含有丰富的蛋白质、脂肪、多种氨基酸、赖氨酸、多种维生素、矿物质，是最优质的全价动物性饲料。对昆虫的利用，在李时珍的《本草纲目》中就有记载："蚂蚁……其卵……古人食之"。目前主要在中药中有少量应用，在保健品中有微量利用。在昆虫食用方面，只有云南大理白族人有把昆虫做食品的习惯。把昆虫应用到饲料中目前也很少，全国各地有少量的昆虫饲料开发利用研究工作。全国年可利用昆虫至少有 1 000 万 t，如果利用得好就相当于节省粮食饲料 1 000 多万 t，相当于一个中等省的粮食产量。这么大的资源闲置未充分利用十分可惜。在此方面国际上已有先例，为充分利用昆虫的营养资源，南非组织了昆虫食品品尝会。农业高度发达的荷兰重视对昆虫的利用，如掺有肉虫的鸡肉丸子，炸蚂蚱等。我国应该着手组织昆虫饲料开发利用研究工作，总结出昆虫饲料利用方法、加工技术、营养成分，对昆虫饲料开发利用进行试验、示范、推广。利用好昆虫饲料的丰富资源，以节省大量的饲料用粮。同时，昆虫被有效利用后，作物病、虫害将减轻，农业产量将显著提高。

我国赞皇县、内蒙古草原兴发集团等，在草场、果园、荒山上放养土鸡，既保护了生态，又用昆虫作为鸡饲料收到很好的效果，既减少了粮食饲料的消费，减轻了作物虫害，同时鸡粪留在地里又促进了生物生长，改善了生态环境。我国每年因蝗虫灾害危及

2 000多万hm²草场，如果草原地区大量增加土鸡放养，可基本消灭蝗虫的危害，蝗虫是土鸡的最好饲料，变害为益。新疆哈密地区蝗虫鼠害预防预报防治站采取补贴、奖励等措施，引导伊吾县等地区牧民养鹅治蝗，有效地防止了蝗灾的发生，避免了药物治蝗对环境的污染，还增加了牧民的收入。这些典型经验有良好的启发和推广价值。

5.4.2 蛋白饲料的替代品研究推广

畜禽和水产品生产需大量的蛋白质饲料。目前，我国每年生产1亿t以上的配、混饲料，就需进口2 000多万t的大豆和豆粕以及100多万t鱼粉。今后缺口会越来越大。据有关部门推算，到2025年，我国每年将出现4 000多万t的蛋白饲料缺口，相当于鱼粉300万t和豆粕6 500万t。蛋白饲料的严重短缺是饲养业的巨大的压力，完全依靠国际市场是做不到的，国际市场没有这么大的供应能力。我们必须自己解决，推行建立在科技基础上的替代战略。目前资源量较大（约800万t），但有饲用重大障碍因素的棉子饼、羽毛、畜蹄、角以及废弃物等的高效、充分利用，对其进行利用的技术研究，有待深化。

比较易于开发的蛋白饲料替代品是蝇蛆。工厂化养殖蝇蛆是以室内长期驯化筛选出的家蝇和种蝇，在封闭的人工控制的饲养条件下，用农副产品及废弃物为主要原料，通过科学配制，达到卫生标准，人工饲养生产出的无菌家蝇幼虫。蝇蛆有丰富的营养，蝇蛆干粉蛋白质含量达60%左右，所含的18种氨基酸，均高于鱼粉，其中赖氨酸、蛋氨酸、苯丙氨酸分别是鱼粉的2.6，2.7，2.9倍。蝇蛆幼虫粉中的脂溶性维生素A和维生素D的含量极为丰富，水溶性维生素B族含量较丰富，特别是谷物中缺乏的维生素B_1与维生素B_2，含量较高。

家蝇的生物学特征是：①生活周期短，7~15d就可以繁殖一代；②繁殖力强，一对家蝇一生能产卵400~800粒，存活率可达85%；③食性杂，各种动植物废料、农副产品废弃物工业有机废渣等都可以作为食物。家蝇资源开发利用具有很大优势。一是价廉，目前生产成本仅0.5元/500g，二是营养价值高，三是可以大批量工厂化生产。目前，蝇蛆养殖还处于初期阶段，虽然早在20世纪80年代就已有小型养殖，但目前尚未有大规模养殖。如加大投资，给予扶持，再进一步深化研究，完善规模养殖技术，逐步示范、推广，其前景是广阔的，很有希望成为未来蛋白质饲料的替代品。

5.4.3 秸秆利用

5.4.3.1 秸秆生产食用菌

我国农村每年生产7亿多t秸秆，约1.45亿t用做畜牧饲料，0.91亿t还田，2.8亿t农村居民用来当柴烧，剩余约1.7亿t直接在田野焚烧。秸秆粉碎加工后可以发展食用菌，食用菌含有多种维生素、氨基酸，是一种很有营养的食物品种。食用菌生产技术比较简单。目前，少部分农村地区用秸秆、稻壳、玉米心等粉碎、发酵后生产食用菌，收到了较好的效果。应继续加大农业秸秆等的利用量，减少焚烧，以扩大食用菌生产。如果我国人均食用菌消费量达到蔬菜消费量5%的比例，蔬菜将自然面积下降5%左右，可节省优质耕地1 200多万亩，如果这部分耕地全部种植粮食作物可生产粮食60多亿kg。

5.4.3.2　秸秆饲料

我国玉米栽培面积随着畜牧业的发展，逐年增加。玉米是家畜的好饲料，在华北地区秋季搞了一些青贮，用来喂奶牛，扩大了饲料来源。东北等地区大量秸秆仍做烧柴或在田野里焚烧。推广秸秆软化饲料，加强玉米秸的青储，可以扩大饲料的来源，如果全国多青储玉米秸1亿t，可节省粮食饲料2 000多万t。

5.5　保护食物供应品质安全

5.5.1　保护耕地，防止污染

耕地污染是造成耕地质量下降、威胁食物品质安全的重要因素。污染了的耕地必然会导致耕地质量下降，甚至使耕地丧失功能，生产出污染食品。化肥亩使用量超过发达国家一倍多。根据第一次全国污染源普查公报，全国农业源种植业主要污染物流失情况；种植业总氮流失量159.78万t，总磷流失量10.87万t，地膜残留量12.1万t。畜禽养殖业主要污染物排放量；化学需氧量1 268.26万t，总氮102.48万t，总磷16.04万t，铜2 397.23t，锌4 756.94t，畜禽养殖业粪便产生量2.45亿t，尿液产生量1.63亿t。长期过量使用化学肥料、农药、农膜及污水灌溉，使土壤中的有害物质逐年增加，直接影响土壤生态系统的结构和功能，使生物群结构发生改变，生物多样性减少，土壤生产力下降，土壤理化性质恶化，影响作物生长，造成农作物减产和农产品质量下降。农产品中的有害物质严重超标，严重影响人民的身体健康。每年因土地污染，有1 200万t粮食重金属严重超标。很多项农产品因化学农药残留量超标，而不能出口。工业污染加剧，工业有害粉尘散落到农田，使农田产量降低，甚至绝收。如，沈阳某乡污染使附近的农田生产粮食重金属严重超标，不能食用。工业对耕地污染在全国各地日益扩张。电视台已多次报道农民对工业污染土地上访的事件。

目前，全国受污染的耕地约3亿亩，土壤污染的总体形势相当严峻，对生态环境、食品安全和农业可持续发展构成威胁。中华环保基金会会长曲格平对我国农业面临污染忧心忡忡，他说："化肥、农药污染是一个世界性难题，但在中国来得这么快、这么严重，令人震惊。中国化肥、农药的使用量已经到了极限，已到了非治不可的地步，应该采取新的有效措施了。"化肥实行国家专卖，国家规定亩施化肥上限，对公民按耕地面积定量供应。我国人多地少，应限制使用除草剂。除了在内蒙古、黑龙江地广人稀地区外，应该用人工拔草，国家对每亩农田补助2个拔草人工日，这样做长远上看是合算的。要严格控制有机农药的使用，多生产一些高效低毒、低残留的农药和化学除草剂，推广生物农药，对生物农药加大国家补贴。积极开展生物防治工程，生物防治工程投资由国家在"三农"投资中支付，大力开展赤眼蜂防治玉米螟、土蜂绿浆菌、消杀蝼蛄等措施，保护好害虫的天敌。加强技术普及，提高农民对化学除草剂、农药使用知识，正确使用，减少使用量。提高化肥利用率，推广测土配方施肥，推广粪便无公害处理，农村沼气池普及化，秸秆沼气处理后，施入田间。制定空气污染法、土地污染法，依法防治。土地部门加强土地环境监测，加大监测点密度，对全国土地进行全方位测试，最大限度地减少化学农药在土壤中的残留量，保护好耕地，不受污染，保护食品安全。

5.5.2 保护水质，加强治污

我国工业废水排放量大，很大一部分污水未经过处理自由排放，主要污染物排放量呈现逐年增加趋势。根据第1次全国污染源普查公报：2007年全国各类废水排放量达2 092.81亿t，化学需氧量排放量为3 028.96万t，氨氮排放量为172.96万t，石油类78.21万t，重金属（镉、铬、砷、汞、铅）0.09万t，总氮427.89万t，总磷42.32万t，二氧化硫2 320万t，氮氧化合物1 797.7万t。城乡污水的大量排放，使河流水质变差。2005年，七大江河中，劣V类水质平均达到27%，海河劣V类水质达到54%，辽河劣V类水质达到48%，淮河达到32%，劣V类水质灌溉农田后，由于重金属和碱性物质超标，影响农作物产品质量，农产品有害物质超标，对人体健康有影响；严重影响农作物产量，严重者大片农作物发黄、枯死，农田受严重污染，导致大片农田作物死亡的事件频频发生，每年都有多起事件由媒体在电视台曝光。

南水北调东线的水质污染严重，治污费用高达1 000多亿元。在全国平原地下水资源量中IV类和V类水质水资源量分别占24%和30%，合计有54%的地下水资源量水质不符合生活用水水质标准。由于水污染导致水质恶化，使一些地区出现水质性缺水，许多农村地区的居民因为饮用受污染的水影响身体健康，各种地方病发病率不断提高。

对水污染必须高度重视，严格管理，加大资金投入治理污水。除政府统一规划安排污水处理厂外，排放污染物较多的企业要自行处理，必须达标。对排放污染物的企业单位和个人要严格收取排污税和排污费。密切监管、严厉整治那些只应付检查，不去踏踏实实处理污水的企业。严格禁止地方保护主义，水行政执法部门要加强监管力度，严格保护水质不受污染，工程治污与生物治污有机结合。武汉市水务部门及成都市采取在水面上栽培植物，让植物吸收水中杂质，收到很好的效果。成都市双流县在水面上做移动的浮床，种美人蕉，吸收水中杂质，被称为"移动的人工湿地"花床。采取各种有效措施，还"碧水于自然"，这是改善民生，保护生态环境、保障食物安全、保护华夏子孙生存的根本大事。

5.6 构建节约型农业社会

5.6.1 膳食消费

居民必须根据资源量来确定消费结构，我国的人均农业资源量限定不允许自由、无限制的食物消费，这是中国的特色。为此，应进行全民资源国情教育，使全民都有一种忧患意识，意识到：我国人均农业资源十分贫乏，节俭地利用好有限的农业资源，不能有任何浪费，这是公民应遵守的基本原则。我国居民的膳食消费不能学西方国家。西餐是"肉食谱系"，以动物性食品鱼、肉、蛋、奶为主；而我国人口众多，有限的资源是承受不了的。居民膳食必须是节约型资源消费。我国传统的饮食结构中餐是"菜食谱系"以粮食、蔬菜为主，颇符合科学提倡的多食黄绿色蔬菜、水果，富含维生素及复合性碳水化合物的要求。这是东方饮食文化的高尚文明。我国历史名医、寿星孙思邈早在1 300 a前，就在《千金方》中提出"节饮食减肥，少吃肉，莫强酒"的观点。引导居民以食植物性食物为主，食用动物性食物为辅，各种食物合理搭配，居民同样保障身体健康。国家有关部门组织营养学家提出中、长期营养规划、科学的营养搭配、一些植物性食品与动物性食品合理结合的膳食配方，这是减少粮食、食物浪费，控制饮食消费增长的重要措施。我们虽然不能强行干涉个人饮食消费，但我们可以通过媒体做好科学宣传和正确导向，对居民逐步进行引导。有关报道："通过营养科学指导，预防营养类疾病，则可减少食物费用、药物开支约7 000亿元。"

引导居民科学饮食消费，主要注重以下几个问题：

（1）积极调整居民饮食中稻米和小麦比例

目前，我们存在一些应该引起注意的倾向。我国很多居民在粮食食用中不够科学，和我国农业资源不相符合，近年来我国人均大米食用量增长较快，小麦粉食用量明显下降，中国人均消费大米比世界平均值高1倍以上。大米产量占世界总量的40%，这和我国水资源、土地资源很不匹配。

2008年中国稻谷的亩产量为437.5 kg/亩，在亚洲仅次于日本（460.5 kg/亩），比世界平均水平高60%，依靠提高单产来增加大米产量的潜力不大。我国水资源严重不足，随着城市化和现代化的进程，水稻种植面积下降几乎是一个无法回避的事实。1978年水稻种植面积为3 442.1万hm²，1990年下降到3 306.4万hm²，种植面积下降3.94%；到2008年种植面积下降到2 924.1万hm²，比1990年又下降11.6%。我国水稻总产增加的潜力相对较小，进口的潜力也较小，国际市场大米贸易总量不大，仅2 800多万t。从长期来看，要解决中国大米的供求失衡问题，只能引导消费趋势，减少对大米的消费量。

日本长期以来一直是限制大米进口，名曰"保护国内大米市场"，实际是基于"小麦营养丰富，大米营养低"的营养学考虑的。世界多数国家，尤其是西方工业化国家，粮食消费中以小麦粉为主，小麦粉含有的蛋白质、氨基酸等营养成分比大米高45.9%，大米主要成分为产生热量的碳水化合物，居民食物中并不缺乏。材料报道：水稻吸入砷量较高，过量食用大米容易产生人体发胖。小麦是低耗水作物，耗水仅是水稻的1/4，而且小麦耐低温，便于机械化作业。北方人如果每人每年减少22.5 kg大米食用量，改为食用小麦粉，将节省灌溉用水量225亿m³，相当于南水北调工程农业灌溉供水量。居民少食用一些大米，多食用一些小麦粉，可以节省大量的农业灌溉用水，这对水资源十分短缺的我国十分重要，同时对人身体健康很有好处，最好像西方国家那样多食用面包。食品加工业必须加快发展，做到饮食价格低廉、快捷方便，以促进面食消费。

（2）积极倡导居民食用马铃薯

马铃薯营养丰富，它所含的蛋白质和维生素 C、维生素 B_1、维生素 B_2 比苹果高得多，钙、磷、钾、镁含量也很高，尤其是钾的含量，在蔬菜里排第一位。马铃薯不含脂肪，能有效地控制人们日常饮食中脂肪总量的摄入。马铃薯富含能够产生饱腹感的柔软膳食纤维，食用马铃薯有助于控制体重。钾是一种能降低血压的物质，每100g马铃薯中含钾419 mg，有降低高血压和中风的危险。马铃薯抗逆性强，很少有病虫害，应用农药极少，不存在农业残留超标问题。欧美国家称它为蔬菜中的"人参"。经济最发达的欧洲，在食用蔬菜中仍以马铃薯为主食品种，是仅次于面食的重要主食，人均年食用量在80 kg以上。马铃薯干物质多，即起蔬菜作用，又起粮食的主食作用，它的产量又高，对土壤要求又不严格。马铃薯60d即可成熟，在高纬度生育期比较短的黑龙江、内蒙古等地区产量又高又不退化。在高寒地区大力发展，马铃薯对推动农业高产十分有效。为缓解粮食危机，推动马铃薯发展，联合国将2008年命名为"国际马铃薯年"。马铃薯已引起世界各国广泛重视，印度计划未来5~10a将马铃薯产量增加1倍。我们应当向西方人学习，多食马铃薯，这对居民健康有好处，又节省粮食。现在居民蔬菜消费正向细化方向发展，蔬菜不一定越细化越好，细化仅仅是口感好，而并非营养高，细菜产量低，多耗耕地。

（3）加强引导对富裕型疾病患者的饮食结构调整

2002年全国营养与健康调查，现在我国居民富裕型疾病的患病率大幅度提高，全国有2亿多人超重，1.6亿人患高血压，4 000万人患糖尿病。这个庞大的群体疾病的人是由于营养不合理，营养过剩造成的。近两年国际上粮食危机，价格上涨，日本政府为推行节约型食物消费社会，增强国民健康体质，降低不断膨胀的医疗费，开始实行一项雄心勃勃的计划，帮助国民减肥，2008年8月生效的一项全国性法令规定：日本企业和地产政府必须给40~74岁的日本国民测腰围，腰围标准为男性85 cm，女性90 cm。腰围超标的，如果3个月没能减肥，就会得到饮食方面的指导。如果有必要这些人在半年后还将接受进一步培训，以实现4a内使超重人群减少10%，7a内使超重人群减少25%的目标。日本政府将对那些未能达到减肥指标的企业和地方政府进行经济处罚。日本厚生劳动省认为，减肥运动不仅将糖尿病、中风发病率得到控制，还将使老龄化社会的日益膨胀的医疗费用大幅缩减。减肥运动开展直接效益是减少营养浪费，减少不必要的食物消费。

我国应学习日本经验，对富裕型疾病患者进行健康指导，控制减少疾病，减少对营养的浪费，降低对食物浪费与消耗，构建节约型科学性食物消费社会。

（4）全面解决全国人群饮用不良

我国一方面存在大量营养浪费，另一方面存在大量人群营养不良。儿童营养不良在农村地区仍比较严重，奶类、豆类制品摄入过低仍是全国普遍存在的问题。大豆丰富的营养与保健功效进一步显示出来。大豆的蛋白质含量极高，达到35%，比小麦

（12.4%）、玉米（8.6%）、大米（8.5%）、谷子（9.8%）、高粱（7.4%）都高，特别是大豆中含有人体不能合成的8种氨基酸，属"完全蛋白质"，在营养价值上，它是植物性食品中唯一可以与肉、蛋、奶等动物性食品相媲美的高蛋白食品。1 kg大豆所含的蛋白质成分相当于1.7 kg瘦猪肉、2.6 kg鸡蛋或11.7 kg牛乳所含的蛋白质。世界卫生组织将大豆蛋白质定为甲级蛋白，联合国粮食组织、世界卫生组织人体试验结果表明，大豆蛋白含有足够的人体所需的氨基酸，大豆蛋白的生理价值与鸡蛋和牛奶蛋白完全相同，并将大豆作为改善发展中国家饮食结构的优质低价食物资源。

大豆含有黄酮、大豆皂苷、卵磷脂、钾等成分，食用大豆可以避免肥胖，还可以舒缓紧张，调节情绪，抑制血块在心脑血管内的凝成聚集，预防心脑血管疾病的发生，还可以增进大脑发育及记忆力，增加神经机能和活力，还可以降血脂，防止动脉粥样硬化。

（5）引导居民合理食用蔬菜

我国居民由于历史上长期粮食不足，为了填饱肚子，不得不以大路货的蔬菜代粮充饥，于是居民形成了大量食用蔬菜的习惯，如今生活水平大大提高，但居民食用蔬菜量并未减少。现在少数人提倡蔬菜细化，饮用蔬菜汁，饮用1 kg蔬菜汁相当于数kg蔬菜，这样的大量消费，我国农业资源是无法承受的，这将挤占不少粮食耕地。

我国目前蔬菜面积已达2.7亿亩，超过粮食播种面积的1/6，已成为仅次于粮食的第二大作物。我国蔬菜播种面积已占全世界蔬菜面积的40%，2005年总产量已达55 455万t，人均蔬菜占有量已达400多kg，远高于世界人均蔬菜占有量。蔬菜是高耗水、高施肥作物，必须占用最优质的耕地。为保证居民身体健康，多吃些蔬菜是必要的，但水果有很多营养成分、作用和蔬菜相同，甚至超过蔬菜。应该引导居民多吃些水果，控制蔬菜消费量或适当减少一些蔬菜消费。目前，全国果树栽培面积已达1.6亿亩，市场上中档水果价格已低于蔬菜价格，出现了供大于求现象。果树是深根性植物，能吸收深层土壤的水分和养分，对土地要求不严格，一般可在三等耕地、等外耕地或宜农荒地上栽培，就能获得中等产量，可以不占用好的耕地，果树灌溉用水量仅是蔬菜的1/5，施肥量仅是蔬菜的1/3左右。果树是低资源消耗、高营养作物，鼓励居民适当提高水果消费量，减少一些蔬菜消费量，从资源利用上是比较科学的。我国蔬菜面积如果减少10%，人均蔬菜面积仍高于世界平均水平的70%，这样可以节省2 700万亩优质耕地，多生产粮食100多亿kg，减少灌溉用水量230亿m³，减少化肥施用量130多万t，是一项大量节水、节约用地、省肥料，多产粮食的好措施。

我国资源十分有限，必须根据资源量去安排消费，如若自由消费、个性使然，国土资源承受不了。必须从点点滴滴做起，通过媒体等各种措施对居民消费导向进行科学宣传和正确引导，这是科学合理利用农业资源、减轻食物供应压力的十分重要的措施，符合中央提出的"构建节约型社会"的方针。

中国营养学会公布"中国居民膳食指南"和"中国居民平衡膳食宝塔"，其中，要求人均每天食用豆类及豆制品50g。居民多食用豆制品，减少食肉、蛋等动物性蛋白，是保持健康，科学膳食，节省粮食消耗的一项良好措施。居民饮食消费应符合营养第一，而且又节省资源，这应该是中国人膳食消费的总原则。

5.6.2 高端消费

5.6.2.1 花卉

花卉消费与发展应适度，花卉业迅猛发展是一种值得注意的倾向。

目前，一些地区把花卉业搞的沸沸扬扬，花卉消费增长迅速，每年以20%的速度增加，其占地增加速度过快。我国花卉面积24 a增长50倍，已成为世界最大的花卉生产国。如果我国人际交往中像西方国家那样大量消费鲜花，按现在的消费速度增长，17 a后花卉面积将由现在的约500万亩扩大到1亿亩，国土资源是承受不了的。必须及早控制。我国应保留东方的传统文化，不要完全照搬西方的生活方式。花卉不应列入农产品之内，不应享受农产品的优惠待遇，它是高档消费品，花卉生产需要优质耕地，对粮食生产是有影响的。对花卉种植业与营销业应当征收（高额）营业税、消费税、所得税，种花同烤烟一样应征收特产税。

5.6.2.2 烟草

我国是世界上第一烟草消费大国，吸烟人数已达到3.2亿人，烟民占全世界的1/3，烟草种植面积已达2 000多万亩，占用了最优质的耕地。我国的邻国不丹、尼泊尔在全国范围内禁止销售香烟，加拿大、古巴、意大利等很多国家已开始全面禁烟。吸烟对人百害而无益，应该教育、引导、限制国人烟叶消费量，如果烟叶消费量减少80%，这将节省优质耕地1 600多万亩，将增产粮食80亿kg，相当于北京、天津、宁夏、海南4个省（市、区）的粮食总产量。

5.6.2.3 减少白酒消费

我国目前是世界上最大的酒类生产国和消费国。1949年我国白酒产量为10.8万t，1980年达到215万t，1996年产量高达801.3万t，目前，我国每年消费白酒在500万t左右，比解放初期增长45倍。白酒消费耗粮食比较多，每酿造1 kg白酒需要2~4 kg粮食，全国每年因酿酒就消耗1 000万~2 000万t粮食，相当于一个中等省份的粮食产量。饮酒过度危害人体健康，影响社会安定。俄罗斯国家几十年来，政府多次出台政策，实行严格限制居民消费酒类政策。国家一方面对居民进行科学教育宣传，减少对酒的消费，同时在政策上限制或取消白酒的生产，鼓励支持果酒和非粮食原料酒的发展。这样可以节省大量的粮食消耗，减轻粮食供应的压力。

5.6.2.4 餐饮业

目前，全国餐饮业单位已达210万家，2008年营业额已达15 404亿元，饭店中食物的浪费量很大，尤其是公款消费浪费惊人。北京一些大饭店一桌酒席高达1万~2万元，相当于一个农民家庭的年收入。我国应采取西方国家的文明卫生用餐方式，推行AA制、分餐制、剩余打包等。并对分餐制打包等要强制推行。城镇饭店公款吃喝浪费大，至少浪费损失30%以上，媒体报道，全国每年公款消费约3 000多亿元，浪费损失约900多亿元，损失粮食约70多亿kg。全国政协常委、中国农业大学教授武维华说：以中国农业大学食品科学与营养工程学院提供的数据为例，对2006—2008年间大、中、小三类城市共2700桌不同规模的餐桌剩余饭菜的蛋白质、脂肪等进行系统分析，按保守的"全国餐饮平均总剩余10%"推算，全国1a中仅餐饮浪费的食物蛋白质和脂肪就分别达到800万t和300万t。国家应该效仿日本对在餐馆吃饭的群体，超过一定标准者征收奢侈税，以避免人们造成不必要的浪费。

5.6.2.5 宠物饲养

目前我国城市中至少有3000万只宠物，有材料报道为1亿～1.5亿只。2005年初，仅北京市已登记的宠物已达42万只，保有量至少有90万只。宠物热正在由城市中产阶级向农村中产阶级家庭扩散，向刚刚进入"小康"生活水平的家庭扩散，而且愈演愈烈。农村至少30%的家庭养狗，约有0.75亿只，年消费粮食约75亿kg。加上城市3000万只宠物每年消耗食物30亿kg，2项合计105亿kg粮食以上。根据我国的国情，城市不适宜大量饲养宠物。据统计，每只宠物日食品支出7～10元。全国目前尚有2亿多人日消费支出不足1美元，2008年农村人均日食品支出仅4.38元，低于城市中产阶级家庭的宠物支出标准1~2倍多，形成了强烈的反差，引起人民对社会不满情绪。所以饲养宠物既是一个食物消费问题，又是一个环境卫生问题，也是社会安定问题。大量养宠物不符合中央提出的"构建节约型社会"方针，对城市饲养宠物要严格控制，征收高额养殖税、卫生费、食品消费税、环保费等。对农村家庭养犬也要进行引导，宣传教育，使其数量逐年下降。

5.6.2.6 滑雪场与高尔夫球场

目前，兴建滑雪场正处在方兴未艾阶段，仅北京郊区就有10个滑雪场，据有关材料报道，一个滑雪场一个季节要消耗60万m³的水，滑雪场都是建在缺水的北方，一个滑雪场要造成几百亩地水土流失。高尔夫球场愈演愈烈，严重缺水的北京已有60家，大连已有20家。一个标准的18洞高尔夫球场要占1500～2000亩平地。一年耗水45万～60万m³，占用1095～1460人的耕地，消耗1万～1.5万人的年生活用水量。滑雪场、高尔夫球场基本都是为中产阶级及大资产者享用，他们依靠金钱高消费水资源和国土资源。这些项目是不符合中国国情的，应该加以严格限制。开征奢侈品税。这是合理调控消费的好办法。美国规定，对价格超出3万美元的汽车加征10%的奢侈品税。瑞典的消费税是20%～25%。我国应尽快出台对富裕阶层高端消费的奢侈税，并适度高于发达国家。

5.6.3 减少各环节的农产品浪费损失

5.6.3.1 种、收、储、运环节损失

目前，粮食及其他农产品在收、运、储、使用等各方面损失、浪费都很大。农产品运输中，尤其是水果、蔬菜行路难、进城难、收费高等，造成运输成本高，运输流通不十分顺畅。因设施储藏能力太低等因素全国每年水果损失约10%，蔬菜损耗高达35%。

我国果树与蔬菜栽培总面积已达4.3亿亩，如果损失各下降5%，相当于节省耕地2 300万亩，折合粮食80亿kg。国家应取消水果、蔬菜运输、交易等一切税费，尤其是取消运输通行费，实行全方位绿色通行制度，做到流通顺畅，减小损失。用政策刺激，鼓励农民多建储藏库，扩大蔬菜、果品储藏能力，进行保鲜储藏，减少损失。

我国目前在蔬菜种植业上损失较大，一些地方政府为了让农民增加收入，使农民充分就业，通过各种政策措施推动蔬菜生产，扩大栽培面积。但由于信息沟通不畅，一部分地区盲目生产，计划性差，对市场分析能力不高，致使每年都有一些地区、一些蔬菜品种产大于求，大量蔬菜运不出去烂在地里。2005年河北省大白菜五六分钱每kg，而且走不出去，上百万t大白菜烂在地里，农民赔了钱。2008年又出现山东即墨、安徽蒙城、河北固安、北京大兴等地大白菜仅0.06元每kg、卖不出去的现象。2008年贵州省白云区菜农大量种植番茄，产量过剩，销售不出，白云区政府下达红头文件，号召每人购买50 kg番茄。根据中国农科院农业信息研究所资料：2002—2004年全国蔬菜损耗量由32%上升到35%，2004年城乡居民家庭消费量为13 950万t，蔬菜损耗量高达19 000万t。蔬菜种植几乎全部为优质农田，而且耗水多，施用化肥量大。

在花卉集中种植区，经常发生大量鲜花烂在地里的现象。由于地方政府对市场缺乏科学分析、信息化服务不到位；加之市场交易手段落后，以传统的现货、对手交易为主。远期合约交易、期货交易还处于萌芽阶段，是花卉畅销的主要措施，要大力推进订单农业，完善农产品市场的"集""散"功能，加强配送系统、通讯、和市场供求信息、网络、电脑结算等，以便使农业产品计划种植、使农产品高效"集""散"，快捷的交换，减少因信息不畅造成的交易手段落后，大量菜、果烂掉等现象。

5.6.3.2　鼠害

有关材料报道，全国至少有10亿只老鼠，每年消耗掉粮食约150亿kg，在草原大量破坏草场，国家草原站公布新疆、内蒙古等12省区草原鼠害面积达3 500多万hm²，需要无偿提供灭鼠药，每年进行几次全国性的灭鼠统一行动。

5.6.3.3　乙醇生产

现在我国石油紧张，正在推广添加乙醇替代一部分汽油，大量用玉米提炼乙醇，这将造成粮食供应不足。建议用秸秆、木材等提炼乙醇，我国年产秸秆6亿多t。还有极为丰富的煤炭资源，用煤炭汽化和开采其他替代能源是我国解决石油不足的根本途径。采取有效措施，每a可减少相当于粮食损失250多亿kg的农产品损失，等同于一个粮食大省粮食产量，等同于现阶段我国粮食进口量。

6 中国解决粮食供应安全问题的政策性措施

6.1 充分利用国际规则和农业贸易市场

6.1.1 充分利用国际农产品市场的作用

我国是人均占有农业资源贫乏的国家。单一依靠国内土地资源短期内解决食物供应问题困难大，要依靠利用好国际市场和国际资源，利用两个市场，2种资源来平衡国内市场，提高世界资源配置效率。同世界粮食主要出口国美国、加拿大、巴西、阿根廷、澳大利亚等国家建立一种长期稳定的农业期货市场贸易关系，战备伙伴关系，以稳定国内粮食市场。

农产品近2 a在国际市场上价格高扬，上涨幅度很大，但产品仍属于低价产品。我国出口一些，但总量不大，200多亿美元，我们即使大量进口粮食，每年进口1亿t小麦才200多亿美元，仅是我国外贸出口总值的百分之几，我国外贸出口已达到1.6万多亿美元，贸易顺差很大，如今外汇储备已高达2万多亿美元，多买些粮油类农产品，既丰富国内市场，同时也减少贸易摩擦。进口一些农产品，实际上是进口耕地、进口水资源、进口化肥，能源资源，使一些国内市场供应不足的粮食，以及占用耕地较多的资源性农产品油类、大豆、棉花等，自由进入国内市场，减轻国内食物供应压力。从长期来看，总体上我国是农业进口大国，推动全球农产品贸易自由化，对我国十分有利。

调整农产品贸易政策。我国苹果栽培面积占全世界的36%，茶叶占世界的56.5%，梨占世界的43%。这样大的比例，但出口量却不大，应提高产品品质，加大出口，这是我国的强项。对粮、肉、油等资源型农产品不以出口为主，以自给自足为总目标，这是符合我国农业资源不足的国情和国内市场形势的，有利于国内粮食及食物市场供应稳定和居民生活安定。

在农产品出口上，多出口一些我国农业上的强项水果、茶叶、药材、杂粮、蔬菜、花卉等劳动密集型产品。蔬菜出口应以南方为主，目前，北方蔬菜出口较多，蔬菜是高耗水作物，亩灌水定额较高，生产1 kg蔬菜需水0.5 m³，出口100万t蔬菜相当于虚拟出口水5亿m³，得不偿失。如我国山东省水资源严重不足，需要国家南水北调来补充，南水北调东线供给的农业用水每立方米国家至少补贴0.7元，实际山东农民出口蔬菜的纯利润大部分是国家补贴水费转让的。水资源十分紧张的北京每年也在出口1.2万t蔬菜，北京出口高耗水作物蔬菜显然与水资源不相匹配。我国农产品进出口结构应进一步调整，扬长避短，要符合中国农业资源国情，有利于农业可持续发展。

荷兰农业贸易是"大进大出"，日本是"大进小出"。我国人口太多，"大进"则总量太大，而且容易引起国际市场价格暴涨。我国农产品贸易总的格局应该是"中进小出"。

6.1.2　组织农业走出国门

在经济全球化的今天，适应改革开放的形势，农业也应像其他行业一样走出国门，这是一项艰巨的开拓工程。首先要解放思想，让一些有能力的企业家开拓境外农业开发事业。能源、材料、矿产资源都能进口，但耕地资源不能进口，我国耕地资源严重不足，走出去，"借地生粮"，也是一种明智的措施。

据报道，沙特阿拉伯等一些国家，为解决日趋紧张的粮食问题，开始在海外囤田，租地耕种。目前日本在世界各地拥有 1 200 万 hm² 农田，相当于国内农田面积的 3 倍。

我国工业尚未走进世界先例，但农业在世界上并不落后，在有些领域还处于较先进水平。我国的耕作技术比较高，又有充足的廉价的农业劳动力，还有一支全世界最庞大的农业院校毕业的技术队伍。各级政府出面，由管理人员、农业技术人员和大批农民组成境外农业公司，去国外集体承包、租赁土地，合作经营等方式从事农业开发、农业种植业，如蔬菜、花卉、药材、果树、粮食、棉花等。这样做的好处：一是解决农村剩余劳动力就业，增加农民收入；二是开发国外土地潜力，稳定国际粮食市场，有利于稳定国内粮价；三是增加国家收入；四是符合经济全球化的形势，经济全球化本身就削弱了国家权限，打破和淡薄了国与国的界线。西欧国家对农业补贴34%，日本、韩国对农业补贴60%。根据"多哈会谈"原则，世界各国将逐步取消农业补贴，这将使发达国家主要依靠补贴而生存的农业，发展十分艰难。未来形势将逼迫它们一方面大幅度提高农产品价格，同时采取大量雇用发展中国家的廉价劳动力来降低生产成本，或采取对外租赁等形式，这将给我们国外农业开发带来良好机遇。

要放宽个人出国打工的限制，手续要简化，审批要放宽，要自由出入。谁有能力谁出去，没有能力再回来，国家又不花钱，而且国家又有收入。出国人多了，可以把外国好的经验、技术、文化、生活方式带回来。可减轻国内就业压力、减少粮食和食品的消耗。对减轻国内人口压力，也是有好处的。

非洲、加拿大、俄罗斯、巴西、澳大利亚、新西兰、阿根廷等国家和地区地广人稀，耕地面积大，耕地产出率低，尚未开垦的后备农用土地资源量很大。加强"金砖五国"农业全面合作有重要的战略意义。金砖五国人口占世界的43%，耕地占全球的37%，宜农耕地占全球的50%，谷物产量占全球的37%，大豆占39%，是全球粮食消费、粮食生产和未来粮食增长的主体。金砖五国农业贸易一体化，将主导世界粮食贸易布局，将改变美国控制粮食市场的局面，有利于稳定粮食市场。

巴西水资源丰富，土地平坦、肥沃，拥有世界最大的宜农耕地尚未开垦。资源农业潜力巨大，有我国进入其市场的条件。非洲人口稀少，尚未开垦的宜农耕地很多，现状农业落后，需要有技术能力的人员。据报道，在非洲租1亩土地仅5元人民币，买1亩土地仅50元。

尤其是邻国俄罗斯，总面积达1 706万 km²，是中国国土面积的1.8倍。俄罗斯耕地资源十分丰富，比中国耕地面积多，未开垦的宜农耕地也很多，农业潜力巨大。人口稀少，仅1.41亿，还在以每年0.7%的速度负增长，劳动力资源十分缺乏。俄罗斯农业发展必须借助于国外人力资源的输入，中国农业劳动力大量进入俄罗斯有深远战略意义。如果有上千万的劳动力进入俄罗斯，俄罗斯将成为中国的粮食生产基地、材料基地、劳动力就业基地、商品集散地等，俄罗斯很自然成为中国最重要的战略伙伴。据媒体报道，国内已出现了一批出口从事农业的企业个人，而且做得很成功。牡丹江市的公司，在俄罗斯境内开设了30家农场和农产品加工企业。中国农业企业在俄罗斯租赁了500多万亩耕地。黑龙江省农民刘建平组织农民入俄罗斯种地，年收入达百万元，很受俄罗斯当地政府欢迎。河北省迁安市农民赵志华带领农民去俄罗斯承包土地种菜，每人年收入达10万元。我国农村有3亿多剩余劳动力，如果出国数千万农业劳动力，将在很大程度缓解了中国的食物问题、大农业问题、就业问题，同时将影响到全世界的经济。

当然，也有需要总结的教训。我国前几年也走出去一些公司，如在澳大利亚国家租赁土地，进行农业种植业，但国外劳动力成本高，粮食价又低，又常常遇到干旱，收不抵支，出现亏损。在工业化国家，搞农业必须自带中国劳动力，同时选择降雨多水资源条件好的国家。选在俄罗斯搞农业的企业都比较成功。农业企业从世界范围来讲，很难赚钱，工业化国家对农业企业大量补贴，使农业公司才得以生存。出境的公司必须取得国家农业政策的支持，由国家根据公司经营面积大小给予贴息贷款，免税，同时给予生产机械购置补贴，企业销回国家的粮食，国家按一定标准给予同国内同标准的粮食直补，有国家政策的扶持，出境农业公司才有发展，有创造。

6.2 充分利用国内市场调节作用

国家为扩大粮食生产量，对粮食生产进行直接补贴，对调动农民种粮的积极性起到了很大的作用。但国家对每亩粮食作物的直接补贴金额低于每亩生产资料上涨价格。现在国家对粮食补贴每亩在40～60元之间，在日本和韩国农业补贴占农业收入的60%，欧盟补贴占34%，美国补贴占20%，欧盟对每头牛每日补贴2.2美元。相比之下，我国财政能力有限，对农业补贴很低，但部分项目还是可以适度加大。

现在种粮食效益低，利益微薄，增产很难增收，农民种粮食作物积极性仍不高，其他种植业效益也不好，虽然国家一再强调土地承包制长期不变，但因种植业利微，农民对土地改变生产条件没有多少投入，很少有集团、公司对农业投资。

粮食生产要政府引导和市场调节相结合，对种植业、对种粮食的积极性必须依靠价格杠杆来调节。理顺比价关系，充分发挥市场价格对增产、增收的促进作用。农产品的价格，尤其是粮食价格，适度稳定、持续上涨，对增加农民收入，调动农民种植业的积极性有良好的促进作用。20世纪80年代末期至90年代中期，市场大米零售价为1.60～1.90元/500 g，玉米0.70～0.90元/500 g，猪肉7.5～8.5元/500 g，禽蛋4元/500 g。粮价较高，农民积极性就高，1988—1996年连续8 a全国粮食总产值直线上升，8 a上升28%，平均年递增3.2%。1996—1999年连续4 a创历史最高水平，其中3 a粮食总产突破5 000亿kg大关，我国由粮食进口大国变为出口国。粮食丰收了，出现农民卖粮难，粮价直线下跌，大米零售价下降到0.90元/500 g，降幅达50%左右；玉米降到0.40元/500 g，降幅达50%左右；猪肉降至4元/500 g，降幅达45%左右；禽蛋降到1.80元/500 g，降幅达60%左右；棉花降到3.7元/500 g，降幅55%左右。农产品大幅下降的同时生产资料价格却节节上升，严重挫伤了农民对种植业，尤其是种粮食作物的积极性。种植业不赚钱，甚至赔钱，农村青壮年男性劳动力基本上都脱离了种植业，大批流入城市去打工，形成一支浩大的农民工大潮流，农村只剩下了老、少、"三八"兵。从2000年开始粮食总产直线下降，到2003年全国粮食总产量下降15.3%，平均每年递减3.6%，2003年减产5.8%，粮价全面上涨。2004年4月粮食同比上涨33.9%，这种涨价是正常的，是合乎经济规律的。农业生产资料受能源、化工这些基础工业产品涨价的影响，全面大幅涨价，农膜每吨上涨2 000多元，化肥上涨25%～30%，2004年大部分工业产品涨价，农产品涨价合情合理。粮食涨价后，扣除生产资料上涨部分，农民得到的仅是自身劳动工资上涨部分。

2004—2006年连续3a粮食丰收，粮食、食物价格回落。2007年7月开始，受国际粮价上涨因素影响，我国CPI大幅上升，8，9，10月CPI分别上升6.5%，6.2%，6.5%，其中食品上涨18.2%。2007年下半年至2008年上半年引起社会思想的不安定，人人谈食品，谈价格。受金融危机的影响，2008年下半年食品价格开始逐渐回落，2009年有较大下降，2010年又大幅回升。猪肉12元/500 g左右，大米2.3元/500 g左右，玉米保持0.95～1.00元/500 g，鲜蛋保持4元/500 g左右。粮食、食品价格略高于1990—1996年水平。但这一时期农业生产资料价格却远高于1990—1996年水平，成本因素不容忽视，农产品三大基础成本——人工、农资、土地价格呈刚性上涨态势，人工成本成为拉动总成本上升的主体。调查显示，2010年与2006年相比，化肥等主要农资上升幅度已超过60%，土地租金上升56%，而农产品价格上涨幅度远低于上述。山东省农业厅调查分析，最近25 a农资价格上涨了20倍左右，而粮食上涨仅6倍左右。这样价格农民种粮食利益微薄，长期下去，农民种植的积极性下降，势必使粮食产量大幅下降。

为确保粮食总产量增加，扩大和保持粮食作物面积，只有通过价格去调节。当市场粮食价格偏低时，国家要采取调控手段，国家粮食收购价格要提高，收购价格要定位在"农民种粮食作物有适当的收益，确保有种植的积极性，要把每年农业生产资料上涨因素考虑进去。适度考虑城市居民收入增长率因素。"日本为保证农民种植水稻的积极性，采取较高的收购价格，销售价低于收购价位。20世纪60年代，日本开始把粮价与城市居民的收入增长进行联动，政府从农民手中收购的粮食价格增长等同于城市居民收入的增长率。我国应对粮食仓储部门加大仓储补贴，提高收购价。2009年国家小麦收购价格为90元/50 kg，至少应按105元/50 kg价格收购。粮价与肉、蛋、奶有一定比值，粮价影响其他食物价格。目前市场，大米价位仍保持2.4元/500 g，面粉1.8元/500 g，玉米1元/500 g，猪肉12元/500 g，鲜蛋4.5元/500 g比较适合。猪肉9元/500 g是欧洲国家的生产成本价，日本猪肉生产成本价是15元/500 g。粮食、猪肉价格理顺到合适的价位后，通过国家采取强有力的调控政策，使粮价每年上涨指数等同于PPI上涨指数，这样才能保障农民种植粮食作物效益不下降，稳定粮食作物面积、稳定粮食总产量。即使市场上出现一些年份粮价上涨幅度较大，国家也不必去调节，粮食多上涨一些，食品类相应都会上涨，不会对城镇居民生活有多大影响。以2007年为例，这1 a是多年来粮食、食品上涨幅度最大的1 a。2007年城市居民消费价格指数为104.5%，而其中食品消费价格指数为117%。城市居民可支配收入同比增长2 026.3元，消费支出同比增长1 300.47元，食品支出同比增长514.5元，食品支出增长仅是居民可支配收入增长的25.4%，仍低于恩格尔系数0.363，城市居民可支配收入扣除全部消费支出仍有725.83元的储蓄，城市居民生活水平丝毫没有受到影响。

农产品价格上涨一些，城市居民多支出部分进入了农民腰包，农民收入增加了，缩小了城乡差别。城市居民多支出一些，是城市反哺农村重要组成部分，与工业反哺农业是相辅相成的。每个城市居民因农产品价格多支出514.5元，就相当于国家"三农"资金增加2 991亿元。政府调控市场，粮价稳定上升是粮食稳定增产的关键。

6.3　继续推行食物生产省长市长负责制

6.3.1　粮食生产省长负责制

国家为确保粮食安全，实行粮食生产省长负责制，这是一项十分英明的决策。粮食生产省长负责制，有利于工业大省，缺粮大省，又是财力大省对农业的投入。一个省如果严重缺粮外运，将带来很大的运输压力和能源浪费、粮价不稳等。对缺粮的省市，限制以粮食为原料的食品加工业，限制消耗粮食为原料的加工业企业，用加大税收去调节，缺粮大省不提倡大力发展粮食转化的畜牧业，对缺粮多的省市实行严格地耕地动态平衡政策。在耕地总量动态平衡的基础上再提一个更高的要求：人均占有耕地动态平衡。缺粮大省基本建设占地后，要采取荒地整理、河滩垫地、合村并屯拆平房建楼房等措施，甚至劈山造地，补足建设占用所损失的耕地。十堰市2008年以来将40座荒山削峰填谷，造地1万多亩，缓解了城市用地矛盾，计划再造1万亩。缺粮大省每年都要拿出一定资金投入到农业上。贵州玲马河大峡谷，泠洞村支书朱昌国带领农民炸石造田，将乱石炸开，从石缝中抠土造田。这种精神值得缺耕大省学习。

东南沿海的省，工业发达，财力雄厚，实现工业化占用耕地较多，现阶段人均耕地少，粮食人均占有量少，而消费又偏高。但各省农业潜力仍然很大，一是单产有潜力再提高，二是农村村庄建设占地多。工业发达省有能力率先进行农村城市化建设，农村居住点合村并屯，农民住宅由平房统一规划为高层楼房，增加耕地一项就相对稳定本省农业生产、稳定粮食产量、稳定食物供应问题。

粮食实行省长负责制应有一个检验标准，各省人口、农业资源条件差异很大，各省粮食自给应是基本的自给，即主要品种在总量上自给率保持在90%以上。

各省应以人均占有量380 kg为基本标准，不足部分再由外省调入。从多年全国粮食产量看，每当人均粮食占有量低于380 kg时，国家便大量进口粮食。按照以目前消费水平，基本保持了粮食市场相对稳定，不会有大幅涨价问题。

各省对农业的贡献率，不能只看粮食总产量，不能因总产量大即称为粮食大省。2008年，全国人均占有量为398 kg，吉林省人均占有量高达1 004 kg。重点看人均粮食占有量和贡献率。

6.3.2 蔬菜生产市长负责制

蔬菜是市民最关心的生活问题，"菜篮子"工程是市长的第一性任务。落实好蔬菜种植面积、计划产量、品种、季节性供应，设施栽培的资金等措施。做好优良品种、技术推广、普及病虫害防治等技术工作。稳产、高产，保证市场全年供应。我国蔬菜消费量大，我国蔬菜总产量占世界的40%，栽培面积占1/3。我国目前蔬菜生产中浪费、损耗太大，以2004年为例，2004年总产量54 927万t，蔬菜损耗量19 224.45万t，高达35%。主要原因是：由于信息掌握不足，对市场供求缺乏正确的判断，一些地方政府因农民未充分就业，过多强调蔬菜生产，供大于求，每年都有一些地区蔬菜运不出而烂在地里。

2007年山东金乡县有80万亩耕地，种了70万亩大蒜，收获后，每kg仅卖0.20元。2008年北京大兴区、河北固安县、安徽蒙城县、山东即墨等地大白菜，价格降到仅0.06～0.10元1 kg，仍卖不出去。然后又常常出现价格高涨的形势，2010年蔬菜价格居高不下，影响居民情绪。

蔬菜长途运输，环节多，存放时间相对过长，使蔬菜利用时间缩短，几道环节造成蔬菜损耗过大，也是一个原因。

目前，蔬菜损耗是我国农业土地浪费最大的环节。必须引起国家的高度重视。蔬菜生产市长负责制，各市地根据当地需求而计划种植，尤其是鲜菜和叶菜类，外运损耗大。从新中国成立初期至20世纪90年代中期，蔬菜供应一直是城市周边生产、供应，90年代后期，全国范围的蔬菜大专业化生产，全国范围的大流通，鲁、云、蜀、海南为重点专业栽培。我们这样一个幅员广阔的国家，蔬菜总产量达6亿多t，在全国范围大流通，是不科学的，长链条的供应造成价格高，供应不及时，鲜康度低，交通运输压力大，运输环节又造成蔬菜的大量损失。1 kg大白菜从1 000 km外运到北京，仅柴油一项就花掉0.8～1.0元，四季豆从海南运到北京，1车运费高达2万元。蔬菜专业化生产只能是一个市内的小区域专业化，蔬菜生产原则上以当地自给自足为主，只是个别品种和季节性短缺才能适度跨区流通。以本市地生产为主，便于计划，计划的科学性强，供求基本平衡，是减少蔬菜损失保证市场供应稳定的最好措施，本市地生产还减少运输中的能源浪费。蔬菜生产市长负责制，是减少耕地损失浪费，增加粮食产量的重要战略。

在世界性高价能源的形势下，国家应采取政策性措施，在北方地区能够正常生产蔬菜的季节里，国家应严格限制蔬菜跨省区流动。流通半径不超过相邻市、区。北方地区加快设施农业发展，尽快解决冬季蔬菜生产自给问题，尽快实现蔬菜各市、地自产自销，自给自足，克服跨区流动的蔬菜浪费、能源浪费。

6.4 用政策引导，改进食物储备

6.4.1 稳定的粮食储备

粮食储备是粮食安全、调节粮食市场价格的主要措施，粮食供应越紧张就越应稳定储备。联合国粮农组织总干事迪乌夫称"当安全储备比正常水平低4%时，将导致粮价上涨40%，粮食进口国必须对此早有准备。"粮食储备至关重要。尤其是当今世界粮食市场高度垄断，4家跨国公司控制着80%的国际谷物贸易。这种形式下，一旦出现全球性粮食减产，它们会大幅度提高粮食价格。我国应稳定粮食储备能力，使我国的粮食储备超过联合国粮农组织提出的17%~18%的警戒线，达到20%以上，我国每年粮食供应危险期是4月下旬至6月中旬，即民间所说的青黄不接，6月末夏粮可以充分上市，再充分运输到各地需10 d时间。全国至少有85 d以上的粮食储备。我国从南到北战线长，10月初秋粮可以上市了，有90 d夏粮和秋粮就能互相接应，比较安全了。用库存来调节粮食市场，避免粮价过急过大的变化。一旦市场粮食涨价过快，社会引起波动，从库存里投放出大批粮食，可使市场立即平稳下来。粮食大丰收，如若粮价过低，农民卖粮难，可以加大储备，增加收购量入库，以稳定粮价，不挫伤农民粮食的积极性。粮食储备是粮食安全的战略措施，是社会稳定的基础。

2008年国际上粮食价格暴涨，世界上很多国家发生市民骚动事件。我国因粮食连续几年丰富，粮食储备充足，市场上食物价格稳定，国内粮食价格大幅度低于国外粮价，突显出国内粮食储备战略的重要性。

6.4.2 改进粮食储备战略

粮食储备过高又会带来较高的储存成本和陈粮的处理成本，陈粮过多，粮食品质逐日下降也造成粮食的浪费。储粮数量要适中，我国以储备85d为界线，即23%以上，而且储备品种结构要合理，质量可靠更为重要。

2008年，我国食物价格稳定，不受国际市场影响，得益于充足的粮食储备。我国粮食储备大量的是在民间，而不是国家储备库。

目前，国家为确保粮食安全，增加粮食储备，建设了一大批国家粮食储备库。国家按计划安排各地储备库储存粮食。国家储备粮食主要任务；一是为军队储备一部分，二是为城市商品储备一部分。

　　国家为确保粮食安全，1990年建立了粮食专项储备制度，成立了专门的管理机构——国家粮食储备局。储备粮食用于调节市场供求和平衡年际间的粮食波动的后备储备。它的任务：①战略储备；②备荒储备；③后备储备；④周转储备。但目前国家粮食储备中存在诸多弊病：一是我们一些储备库为减少收购入库、保存费用而少储多报，骗取国家保管费。由于库存不足，一旦出现农业大灾之年，市场大量需要用粮时，储备库拿不出那么多粮食，而造成国库空虚，市场混乱。少储多报不是现在才出现的问题，是我国历史上长期存在的问题。电视剧《天下粮仓》是清朝社会粮食储备一个真实的写照，《天下粮仓》对我们很有现实意义，我国少数地方现在真实地上演着《天下粮仓》。《共产党员》杂志2009年6月下半月一篇《生财有道》的文章生动地反映了现在粮食储备中存在的一些问题："每次收完粮后，粮库主任都要把一些'可靠人员'召集到一起，做假票，虚报粮食等级和质量，套取国家的粮款和保管费。我们这里几乎每个粮库都不同程度地存在库存不实的问题，而且越是大粮库问题越多。"二是一些国家储备库官员在市场粮价较高时，倒卖"不允许动"的储备粮，从中渔利，个人借此发财。严重违犯"中央储备粮管理条例"，造成数字空洞。在粮食储备上国家要强化检查监督，严惩腐败，杀一些盗库硕鼠，不杀不解决问题。三是大型储备库储存量大，暴露了明显的效率低下，时效性差，周转不灵活，每次一进一出，因总量很大，费用很高，因而储存时间较长，形成陈化粮。陈化粮不能食用，只能做饲料，即使做饲料品质也已降低，造成浪费。四是大量集中储备不利于战备，长期的历史战争中，作战的双方总是想办法首先消灭对方的粮草。集中储备不利于战备。

　　我国粮食储备应进行战略上改革。一要改革储备功能。国家储备中，战略储备部分交予军队，由军队根据自己的人数，战备需要去自行安排，自己确定数量，存放地点，有利于与国防战略相结合。20世纪70年代，部队修了很多战略库，近些年已空置了，现在应很好地利用起来。同时军队储备运作成本低，而且自己年更年用，使储备粮品质不下降，陈化粮问题较小。二是国家储备粮中，"周转储备"部分由民间去办，国家只做一部分。国家加强全民教育，号召全民储粮。农村居民住房条件好，要求农村居民每人平均储粮达到200 kg，城市居民每人平均储备100 kg，这样基本保证了7个月的用粮。有关部门宣传好民间小型粮食储存技术，以提高粮食品质和减少虫害造成的损失。我国居民历史上就有储粮的习惯，只是改革开放后，粮食市场供应丰富而减少了储备。民间储备每户数量少、时间短，每个收获季节都可以更换，粮食品质不下降，几乎不存在各种费用，减少了国家开支。"藏粮于民，用粮于民"是最好的储备方式。此种农户家中的存粮，接近所谓的"净储备粮"概念，这个储粮数字足够用到秋粮完全入仓。按此人均数字推算，全国农户"净储备粮"为1.1亿t，占国家消费总量的22%。超过联合国粮农组织提出的储粮17%警戒线。这么大的数字对国家粮食安全十分重要。2008年全球性的粮荒，我国粮食稳定，主要得益于民间储备量大。民间储粮是国家粮食安全储备的基础。调查数据显示，农户存粮不平衡，2004年有60.2%的农户有较长时间的粮食安全储备（4个月以上），17.7%的农户有较短时间的粮食安全储备（2～3个月），22.1%的农户基本不做粮食储备（1个月以下）。如何使较短时间粮食储备和基本不做粮食储备的用户比例由39.8%迅速下降，降到最困难农户（10%）的比例以下，这是一项很重要的工作，对居民加强粮食储备教育至关重要，"藏粮于民，民生稳定"。三是放开粮食储备政策，鼓励种粮大户、民营企业家储备粮食，减轻国家负担，对民营储备国家在政策上给予适当的扶持，给予建库基本建设补贴，周转金低息贷款等。现在国库储备国家给予74元/t，年标准的保管费，民营储备应当给予少量的保管费用。民营储备成本低，是商业性质的，应由国家登记注册，国家严格监督，认真执行国家行业标准，确保储备数量准确和上市粮食质量。民营储备不会发生粮价暴涨问题，粮食上市多了，粮价自然下降。民营储备获一些利属正常，如果没有利益，便无人去储。民营储备和民间储备多了，国家的"后备储备"和"备荒储备"数量自然满足了。

国家储备和民间储备相结合，大型储备和小型储备相结合，化整为零的储备战略较国家集中储备优越，可节省大量国家开支，提高粮食利用率，增加总储备量，提高国家粮食安全系数。民间储备、民营储备、军队储备在布局分布上比较广泛、合理，减少大量的购进、运出的能源消费和人力消耗。

6.4.3　肉类储备

我国近几年肉类价格波动大，波动周期缩短，猪肉是我国居民肉食的主产品，生猪饲养受饲料、市场肉价影响，很不稳定。肉价一旦升高，居民思想便不稳定。肉价大起大落对养殖户也是很大的冲击。为稳定市场，稳定养殖户增收，国家在各地级市，建立肉类储备库，肉价低时收购入库，高价时放出来，平抑市场，有利于养殖户稳定生产，有利于稳定居民情绪。肉类存量不用太大，各市按各地区人口数进行收储，储备标准按人均6 kg肉计，足够2个月的肉食量，市场肉类供应就比较稳定了。因为，一部分肉类品种以56d一个生产周期，肉类储备可由国家补贴建设资金。储备周转资金由中央提供贴息贷款。储备肉实行顺价销售，市场波动大时，储备盈利，市场波动小的，则储备亏损，亏损由地方政府负担。

6.5　鼓励加大农业投资

工业化国家的农业政策基本上是两条：一是对农产品直接补贴。二是对农村、农业基础设施投资。现在我国对农业投资越来越多，2009年已达7000亿元。在农业投资上，应改革一些领域的投资体制，从农业全局出发，重点放在改变农业生产条件、调节农业发展方向及农业潜在资源的开发利用上，投资要注重效益。

6.5.1　农业补贴

国家对粮食实行直接补贴，刺激农民种粮食作物的积极性，实质是农业内部结构调整。目前，全国粮食作物和其他多种农作物播种面积及供应总量比例处于基本平衡状态，除蔬菜外并未产生某项产品大量过剩现象。粮食作物播种面积大量增加，则其他农作物播种面积将大量减少，势必形成其他农作物产品供不应求，价格上涨，甚至超过种粮食的效益，形成曲线波动，对以其他农作物产品为原料的工业企业产生冲击。如2008年年底，我国大豆主产区黑龙江省，大豆生产成本价高于国外进口大豆价，虽然黑龙江地产大豆质量明显高于进口的转基因大豆，但却卖不出去。2008年秋，国家大量收购了大豆，保护了农民利益，由于顺价销售，国内加工企业又买不起国内大豆。类似这样的情况国家应给予直补，并低价销售。

中国应同美国、日本、英国、德国等国家一样，对农业实行全面保护，对粮食、棉花、大豆、水果，根据市场发展价格波动，采取更为灵活的生产补贴。例如，江苏海安县是全国重要的桑蚕基地，由于2008年秋，秋蚕价大幅下降，农民大量砍桑树，桑树是多年生植物，3～5 a才能成形。类似这样的情况，国家应给予直接补贴进行挽救。

6.5.2　强化农业政策性投资

现在农业结构内某些领域发展方向上存在顾此失彼的现象，影响农业可持续发展，需要启动农业投资去扭转、调整。如：草场严重退化、沙化，应加大生态移民投资，将沙化草场放牧牛羊改为生态养鸡；北方严重缺水地区，水稻田改为旱田，进行"水改旱补贴"；为减少村庄占地，农村平房改楼房，实行"平改楼补贴"；对推行秸秆还田、培肥地力、大型沼气池建设、农村小型太阳能、风能能源投资；为充分利用昆虫资源，昆虫饲料开发应用研究给予补贴；在农作物种植结构中，实行"高补低淘"，促进产量。如河南花生单产高，甘蔗改为高产的花生给予"蔗改花"补贴；黑龙江甜菜单产低，甜菜改为大豆和粮食作物给予补贴；新疆棉花、甜菜单产大幅度高于全国均值，按面积给予高额补贴，刺激发展优势作物，通过政策性投资，调整农业结构，使各地区扬长避短，促进农业全面发展。政策性投资比单一补贴效益高。

6.5.3　农业生产资料

对农业生产资料补贴，实行限价、低价销售。现在化肥价高，可否将大型化肥厂全部国有化，国家保厂、国家定价。地膜覆盖是一项节水、增温、提高单产的好措施，可以使花生和棉花单产提高25%以上。因地膜价高，投入多，受益率低，地膜覆盖推广面积不大；因农药价高，尤其是优质农药，农民买药、施药不及时，施优质农药量不足，病虫害控制的不及时或控制效果不好，影响农业单产。国家对化肥、农药、农膜等农业基本生产资料采取生产销售免税、专营补贴或国家高价收购低价批发等办法降低价格，扩大销售量，用以增加农业产量，是事半功倍的事情。

6.5.4　农业用电

目前，农业提水灌溉成本较高，因而个人对电井、提水站等水利工程投入很少，农田水利建设基本是国家投入为主，全国电价将要逐步提升，但灌溉用电要保持低价位，让农民得到灌水增产实惠，调动农民对提水工程等小型水利工程投入的积极性，以提高农业单产。

6.5.5 刹住形象工程、政绩工程

现在一部分地方官员为了自己的迁升，争相上一些形象工程，结果是工程只好看不实用，农民得不到实惠，但部分地方官员借此形象工程升了官，一走了之。上级主管部门应严格检查、监督、验收、审计，并对工程进行后评价，倾听群众的意见。注重工程实际效果，使农业投资项目充分发挥效益。

6.5.6 投资注重效益

对农业投资应注重效益，提高投资效果。国家和地方对水土保持投资很大，每年近百亿元；但全国每年水土流失面积仍以1万km²的速度增加，这样大的投资还难以维持现状，呈现局部改善，总体恶化趋势，原因是在治理措施不科学。诸如一些地区、石质山、半石质山坡面上只有一些风化母质，却大量挖坑栽树，幼树生长极为缓慢，甚至不长。而原有植被又受到破坏，反而加大了水土流失。这种地类如采用封山管理办法，3 a左右时间，植被即可得到基本恢复，获得较好的控制效果；更有甚者，一些地区挖坑时，为了突显工程量，在坑边大量撒白灰，白灰呈强碱性，对植物生长有强抑制作用。大自然具有自我修复功能，只要加强封管，很快就能恢复植被，控制水土流失。水土保持工作中"重建设、轻管护"现象也十分普遍。建设投资多，管护投资少。如果提高管护投资比例，提高单位面积管护标准，效益是十分显著的。

在水利灌溉中，北方强调节水灌溉，提倡喷灌。但北方空气湿度小，喷灌雾化后，水分蒸腾很大，并不省水。某省"3655"工程计划用5 a投资36个亿发展500万亩喷灌，搞了3 a，投资近20亿元，几乎全部报废。从现实看，北方实施喷灌的单位投资与运行成本均高于南水北调工程的单位投资与运行成本，从经济上讲不如跨流域调水增加水资源总量合算。所以节水灌溉应因地制宜，讲成本、讲效益、实事求是。

在农业投资项目中要特别重视管理，"三分建设，七分管理"，要向管理要效益。但实际运行中，往往注重建设，轻视管理。

6.5.7 农业投资项目要重视规范管理

现在国家对农业投资有多种渠道。国家发展和改革委员会，国家林业、农业、水利、国土资源、财政、扶贫办等多部门都在投资，由基层政府部门去具体实施，各项目的相关业务部门管理。为了掌握这个权限，基层财政、发改委、扶贫办等也在直接去管造林、水利、农业、畜牧项目的下达、具体规划、设计、施工、验收、资金划拨等。由于其专业业务不精，又抛开了相关业务部门，至使项目不深入、不完善、不科学，效果差，甚至出现了重复建设、重复投资、一家建设项目几家挂牌验收应用、资金挪用现象，这种资金投放管理方法应引起重视。综合部门应该严格宏观管理、项目审批、项目

实施的监督、检查、工程后评价等。具体的业务由相应专业部门组织设计与施工，使项目做得深入、实际、科学，资金充分发挥效益。国家上级业务部门应从实际出发，科学规范农业项目投资管理的详细实施办法、规则，使国家农业资金充分发挥效益。

6.6　坚持农产品贸易与加工业自治制度

我国农产品系列加工、贸易随着经济的发展，消费的需求逐步深入、发展壮大。粮食、种子、食用油、饲料等农产品生产、加工贸易应以国产化为主，采取一些政策，限制外资企业进入，预防外资企业进入过多，形成垄断地位，成为操盘手。一旦国际市场有所波动，他们借机哄抬物价，造成社会不安定情绪。我们必须借鉴国外四大跨国公司控制世界80%的粮食市场的教训。在2008《中国财经报道》论坛上，国务院发展研究中心国际技术经济研究所所长陈剑揭露了国际大粮商是怎么一步步打败中国大豆的故事："跨国公司进入我国大豆农作物种业市场是什么状况呢？首先跨国公司已经在我国进行了粮食的战略布局，像杜邦先锋公司、先阵达公司都已经在我国建立了独资和合资企业，到目前为止，在我国登记注册的外商投资农作物种业公司已经有76家，此外还有一些跨国粮商已经在我国的一些省份的粮食主产区建立和并购粮食加工企业，甚至并购粮食收购和储存企业，跨国公司的粮食布局一步一步深入，就有可能从源头上控制我国粮种，并进而全面控制我国粮食的生产、加工等各个环节，这是有可能的。谈到这一点，我想介绍一下巴西的情况，7年前我在巴西工作，当时跨国种业公司一直想进入巴西的市场，当时巴西的生物安全委员会反对，消费者协会反对。后来这些跨国公司看进入不了种业，受到强烈的抵制，于是他们在粮食的生产和收储环节上进行控制，比如说他们在粮食主产区，农场的仓库搞收购，港口、码头的仓库进行收购，对国内的运输进行控制，铁路、公路、卡车运输都进行控制，更为厉害的是对粮食有期货交易，中国有很多厂商去买大豆，但是要买到便宜好的大豆真的很难，必须通过这些跨国公司。另外现在的跨国公司占领我国作物目前市场份额并不大，但是增幅非常迅猛。种子转基因专项通过，在一些跨国公司看来，对他们来讲也是一个机会，他们看到了商业前景，在中国转基因作物商业化品种上可能会有松动，可能蕴含着巨大的利润，是一块巨大的蛋糕，他们肯定想在蛋糕中拿出更大的一份，在这个时候就有一个争夺和反争夺的问题。"美国邦基公司目前在巴西拥有200多座仓库，以及多个批发中心，粮油有加工厂、化肥厂、饲料加工厂和专用码头；嘉吉公司在巴西拥有32个加工厂、96座粮仓和10座海港码头。跨国粮商正是通过控制巴西大豆的加工、仓储、运输和出口等环节，控制了整个大豆产业链。数据显示，巴西大豆的84%被四大跨国粮商收购和出口。阿根廷还是南美国家成功的农业典范，但在推行了转基因大豆后，由于种子和农药都要从美国孟山都公司购买，不到10 a时间里阿根廷就丧失了粮食自给能力。值得警惕的是，跨国粮商在中国实施的经营战略与其在拉美的方式如出一辙。国内已出现类似事件，前几年国际市场大豆价达4 300元/t，由于国产大豆严重不足迫使中国中小企业购买他们的大豆，后来又降价至3 100元/t，低于国内大豆市场价，使很多国内中小企业破产，随后他们又收购了大量的中小型食用油加工企业。根据黑龙江最大的油脂企业九三油脂有限责任公司负责人田仁礼讲："在国内还在开工的97家油脂企业中，外商独资或参股的企业已达64家，控制了全国85%的加工总量，而九三是目前国内硕果仅存的一家有能力与外资抗衡的国有企业，被业界称为最后的守望者。外资企业实际已控制压榨量的48%。"外资企业控制了中国油脂企业66%，控制了大豆压榨量的85%，实际上已控制了中国。垄断了中国食用油加工企业、食用油价格。2009年初，金龙鱼牌豆油涨价引起国内很大的波动。中国农科院油料科学研究所研究员黄风洪指出："我国虽为食用油消费大国，但其定价权却在国际粮商手里。"农产品加工业，一些与人民生活息息相关的农产品贸易食用油和食品加工业必须高度国产化，以农产品内贸和民族食品工业为主，用政策严格控制外资入侵。

跨国公司控制了中国大豆市场、大豆制品的供应及价格涨落之后，现在拜耳、孟山都等大型跨国公司又开始窥视我国的大系粮食作物——水稻、小麦和玉米。从2005年起益海集团开始将投资方向转向米面等加工领域，分别在小麦主产区山东、河南开工建设小麦收购加工企业。中国有近2/3的人口以大米为主食，畜牧业饲料的80%靠玉米。中国的粮食产量、食物安全主要取决于水稻和玉米。我国有高产的"杂交玉米"，有袁隆平研究的誉满全球的高产"杂交水稻"。跨国公司向中国推销他们拥有专利权的转基因水稻、转基因玉米，名曰"把转基因水稻、玉米之遗传基础培育到两杂中去"，但其真实目的，是制约我国"两杂"的发展方向，最终达到左右中国水稻、玉米的生产和销售，掌握和控制中国粮食命脉，攫取更大的政治与商业利益。目前，美国玉米种子先玉335，正大量入侵黑龙江玉米市场。先玉335价格高但发芽率也高，单粒种，不用间苗，产量质量都有保证。外国种子公司专业集中度高，而国内品种过多，黑龙江721万亩水稻种了43个品种，日本北海道500万亩水稻只种2~3个品种，国内哪个种子好，很少有人了解清楚；国内经营渠道过多，国内种子市场遍地都号称"原种"，国内持证种子企业多达8 700家，谁都随便卖种子，所以99%的种子企业没有品种研发能力。国内种子市场必须规范、整顿。制种单位要高度集中科研能力、财力，进行研发，取消无研发能力的种子机构，拿出一些优良品，去抵制国外品种入侵。农业领域是关系国计民生的重要部分，种子制造、粮食生产、食用油和食品加工业，实现以国有化为主是项长期战略，决不能掉以轻心。防范个别国家对中国的居心叵测。必须严格控制和限制外国企业渗透，更要限制那种置国家"粮食市场"安全而不顾，却一心为外国集团卖"种子"赚钱的做法，维护我国粮食、食用油生产和供应的安全。一是国家高层从政策面出台一些措施，进行控制；二是广大农民和企业团结起来共同抵御、防范。

6.7 实行绿色证书制度

现代农业要求经营农业的农民和企业家要有较高的科学文化素质和具备相当经营技

能，才能大幅度地提高农业生产率、土地生产率、农产品品质和农业综合生产能力，农民的素质是农业可持续发展的决定因素。

农民的文化、科技素质水平有限，制约着农业新技术推广。如马铃薯栽培，我国栽培面积高达 8 000 万亩，平均单产 1 053 kg/亩，脱毒脱青技术是提高单产主要的措施，可提高产量 2 倍以上。可是从 20 世纪 70 年代末期就提出并开始推广，到 30 a 后的 2010 年，才在辽宁本溪得到小面积推广，做先进典型在电视台报道。可见，农业要发展，农业教育是基础。

我国农民大多文化水平很低，初中以下占 87.8%，更谈不上科技水平了，他们大多数人对作物生理特征、土壤、气候等知识甚至对各种作物种子发芽温度，作物生长期等基本农业常识都不懂，河北某一花生产区，农民长期种植花生，但对地温多少度适合播种却不懂，因而经常出现地温不足 15 ℃播种发芽率低而造成减产现象。这样一支庞大的低科技水平的农民队伍，农业潜力是很难充分发挥出来的。

可持续发展的思想要真正被广大农民接受。各地区要根据生态环境、土壤、气候、水利条件发展各自的优势农业，使之保持长期、稳定的增产、增收，深受广大农民和农村基层干部喜闻乐见、易于接受和便于实践知识，只靠零敲碎打的研究或示范，显然是不可能推进农业可持续发展的。

教育是农业成就的决定因素，是农业发展的基础，农业产业化的主体是农民。要面向农户普及农业技术教育、文化道德教育。农业高度发达的荷兰非常重视农业教育，为提高农民素质，农业教育由农渔部负责，农渔部每年把高达预算的 1/3 用于农业教育。初级农校学制 4 a，毕业后才能取得在农场或农业企业就业资格。中级农牧学制一般 2～3 a，毕业后再经过一定时间的劳动实践，才能独立开办农场。实际上，一些农业大学毕业的学生，不少都回家经营农场，农场经营者大多是农业大学的本科生，农民素质不断得到提高。

日本政府特别重视农民职业技术教育，政府和私营企业同时参与，形成了多层次、有重点的农村职业技术教育体系，良好的农业职业教育促进了新机械、新技术在农村普及。

美国有 580 多万农民从事农业，美国 50 个州中每个州都有一所农学院，平均 12 万个农民一所农学院，农闲季节农民去农学院学习新的农业知识，并在一起进行技术交流，不断更新农业知识，提高农业技术水平和产业化水平。

我国有 7.5 亿多农民，全国不足 100 所农业大学，平均 800 多万人才一所农学院，农民受教育的机会太少。农村农业技术人才少，全国有 65.6 万个村，每个村至少应有 10 名农业大学毕业生从事农业生产，做农业开发、农业科技的带头人。用政策鼓励农业大学毕业生回乡务农。前几年西南农业大学毕业生王永波、王小英回家乡正定县南楼村务农，在农村起到积极的示范作用。

根据我国的农业资源及农产品的供求量，所需高素质的农民数量，全国应有 1 000 万个农业大学或大专毕业的高素质农民，每年应有 40 万个农业大学毕业生去从事农业。全国现在有 2 000 多所大学，农业大学不足百所。全国每年高等院校毕业生 650 多万人，我国目前农业产值占经济总量的 12%，将来降低 6% 左右将稳定下来，按此经济比例，农业院校毕业生每年应有 39 万人，现在不足 15 万人。现有的农业大学进行扩大招生，满足农业发展的素质教育。农业大学及高等农业职业学院，不应一个省三四所，农业大学和农业高等职业学校应扩展到 200 所以上，每个省、区平均 7~8 所，二三个市一所。应按农业种植区域开办，因各市、地气候、土壤、水资源不同，种植作物也不同，一省按农业区划办几所农业大学，学生毕业后回到本区域工作，使学生学的知识更为实际、实用。通过 15~20 a 时间的努力，使全国农业战线具有大学学历的人员从现在的 107 万人增加到 1 000 万人，有了这样一支高素质的强大的农业从业人员队伍，才能保障农业可持续发展。

国家应加大农业教育投资，从每年"三农"投资的 7 000 多亿元中拿出 2%，即 150 亿元用于农业教育。每个县应该有一所中等农业学校，对于中等农业教育和高等农业教育都应一律实行免费教育，由国家农业经费承担，使那些有志向投身于农业事业的青年有机会进入各类农业学校去学习，提高业务素质和技能。

我国农民的农闲时间长，尤其是北方，农闲时间占大半年以上，应充分利用好农闲时间对农民进行多种形式的农业技能普及教育，提高农民基本素质；但是各地农业主管部门、农业技术部门、农业科研单位等经费紧张，没有经济能力去做这些工作，国家如果从"三农"资金中拿出一部分，专门用于农民技能培训，其作用将远远大于各种直接补贴效益，这是一种长期性效果。农民技能素质教育是农业基础投资，应放在"三农"投资的首位。日本非常重视基础教育，提出"强固山脚比强固山顶更重要"的信条。我们也必须把农民技能素质教育放在农业发展的首位，坚持不懈，抓实做好。对农民进行强制性的广泛的农业科学技术普及教育，开办各种类型的学习班及播放科教片等，让农民真正系统地学到一些农业基础知识。还要对农民进行国家农业资源、农业生产条件、环境，农业发展状况等农业国情教育，提高农民的素质，以便他们能根据世界及我国农业情况定位自己的经营方向、原则。

对农民应实行绿色证书制度，根据学历确定经营土地面积，这样可避免浪费农业资源。以保护耕地资源的合理开发使用，提高农业资源的利用率，增加农产品产出率，实现我国农业的可持续发展。

7 结论

随着人口增加、消费水平的提高，人们对食物的需求量越来越大，而受到耕地逐步减少，耕地退化、沙化，水资源短缺，气候升温，单产提高难度大等多种因素限制，提高粮食单产的成本越来越高，需要较大的农业投资才能解决粮食安全问题。粮食安全问题已到刻不容缓的严重地步，并引起世界各国的普遍关注。我国到21世纪30年代中期以后食物供需形势将十分严峻，受人口增长、人均消费增长和耕地资源逐年减少的双重压力。一些专家提出保持我国人均消费400 kg粮食的水平，2008年我国人均综合消费粮食为399 kg，实际已达到412 kg（包括进口食油）。到21世纪30年代中期，我国人均综合粮食消费将达到542 kg，达到以华裔人口为主的新加坡现在的水平，到21世纪中叶，人均综合粮食消费将达到559 kg，达到日本现在557 kg的水平。我国经济到21世纪30年代中期以后进入中等发达国家水平，21世纪中叶进入发达国家水平，这一食物消费水平和经济水平相适应，是一个比较正常的消费水平。

根据我国农业后备资源现状，无限制条件的2 000多万亩宜农耕地在2035年前全部开垦出来，有限制条件的8 000万亩宜农耕地在2035—2050年全部开垦出来，由于工业化进程和生态等因素影响，2035年耕地总面积将下降到15.64亿亩，2050年耕地面积为15.76亿亩。大力提高复种指数，由2008年的1.28，2035年提高到1.45，2050年提高到1.47。各项主要农产品单产都达到世界高水平。即使这样，到2035年我国谷物缺口仍将达到19 763万t，大豆缺口达到5 674万t，水果缺口达到1 936万t，棉花缺口588万t。生产这些农产品需要增加9.48亿亩农作物播种面积，需要增加6.6亿亩耕地。到2050年谷物缺口21 817万t，大豆缺口6 025万t，水果缺口3 143万t，棉花缺口771万t。生产这些农产品需要增加9.13亿亩农作物播种面积，需增加6.46亿亩耕地。换言之，制约中国农业问题、食物供应问题的核心是农业资源不足。2008年我国农产品实际需要耕地22.05亿亩，2035年需要保持耕地22.25亿亩，2050年需要保持耕地22.22亿亩。必须通过增加耕地面积和扩大灌溉草场来确保用地保有量，并通过高端的投入，建立全国统一的供水水网、改造荒漠、开垦耕地、灌溉草场，扩大有效农业资源，来解决中国的食物供应问题。

综合前面章节相关论述，解决我国食物安全的一些主要措施概括如下：

（1）不遗余力地增加耕地面积

我国高度城市化后，农村实行合屯并村，实现农村城市化，在农村居民点中可垦复耕地2亿亩。全国屋顶利用可增加耕地面积1 000万亩。在渤海等浅海（海水6m深以下面积）及滩涂填海造地3 000万亩在经济上是可行的。大量修建蓄水工程，可以扩大水面面积2亿多亩，天然水生物增加水产品产量，节省饲料相当于2 000万亩农作物播种面积的产量，相当于增加1 300万亩耕地；河床大幅收缩，河滩造地3 000万亩以上。开垦主要分布在黑龙江和西北地区的宜农耕地1亿亩。向西北大量调水，在沙地新造耕地4.3亿亩。

（2）有效利用好农业资源

扩大设施农业栽培面积，长城以北地区无霜期较短，在这区域再增加0.5亿亩设施农业，相当于增加0.34亿亩耕地的产量。南水北调，加大生态用水，改造沙漠、发展灌溉草场10亿亩，灌溉华北、西北旱地4.3亿亩，可增产粮食2 350亿kg，增加225亿kg牛、羊肉，增产奶类210亿kg，相当于增加3.5亿亩耕地的产量。退果还田、果树上山。平原果树退出平地上山后，平原地区增加粮食作物面积2 000万亩，其增产相当于1 000万亩耕地的产量。

（3）节约粮食、扩大食物、饲料来源

杜绝犬类等宠物饲养、减少鼠害及各农业环节损失等，节约的粮食、食物相当于3 000万亩耕地的产量。大力发展油茶等木本粮油，如增加1 100万hm²的油茶面积，以及山杏、核桃等，可节省0.75亿亩播种面积的草本食用油，可节省0.5亿亩耕地。做好秸秆的利用，每年全国焚烧的秸秆约1.75亿t，焚烧的秸秆如果全部用来生产食用菌，可节省蔬菜5%以上，可节省耕地1 200多万亩。以上措施节省食物、扩大食物来源相当于0.92亿亩耕地的产量；有效地利用农业资源相当于增加3.94亿亩耕地的产量；直接增加耕地7.08亿亩，使我国耕地面积保持22亿亩。如果上述目标实现，我国农产品完全可以自给自足，食物安全问题可以得到有效保障。